HJORTHAGEN
Tessin-
parken
LADUGÅRDSGÄRDET
Djurgården
Seiten 108–129
Skansen
Thielska
Galleriet
Frisens
Park
ckholmen
Saltsjön
Fåfängan
DANVIKEN
HENRIKSDAL
FINNTORP
SICKLA
N
0 Meter
700

INSPIRIEREN / PLANEN / ENTDECKEN / ERLEBEN

STOCKHOLM

NORSTEDTS

STOCKHOLM

INHALT

Links: *Zimtschnecken – ideal für eine Kaffeepause*
Vorhergehende Doppelseite: *Ansicht des Stadtzentrums aus der Luft*
Umschlag: *Blick auf Gamla Stan vom Wasser aus* (siehe S. 52–71)

STOCKHOLM ENTDECKEN

Kastellholmen und Skeppsholmen

WILLKOMMEN IN STOCKHOLM

Gemütliche Cafés und Seafood frisch aus dem Meer, Museen von Weltruf und Dokumente der Wikingerzeit, Bootsausflüge aufs offene Meer und Spaziergänge durch weitläufige, grüne Parks – die stylishe schwedische Hauptstadt wird nicht umsonst regelmäßig zu einer der attraktivsten Metropolen und grünsten Städte der Welt gewählt. Dank ihrer Attraktivität zieht sie zahlreiche Besucher an. Was immer Sie sich in Stockholm vorgenommen haben – dieser Vis-à-Vis Reiseführer ist Ihr idealer Begleiter.

1

2

3

4

1 Julbord, *ein festliches skandinavisches Buffet*

2 *Volkstanz in traditioneller schwedischer Kleidung*

3 *Mit dem Kajak unterwegs an der Djurgårdsbron*

4 *Farbenprächtige Fassaden umrahmen den Stortorget.*

Stockholm erstreckt sich an der schwedischen Ostküste über 14 Inseln. Die enge Verbindung von Natur und Kultur sowie die Ostsee mit ihren sanften Wellen laden ein zu Besichtigungstouren und Bootsausflügen. Von den vielen Brücken bieten sich wundervolle Perspektiven. Beim Bummel durch Gamla Stans gepflasterte Straßen stößt man auf den stimmungsvollen Stortorget mit seinen farbenfrohen Häusern sowie auf das opulente Kungliga Slottet (Königliches Schloss).

Die großartigen Museen der Stadt sind nicht nur an einem Regentag einen Besuch wert. Im Vasamuseet, wo auch ein schön restauriertes königliches Kriegsschiff aus dem 17. Jahrhundert zu sehen ist, wird die Geschichte der Seefahrt dokumentiert. Einen perfekten Überblick über die schwedische Kultur bietet das Freilichtmuseum Skansen. Musikfans zieht es bestimmt ins ABBA-Museum. Stockholms Foodie-Szene verbindet Tradition und Moderne. Gastronomische Highlights werden nachhaltig und innovativ, aber mit bewährten Kochtechniken zubereitet. Eine Institution in Schweden ist die *fika* genannte Kaffeepause.

In diesem Reiseführer haben wir Stockholm in mehrere Stadtviertel mit genauen Beschreibungen und übersichtlichen Karten aufgeteilt, die Ihnen die Orientierung erleichtern. Viel Spaß in Stockholm!

LIEBENSWERTES STOCKHOLM

Atemberaubende Architektur, liebenswerte Traditionen und die herrliche Ostsee. Es gibt vielfältige Gründe, Stockholm mit seinen zahlreichen Inseln zu lieben. Hier stellen wir Ihnen unsere Favoriten vor.

1 Verlockendes *smörgåsbord*

Stockholmer lieben es, entspannt von einem reichhaltigen Buffet zu speisen. Spezialitäten sind *sill* (eingelegter Hering) und *gravad lax* (gebeizter Lachs).

Entspanntes Insel-Hopping 2

Bei einer Bootsfahrt durch Stockholms Inselwelt ist vieles möglich: Picknick am Strand, eine Kajaktour oder ein Whiskey-Tasting auf Fjäderholmarna *(siehe S. 187)*.

3 Großartige Museen

In Stockholm gibt es jede Menge Museen. Viele davon sind in Djurgården – u. a. das Freilichtmuseum Skansen *(siehe S. 116f)* und das Nordiska Museet *(siehe S. 112)*.

Spannende Architektur *4*

Schön restaurierte Häuser in Gamla Stan *(siehe S. 52 – 71)* und moderne Bauten wie die Avicii Arena *(siehe S. 170f)* – Stockholm schafft mühelos die Verbindung vieler Stile.

Reiches Erbe der Wikinger *5*

Die berüchtigten Seefahrer haben in Stockholm viele Spuren hinterlassen. Folgen Sie ihnen im Viking Museum *(siehe S. 122)* und im Freilichtmuseum Birka *(siehe S. 184f)*.

Mittsommerfeiern *6*

Anlässlich der Sommersonnenwende finden im Juni *(siehe S. 42)* bunte Feste statt. Mit hellen Kleidern oder Blumenkränzen im Haar wird um Maibäume getanzt und gesungen.

Auf dem Wasser unterwegs 7

Stockholms Lage am ruhigen Wasser bietet perfekte Voraussetzungen zum Segeln oder Kajakfahren. Dabei eröffnen sich viele schöne Perspektiven auf die Stadt.

Geliebte Café-Kultur 8

Eine Stockholmreise ist nicht komplett ohne Besuch eines Cafés. Genießen Sie wie die Stockholmer bei einer *fika* *(siehe S. 34)* guten Kaffee und dazu eine Zimtschnecke.

9 Nachhaltiges Stockholm

Die Geburtsstadt von Greta Thunberg legt großen Wert auf Nachhaltigkeit. Hier fahren Elektrobusse, es gibt viele Grünflächen, und wo immer es möglich ist, wird recycelt.

10 Schlösser und Paläste

Besuchen Sie die königlichen Residenzen Kungliga Slottet *(siehe S. 56–59)* und die UNESCO-Welterbestätte Schloss Drottningholm *(siehe S. 180–183)*.

Outdoor-Abenteuer 11

Scheinbar endlose Sommertage ermöglichen lange Radtouren und Wanderungen, im Winter kann man zwischen den Inseln oder im Kungsträdgården *(siehe S. 76)* eislaufen.

Bunte Musikszene 12

Von ABBA bis Spotify – in Stockholm ist die Musik zu Hause. Wer klassische Musik liebt, besucht eine Darbietung in der Kungliga Operan (Königliche Oper; *siehe S. 77*).

STOCKHOLM
AUF DER KARTE

Stockholm wird in diesem Reiseführer in vier Stadtteile gegliedert, die auf den folgenden Seiten einzeln erläutert werden. Jedem Stadtteil ist eine Farbe zugeordnet, wie auf der Karte ersichtlich. Weitere Kapitel widmen sich Abstechern ***(siehe S. 130 –175)*** **und Ausflügen** ***(siehe S. 176 –189)*****.**

Nordeuropa
SCHWEDEN
FINNLAND
NORWEGEN
STOCKHOLM
ESTLAND
Nordsee
LETTLAND
Ostsee
LITAUEN
DÄNEMARK
HJORTHAGEN
Tessin-
parken
LADUGÅRDSGÄRDET
Djurgården
Seiten 108–129
Skansen
Thielska
Galleriet
Frisens
Park
Beckholmen
Saltsjön
DANVIKEN
Fåfängan
HENRIKSDAL
FINNTORP
SICKLA
0 Meter
700
N

DIE STADTTEILE STOCKHOLMS

Schwedens Hauptstadt erstreckt sich über 14 Inseln zwischen Ostsee und Mälarsee – von der eleganten Innenstadt mit dem Viertel Gamla Stan bis zu den äußeren Inseln mit vielen malerischen Dörfern.

Seiten 52 – 71

Gamla Stan

Gamla Stan, die Altstadt mit ihren gepflasterten Gässchen, ist der älteste Teil Stockholms. Das Viertel besteht bereits seit dem 13. Jahrhundert und ist heute Standort vieler Sehenswürdigkeiten, gemütlicher Cafés und einladender Bars, aber auch spannender Boutiquen, die u. a. Kunst und Mode anbieten. Die allermeisten Gebäude in Gamla Stan stammen aus dem 17. und 18. Jahrhundert, ihre pittoresken Fassaden wirken fast wie einem Märchenbuch entsprungen. Abends verwandelt sich das Viertel in ein leuchtendes Wunderland.

Entdecken
Stockholms Geschichte, stimmungsvolle Cafés, stilvolle Bars und Boutiquen

Sehenswert
Kungliga Slottet, Storkyrkan

Genießen
Eine *fika* auf dem mittelalterlichen Stortorget

Seiten 72–93

City

Der Großteil des modernen Stadtzentrums wurde zwischen den 1950er und 1970er Jahren entwickelt und ist heute sowohl kulturelles als auch kommerzielles Zentrum der Stadt. Die meisten Events finden im Kungsträdgården statt – im Sommer rund 150 Veranstaltungen und im Frühjahr eine beeindruckende Kirschblütenfeier. In diesem Stadtviertel kann man zu allen Tageszeiten etwas unternehmen. In der Fußgängerzone Drottninggatan locken Läden mit den neuesten skandinavischen Trends, Dachterrassen mit tollem Blick sind ideal für einen Sundowner.

Entdecken
Kultur, Shopping, Ausblicke von Dachterrassen

Sehenswert
Kulturhuset, Sergels Torg, Kungsträdgården

Genießen
Ein Abend in der Kungliga Operan

Seiten 94–107

Blasieholmen und Skeppsholmen

Die Halbinsel Blasieholmen und die vorgelagerte Insel Skeppsholmen laden mit ihrem Mix aus Geschichte, Kunst und herrlicher Landschaft zu Ausflügen ein. Die ruhigen Straßen auf Blasieholmen sind gesäumt von pastellgelben und roten Häusern, in denen sich auch mal ein Antiquitätenladen verbirgt. Skeppsholmen, dank seiner strategischen Lage einst ein Militärstützpunkt, ist heute bekannt für seine Ruhe sowie Museen mit moderner und ostasiatischer Kunst sowie das Stockholm Jazz Festival im Sommer.

Entdecken
Kunst und Antiquitäten

Sehenswert
Moderna Museet, Nationalmuseum

Genießen
Eine Bootsfahrt durch die Inselwelt

→

Seiten 108–129

Djurgården

Djurgården, früher ein Teil des königlichen Wildgeheges, ist der perfekte Ort zur Erholung in der Natur, ohne dass man dazu die Stadt verlassen muss. Neben schattigen Wegen kann man Tiere von Hasen bis zu Hirschen entdecken. Auf Djurgården befinden sich einige der beliebtesten Museen und Galerien Stockholms, in denen man viel über die Geschichte des Landes, aber auch moderne Kunst erfährt. Was ABBA-Fans auf keinen Fall versäumen sollten, ist ABBA The Museum, in dem man die bekanntesten Hits der Band mitsingen kann.

Entdecken
Museen und Tierwelt

Sehenswert
Nordiska Museet, Vasamuseet, Skansen

Genießen
ABBA The Museum mit den größten Hits der legendären Band

Seiten 130–175

Abstecher

Jenseits des Stadtzentrums erwarten Sie weitere Viertel mit schönen Museen und prächtigen Boulevards. Das noble Östermalm steht für exklusives Shopping und köstliches Essen. Foodies lieben dort auch die dreistöckige Markthalle aus dem Jahr 1888. Kungsholmen ist überwiegend Wohngebiet, bietet aber auch exzellente Bars und Parks, während das hippe Södermalm zum abendlichen Ausgehen einlädt. Das nahe Slussen ist der ideale Startpunkt für eine Fahrt zu den vorgelagerten Inseln.

Entdecken
Segeltörns, Parks, Natur

Sehenswert
Östermalm und Gärdet, Kungsholmen, Vasastan, Norrtull und Königlicher Nationalstadtpark, Södermalm

Genießen
Rundgang im idyllischen Hagaparken

Seiten 176–189

Ausflüge

Auch jenseits der Stadtgrenzen erwarten Sie großartige Optionen. Innerhalb einer Stunde erreichen Sie beispielsweise das opulente Schloss Drottningholm, eine UNESCO-Welterbestätte. Oder Sie bummeln durch die im 8. Jahrhundert gegründete Siedlung Birka und begeben sich dort auf eine faszinierende Zeitreise in die Epoche der Wikinger. Sehr reizvoll ist auch eine Tour durch die weitläufige Inselwelt Stockholms. Sie umfasst an die 30 000 Inseln, Schären und Felsen und erstreckt sich bis über 80 Kilometer östlich der Stadt.

Entdecken
Prähistorische Siedlungen, idyllische Städte

Sehenswert
Drottningholm, Birka

Genießen
Eine Bootsfahrt nach Fjäderholmarna

1

2

3

4

←

1 *Historische Gebäude in Gamla Stan*

2 *Das restaurierte Kriegsschiff Vasa im Vasamuseet*

3 *Toast Skagen – ein Genuss*

4 *Jachten im Hafen von Djurgården*

Ein bunter Mix aus idyllischen Parks, bunten Festivals und historischen Stätten macht Stockholm zu einem lohnenswerten Ziel. Auf den folgenden Seiten finden Sie Vorschläge für ein- und mehrtägige Erkundungstouren.

1 TAG *in Stockholm*

Vormittags

Los geht's in Gamla Stan *(siehe S. 52–71)* im Caffellini (Västerlånggatan 60), einem kleinen italienischen Café. Mit einem Coffee to go und einem *pain au chocolat* oder ein paar cremegefüllten Teilchen, den *pasticciotti*, spazieren Sie in fünf Minuten durch die Gässchen der Altstadt zum Kungliga Slottet *(siehe S. 56–59)*, der offiziellen Residenz des schwedischen Königspaars Carl XVI. Gustaf und Silvia. Der ursprüngliche Palast wurde 1697 durch ein Feuer zerstört und durch den heutigen Barock- und Rokoko-Palast ersetzt. Schlendern Sie durch Säle und Gemächer, die eine Vielzahl an Kunstwerken von unschätzbarem Wert bergen und mit opulenten Möbeln ausgestattet sind. Verlassen Sie das Schloss rechtzeitig, damit Sie die Wachablösung im äußeren Schlosshof nicht versäumen (Mo–Sa 12:15, So, Feiertage 13:15), die zahlreiche Zuseher anzieht.

Nachmittags

Sightseeing macht hungrig. Gehen Sie vom Schloss ein paar Minuten nach Südwesten zu Stockholms Gästabud (www.stockholmsgastabud.se), einem schönen Restaurant, wo Sie die traditionellen *kötbullar* (Fleischbällchen) mit Kartoffelbrei und Preiselbeeren bekommen. Frisch gestärkt steuern Sie den Hafen Slussen an. Nehmen Sie dort die Fähre zum Fährhafen Allmänna Gränd *(siehe S. 128)* auf Djurgården. Spazieren Sie zehn Minuten durch einen schattigen Park am Ufer entlang bis zum Vasamuseet *(siehe S. 114f)*, Schwedens meistbesuchtem Museum. Hier erfahren Sie alles über die tragische Geschichte des 69 Meter langen Kriegsschiffs *Vasa*, das im Jahr 1628 nur wenige Minuten, nachdem die Segel zur Jungfernfahrt gesetzt waren, unterging.

Abends

Entdecken Sie auf dem Weg durch die grüne Oase Lejonslätten weitere Hinweise auf die reiche Stadtgeschichte. Früher fanden auf dem Gelände zur Belustigung des Adels Tierkämpfe statt, heute bummeln die Stockholmer hier gern am Wasser. Vorbei an der skurrilen Villa Lusthusporten mit Elementen aus Jugendstil und Barock gehen Sie zur Villa Godthem *(siehe S. 121)*. Das Anwesen wurde 1874 für den schwedischen Opernsänger Carl Johan Uddman erbaut und 1897 zu einem Gasthof umgewandelt. Heute befindet sich hier ein elegantes Restaurant, das schwedische Klassiker, etwa Toast Skagen (Toast mit Shrimps) und einige Heringsgerichte, anbietet. Nach dem Essen nehmen Sie die Fähre zurück nach Gamla Stan und lassen den Tag im Stampen ausklingen (www.stampen.se). In dem Jazz- und Blues-Club erinnert die Dekoration der Kellerbar aus dem 17. Jahrhundert an das früher dort untergebrachte Pfandhaus.

1

2

3

4

←

1 Fähranleger in Djurgården

2 Beste Aussicht von der Terrassenbar des TAK

3 Fröhliche Mittsommerfeier im Freilichtmuseum Skansen

4 Herbststimmung im Park von Schloss Drottningholm

3 TAGE
in Stockholm

Tag 1

Vormittags Stehen Sie früh auf und genießen Sie die Morgenstimmung in Gamla Stan. Bei dem Licht gelingen schöne Fotos der farbenprächtigen Häuser am Stortorget. Besuchen Sie dort Stockholms älteste Kirche Storkyrkan *(siehe S. 60f)* aus dem Jahr 1306. Machen Sie dann wie die Stockholmer eine *fika* (Kaffeepause) im nahen Café Art (Västerlånggatan 60), ehe Sie zum Kungliga Slottet *(siehe S. 56–59)* gehen, wo auch die Livrustkammaren (Rüstkammer), Schwedens ältestes Museum, einen Besuch lohnt.
Nachmittags Nach etwa einem Kilometer erreichen Sie am Sergels Torg *(siehe S. 81)* das Kulturhuset *(siehe S. 80)* mit Galerien, Bibliotheken, einem Kino und dem Stadttheater. Nach einem Imbiss in Waynes Coffee (www.waynescoffee.se) geht es weiter zum Kungsträdgården *(siehe S. 76)*, einem Park mit einer im Winter beliebten Eisfläche.
Abends Ziehen Sie sich schick an für einen Besuch im eleganten Restaurant Mathias Dahlgren (www.mdghs.se) im Grand Hôtel. Bestellen Sie Iberico mit Champignons und trinken Sie dazu ein kaltes Bier der S:t Eriks Bryggeri, der ältesten Brauerei in Stockholm – ideal zum Abschluss Ihres ersten Tages in der Stadt.

Tag 2

Vormittags Fahren Sie mit der Fähre in zehn Minuten vom Räntmästartrappan in Slussen nach Djurgården und besuchen Sie dort das Nordiska Museet *(siehe S. 112f)*. Es widmet sich auf eindrucksvolle Art dem Alltagsleben in Schweden von den 1520er Jahren bis zur Gegenwart.
Nachmittags Bummeln Sie dann durch Skansen *(siehe S. 116f)*, das älteste Freilichtmuseum der Welt. Hier werden schwedische Traditionen und Bräuche gepflegt und bewahrt. Beim Schlendern über die gepflasterten Wege können Sie Handwerkern über die Schultern schauen und in einer Taverne aus den 1880er Jahren typisch schwedische Gerichte probieren. Für den Besuch sollten Sie sich genügend Zeit nehmen.
Abends Wenn Sie genug gelaufen sind, erholen Sie sich beim Abendessen im Slipen (www.slipen.se), einem lässigen Bistro am Wasser, wo es köstliche Cocktails (u. a. Pink Palomas) gibt.

Tag 3

Vormittags Nach Kaffee und Gebäck im Gateau (www.gateau.se) nehmen Sie ein Boot der Stromma-Linie vom Klara Mälarstrand zum Schloss Drottningholm *(siehe S. 180–183)*. Halten Sie Ihre Kamera bereit, die Fahrt über den Mälarsee (Mälaren) ist fantastisch. Steigen Sie an der Drottningholm Brygga aus und besichtigen Sie das Schloss, den gepflegten Barockgarten und den imposanten Chinesischen Pavillon.
Nachmittags Nach dem Essen im Karamellan Café och Restaurang nehmen Sie die Fähre zurück ins Zentrum. Vom Hafen gehen Sie nach Westen zum Stadshuset *(siehe S. 146f)*, wo Sie vom 106 Meter hohen Turm tolle Ausblicke genießen.
Abends Nordische Speisen mit asiatischem Twist und feine Getränke bekommen Sie im chicen TAK *(siehe S. 39)*. Auf der großen Dachterrasse lassen Sie Ihren Stockholmbesuch entspannt ausklingen.

1

2

3

5 TAGE *in Stockholm*

Tag 1

Starten Sie in den Tag im Café Vete-Katten (www.vetekatten.se) – seit den 1920er Jahren eine Institution. Von dort erreichen Sie nach 15 Minuten den Kungsträdgården *(siehe S. 76)*. Zwischen Brunnen und Blumenbeeten finden Sie hier zahlreiche Kirschbäume, die im Frühling üppig blühen. Man fühlt sich zu dieser Zeit fast wie in Japan – kein Wunder, die Bäume waren 1998 ein Geschenk Japans an Schwedens König Carl XVI. Gustaf. Am Südende des Parks schlendern Sie am Hafen entlang bis zum Grand Café (www.grandhotel.se), wo Sie ein leichtes Mittagessen einnehmen.

Frisch gestärkt gehen Sie nun über die Skeppsholmsbron zum Moderna Museet *(siehe S. 98)*. In der beeindruckenden Sammlung zeitgenössischer Kunst vergeht der Nachmittag wie im Fluge. Abends essen Sie unter Kronleuchtern im Berns Asiatiska (www.berns.se). Die Gerichte sind inspiriert von thailändischer, koreanischer, japanischer und chinesischer Küche.

Tag 2

Gönnen Sie sich im trendigen Södermalm im Café Tårtan (www.tartancafe.com) eine süße Zimtschnecke, ehe Sie zum Katarinahissen weiterziehen. Der Freiluftaufzug verbindet nicht nur Slussen und Södermalm, er bietet auch einen grandiosen Rundblick. Nach etwa 1,5 Kilometern erreichen Sie Fotografiska *(siehe S. 164)*, ein großartiges Fotomuseum.

Frisch inspiriert können Sie auf dem 20-minütigen Spaziergang durch die Fjällgatan, eine historische Straße mit herrlichen Ausblicken aufs Wasser, schöne Fotos machen. Zum Essen lockt das Hermans (www.hermans.se). Nach dem reichhaltigen veganen Buffet geht es über die Stigbergsgatan mit ihren für Söder typischen Häuschen weiter zum herrlichen Park Vita Bergen *(siehe S. 166)* mit der monumentalen Sofia Kyrka *(siehe S. 166f)*. Ihr Tag klingt aus mit typisch schwedischen Fleischbällchen im Meatballs for the People *(siehe S. 167)* und mit einem Drink in der Bar N3rds *(siehe S. 39)*.

1 *ABBA The Museum* ↑
2 *Traditionelle Holzhäuser*
3 *Kirschblüte im Kungsträdgården*
4 *Segelboote vor Björkö*
5 *Köstliche Zimtschnecken*

Tag 3

Probieren Sie das Gebäck im Café Krans (Västerlånggatan 26) und passieren dann Stockholms engste Straße, die fünf Minuten entfernte Mårten Trotzigs Gränd *(siehe S. 64)*. Anschließend nehmen Sie die Fähre nach Djurgården *(siehe S. 108–129)*. Im Vasamuseet *(siehe S. 114)* wird die Geschichte des Kriegsschiffs *Vasa* dargestellt, das 1628 auf seiner Jungfernfahrt sank.

Essen Sie im Blå Porten (www.blaporten.com), einem mediterranen Restaurant mit schönem Hof gleich neben dem ABBA-Museum *(siehe S. 120f)*. Im Museum sehen Sie die Garderoben der schwedischen Pop-Legenden, hören ihre Musik oder stehen als »fünftes Bandmitglied« mit auf der Bühne. Beenden Sie den Tag im Restaurant Slipen (www.slipen.se) – lassen Sie unbedingt Platz für eines der verführerischen Desserts.

Tag 4

Nach einem zeitigen Frühstück im Café Schweizer (www.schweizer.se) in Gamla Stan nehmen Sie an der Vasabron die Stromma-Fähre zur Wikingerstadt Birka *(siehe S. 184f)* auf Björkö – das Boot fährt von Anfang Mai bis Ende Oktober (Tickets vorher buchen). Allein schon die Fahrt zur Insel ist ein Erlebnis. Erkunden Sie die UNESCO-Welterbestätte ausgiebig: In Schwedens frühester Siedlung finden Sie Fundstücke, die das Leben der Wikinger beleuchten. Zurück in der Stadt machen Sie sich auf den Weg zum Fika & Wine (www.cafefika.se), wo es köstliche Speisen gibt.

Tag 5

Nach Kaffee und Zimtschnecke im Café Albert (Birger Jarlsgatan 5) gehen Sie zum kleinen Fährhafen Nybrokajen. Stromma bietet Ausflugsfahrten mit Dampfern durch die Inselwelt, man kann auch Essen dazubuchen. Nach den bis zu dreistündigen Touren könnten Sie im Kaufhaus NK shoppen *(siehe S. 77)*, ehe Sie im Glashuset Restaurang & Bar (www.glashuset.com) zu Abend essen. Hochwertige Speisen und großartige Ausblicke aufs Wasser sind ein wunderbarer Abschluss für Ihren Besuch in Stockholm.

Schon gewusst?

1980 änderte Schweden die Erbfolgeregel. Seither darf auch eine Prinzessin den Thron besteigen.

Gepflegte Gartenanlagen um Schloss Drottningholm ↑

STOCKHOLM FÜR GESCHICHTSFANS

Barocke Paläste und Reminiszenzen an die lange Seefahrertradition: In Stockholm findet sich ein interessanter Mix aus prunkvollen Schlössern und Wikingerschätzen. Tauchen Sie in UNESCO-Welterbestätten, Palästen und großartigen Museen tief ein in die reiche Vergangenheit der Stadt.

Welterbestätten

Am besten wird Stockholms Geschichte an den drei UNESCO-Welterbestätten sichtbar. Birka *(siehe S. 184f)* ist bekannt für Relikte der Wikinger, aber auch als Treffpunkt der ersten christlichen Kirchengemeinde. Der vom schwedischen Architekten Gunnar Asplund entworfene Skogskyrkogården *(siehe S. 171)* war weltweit Vorbild für Friedhofsanlagen. Schloss Drottningholm *(siehe S. 180–183)* ist von französischer und italienischer Baukunst inspiriert.

↑ *Grabsteine und hoch aufragende Kiefern im Skogskyrkogården*

Königshaus

Die Königsfamilie ist seit Mitte des 13. Jahrhunderts ein integraler Bestandteil von Stockholms Identität. Noch heute spielt sie eine zentrale Rolle bei der Repräsentation Schwedens auf internationalem Parkett. Auf vielen Objekten sind schwedische Regenten abgebildet – König Carl XVI. Gustaf, der Monarch mit der längsten Regierungszeit in der schwedischen Geschichte, etwa auf mehreren Münzen von Schwedens Währung. Versetzen Sie sich im herrlichen Schloss Drottningholm *(siehe S. 180–184)* ins royale Leben, sehen Sie am Kungliga Slotten *(siehe S. 56–59)* die Wachablösung und erleben Sie die beeindruckenden Ausstellungen im Inneren des Schlosses.

← *Opulentes Interieur im gut erhaltenen Schloss Drottningholm aus dem 17. Jahrhundert*

Expertentipp
2-D-Vorschau

Sehen Sie sich im Vasamuseet *(siehe S. 114f)* den Film an, ehe Sie das Schiff besichtigen. Dann beeindruckt Sie der allererste Blick darauf noch viel mehr.

→ *Detailgenau restauriertes Kriegsschiff* Vasa *im Vasamuseet*

Seefahrernation

Das Wort »Wikinger« bedeutete auf Altnordisch in etwa »Piratenüberfall«. Auch wenn heute kein Wikinger mehr hier landet, sind ihre Geschichte und ihr Einfluss auf den Inseln doch überall zu sehen. In Birka *(siehe S. 184f)* wird deutlich, warum die Wikinger als blutrünstig galten, im Historiska Museet *(siehe S. 134)* sind rund 2500 originale Artefakte der Wikinger ausgestellt. Das Vasamuseet *(siehe S. 114f)* beleuchtet die Seefahrt früherer Jahrhunderte. Hier sehen Sie auch das Kriegsschiff *Vasa*, das 1961 – nach 333 Jahren – gehoben wurde.

Reizvolle Altstadt

Gamla Stan im Herzen Stockholms ist eine der besterhaltenen Altstädte Europas. Das Viertel erstreckt sich um den kopfsteingepflasterten Stortorget *(siehe S. 62)*, den ältesten Platz der Stadt. Hier sieht man farbenprächtige Häuser, einige stammen aus dem 15. Jahrhundert. Auch norddeutsche Einflüsse sind zu erkennen: Angeblich wurde die Stadt im Stil von Lübeck gebaut, hier steht auch die Tyska Kyrkan *(siehe S. 63)*, die »deutsche Kirche«. Am meisten beeindruckt in Gamla Stan jedoch die Storkyrkan *(siehe S. 60f)*, eine 700 Jahre alte Kathedrale mit einer Fassade im Stil des italienischen Barock.

→ *Stortorget: Ältester Platz der Stadt und beliebter Treffpunkt*

STOCKHOLMS ARCHITEKTUR

Mittelalterliche Straßen und moderne Meisterwerke - Stockholm ist voller architektonischer Highlights. Bummeln Sie durch die farbenreiche Altstadt Gamla Stan, besichtigen Sie üppig ausgestattete royale Residenzen oder staunen Sie über außergewöhnliche moderne Bauten.

Swedish Grace

Der Designstil aus den 1920er Jahren verbindet nordische Ästhetik mit klassizistischen Einflüssen. Säulen, Pfeiler und Gesimse sind einfach, aber elegant und vor allem aus natürlichen Materialien wie Holz und Stein gestaltet. Sehr schöne Beispiele für diesen Stil findet man im Stockholmer Stadshuset *(siehe S. 146f)*, aber auch im Skogskyrkogården *(siehe S. 171)*. Der ruhige Friedhof ist heute UNESCO-Welterbestätte.

Herrschaftliche Bauten

Das Kungliga Slottet *(siehe S. 56–59)*, eine der größten Palastanlagen Europas, weist französische und italienische Einflüsse auf und gilt als ein Meisterwerk des Architekten Nicodemus Tessin des Jüngeren. Im Schloss Drottningholm *(siehe S. 180–183)*, entworfen von Tessin dem Älteren, gibt es einen Versailles nachempfundenen Park.

→ *Viel Licht bringt die Fresken im Kungliga Slottet perfekt zur Geltung*

Hotel

Radisson Collection Strand Hotel
Das stylishe Hotel am Wasser eröffnete kurz vor den Olympischen Spielen 1912. Die schwedischen Schauspielerinnen Greta Garbo und Ingrid Bergman stiegen hier gern ab. Die 170 Zimmer haben auch nach der Renovierung nichts von ihrem ursprünglichen Glamour verloren.

Nybrokajen 9
radissonhotels.com

← *Die beeindruckende weiße Kuppel der Avicii Arena, des früheren Globen*

Zeitgenössische Designs
Modernes schwedisches Design ist stylish. Das Auditorium Aula Medica (www.akademiskahus.se) am Karolinska Institutet in Vasastan legt sich scheinbar wie ein Schiff in den Wind, seine dreieckigen Fenster schaffen im Inneren eine spektakuläre Atmosphäre. Spannend ist auch die Avicii Arena *(siehe S. 170f)*, das weltgrößte halbkugelförmige Gebäude. Hier finden Konzerte und Sportveranstaltungen statt.

↑ *Die Aula Medica, modernes Auditorium mit dreieckigen Fenstern*

Expertentipp
Kunst im Untergrund

Tauchen Sie ab in den Untergrund: Nehmen Sie die blaue Linie *(blå linjen)* der Tunnelbana und besuchen Sie eine einzigartige Kunstausstellung. Im Bahnhof T-Centralen stechen leuchtend blaue Blätter und Blumen sofort ins Auge – und begeistern.

→ *Faszinierend: Deckenhohes Kunstwerk in der U-Bahn-Station T-Centralen*

STOCKHOLMS KUNST UND KULTUR

Sei es die unterirdische Kunstgalerie oder das riesige Fotografie-Museum – die Kunstszene in Stockholm ist höchst beeindruckend. Auch schöne skandinavische Traditionen wie die Mittsommerfeiern begeistern die Besucher.

Moderne Meisterwerke

Führende Museen in Stockholm präsentieren moderne Kunst. Das Fotografiska *(siehe S. 164)*, ein Zentrum moderner Fotografie, zeigt jedes Jahr vier große und etwa zwanzig kleinere Ausstellungen. Im Moderna Museet *(siehe S. 98f)* sind Werke etwa von Pablo Picasso, Salvador Dalí und der schwedischen Künstlerin Siri Derkert zu sehen.

← *Fotografiska – Museum in einem früheren Industriegebäude in Södermalm*

Urban Art

Stockholms Tunnelbana ist nicht nur ein Transportmittel, viele Bahnhöfe sind wahre Kunstgalerien. Auf rund 100 Kilometern sind an mehr als 90 Stationen die unterschiedlichsten Werke zu sehen, manche entstanden bereits in den 1950er Jahren – und das Ganze kostet Sie nur ein U-Bahn-Ticket. Wieder am Tageslicht, erkunden Sie auch Stockholms Streetart-Szene mit Werken von Yash. Der Künstler malt Darstellungen von Menschen und Tieren in leuchtenden Farben. Beispiele sieht man etwa in der Luthens Gränd in Södermalm.

Königliche Oper

Die prunkvolle Kungliga Operan *(siehe S. 77)* ist Schwedens Nationaltheater für Oper und Ballett. Das 1898 von Gustav III. gegründete Haus lockt heute sowohl mit zeitgenössischen als auch mit klassischen Aufführungen. Genießen Sie einen fantastischen Abend oder nehmen Sie an einer spannenden Führung hinter den Kulissen teil (www.operan.se).

← *Aufführung in der berühmten Kungliga Operan (Königliche Oper)*

TOP 3 Spots für Mittsommerfeiern

Skansen
⌂ Djurgårdsslätten 49–51
Tänze um den Maibaum, Spiele und Volksmusik – ein Spaß für die ganze Familie.

Hotel & Restaurang Hasselbacken
⌂ Hazeliusbacken 20
Highlights der Feiern sind DJ-Sets, Tanz und ein schwedisches Drei-Gänge-Menü.

Mosebacketerrassen
⌂ Mosebacke Torg 1
Partystimmung auf der großen Terrasse mit tollem Blick und köstlichen Drinks.

↑ *Traditionelle farbenprächtige Trachten beim Mittsommer in Skansen*

Sommerfeste

In den wärmeren Monaten reiht sich in Stockholm ein Fest ans andere, viele davon in Schlössern, Kunstgalerien oder Museen. Erleben Sie etwa die Mittsommerfeier in Skansen *(siehe S. 116f)* oder Gratiskonzerte und -aufführungen im Parkteatern (www.kulturhusetstadsteatern.se/parkteater).

Auf dem Wasser

In Stockholm mit seinen 14 Inseln hat man das ganze Jahr über Zugang zum Wasser. Mieten Sie sich im Sommer bei Långholmen Kajak (www.langholmenkajak.se) ein Kajak oder ein SUP-Board. Im Winter gibt es zahlreiche Optionen zum Schlittschuhfahren. Ein großes Vergnügen ist auch eine geführte Tour auf dem Eis (www.iceguide.se).

→

Mit dem Kajak unterwegs auf dem ruhigen Långholmen-Kanal

STOCKHOLMS OUTDOOR-ABENTEUER

Bewegen Sie sich gern in der Natur? Dann ist Stockholm mit seiner Nähe zum Wasser und seinem ausgedehnten Netz an Wander- und Radwegen ein wunderbares und lohnenswertes Urlaubsziel.

Mit dem Rad

In Stockholm gibt es jede Menge Fahrradverleihe mit Rädern für alle Bedürfnisse (auch Tandems und E-Bikes). Der weitläufige Park auf Djurgården *(siehe S. 128f)* ist ideal für eine entspannte Rundfahrt, bei der man auch viele Sehenswürdigkeiten passiert.

←

Gemütliche Fahrt mit dem Tandem am Wasser

Schon gewusst?

Rund 100 000 Stockholmer fahren jeden Tag mit dem Fahrrad zur Arbeit oder in die Schule.

TOP 3 **Schöne Wanderungen**

Djurgården Loop
Der kaum anstrengende Rundweg (10 km) ist gut erreichbar und das ganze Jahr über begehbar.

Hagaparken
Leichte, sieben Kilometer lange Wanderung durch den königlichen Park, vorbei an historischen Bauten.

Nackareservatet
Naturreservat am Stadtrand mit zahlreichen Wegen zum Wandern und zum Beobachten von Vögeln.

Zu Fuß

In Stockholm hat man es nirgends weit in die Natur. Besonders beliebt zum Wandern und Picknicken ist das Ufer des Brunnsviken *(siehe S. 157)*. Ein flacher, etwa elf Kilometer langer Weg führt um den See, man kann aber auch nur einzelne Abschnitte begehen.

Herbststimmung am Ufer des wunderschön gelegenen Brunnsviken →

Insel-Hopping

Stockholms Inselwelt ist einfach traumhaft. Das grüne Fjäderholmarna *(siehe S. 187)*, die am nächsten gelegene Insel, erreicht man mit dem Boot in 30 Minuten, nach Dalarö und Vaxholm *(siehe S. 188)* dauert es etwa eine Stunde. Von Strandvägen *(siehe S. 118)* starten Ausflugsboote und SL-Fähren der Reederei Waxholmsbolaget.

Rot angestrichene Holzhäuser am Pier von Fjäderholmarna →

Zimtschnecken aus Hefeteig mit einer Zimt-Zucker-Mischung

Süße Verführung

Die *fika* ist wahrscheinlich eine der bekanntesten Traditionen Schwedens. Stockholm mit seinen vielen gemütlichen Cafés lädt förmlich zum Mitmachen ein. Bei köstlichen Zimt- oder Safranschnecken (*kanelbullar* bzw. *saffransbullar*), saftigem Schokoladenkuchen *(kladdkaka)* oder der typisch schwedischen *prinsesstårta*, einer Torte aus Biskuitböden mit grünem Marzipanüberzug, fällt die Wahl nicht leicht.

STOCKHOLM FÜR FOODIES

Die *fika* - die Kaffeepause mit feinem Gebäck - ist eine Institution im schwedischen Alltag. Doch wer Wert auf gutes Essen legt, wird von der gesamten Restaurant-Szene Stockholms begeistert sein. Etliche Restaurants mit Michelin-Stern, aber auch elegante kleine Bistros zelebrieren Kochkunst.

Restaurant

Etoile

Das Restaurant mit Michelin-Stern bietet ein besonderes Erlebnis. Es erwarten Sie kräftige Aromen, eine glamouröse Atmosphäre und Gerichte mit witzigen Namen.

Norra Stationsgatan 51

So – Di

etoile.superbexperience.com

Kr Kr Kr

Gourmet-Revolution

Stockholm ist ein Paradies für Foodies. Sie finden dort stolze 13 Restaurants mit Michelin-Stern. New Nordic ist eine kulinarische Bewegung, die Einfachheit, Saisonalität und raffinierten Geschmack aufs Feinste verbindet. Mithilfe alter Kochtechniken wie Räuchern, Beizen oder der Zubereitung am offenen Feuer entstehen leichte Gerichte mit modernem Twist.

Niklas Ekstedt, Betreiber mehrerer Restaurants mit Michelin-Stern

↑ *Freunde treffen sich zum* julbord, *dem weihnachtlichen Buffet*

Gelebte Traditionen

Das freundliche Wesen der Schweden zeigt sich auch in ihren kulinarischen Traditionen. Beim *smörgåsbord* kann man gemeinsam stundenlang von einem Buffet die verschiedensten typischen Gerichte genießen. Auf Vorspeisen wie *gravad lax* (gebeizter Lachs) und Salzhering folgen warme Gerichte wie Fleischbällchen oder Würstchen. Das *julbord* zu Weihnachten ist die große, festliche Variante des *smörgåsbord* mit Spezialitäten wie *lutefisk* (Trockenfisch) und Schinken.

Expertentipp
Aus dem Wald

Viele der Stockholmer Spitzenköche holen sich ihre Zutaten gern aus den nahen Wäldern. Lernen Sie in einem Kurs (www.lifebylisen.com), welche Pflanzen essbar sind und wie man sie sammelt.

Food-Safaris

Das schwedische *allemansrätten* erlaubt allen den freien Zugang in die Wälder und damit auch das Sammeln von Beeren und Pilzen. Am besten schließt man sich dazu aber Fachleuten an. Die fischreiche See vor Stockholm ist voll mit Lachsen und Meerforellen. Stockholm Fishing (www.stockholmfishing.se) bietet Angeltouren inklusive *fika* an Bord an.

↑ *Die Suche nach essbaren Pflanzen ist eine beliebte Freizeitaktivität*

Zauberhafte Festivals

Feste in Schweden sind fröhlich und energiegeladen. Valborgsmässoafton bzw. Valborg (Walpurgisnacht; 30. Apr) feiert man mit Lagerfeuern in der Dämmerung, um den Frühling zu begrüßen. Das Luciafest (13. Dez) ist eine Feier mit vielen Lichtern mitten im dunklen Winter, während beim Mittsommerfest der mit mehr als 18 Stunden Tageslicht längste Tag des Jahres zelebriert wird.

Schon gewusst?

Der Mittsommerabend fällt immer auf einen Freitag zwischen dem 19. und 25. Juni.

STOCKHOLMS LIFESTYLE

Idyllische Landschaften, weite Natur, einladende rote Holzhäuser und saubere Luft bilden den Rahmen. Dazu kommen der Genuss von Kaffee (stark genug, um sogar Wikinger munter zu machen), erholsame Saunas, in denen Körper und Seele gereinigt werden, und ein ungeschriebenes Gesetz, nach dem sich niemand für etwas Besseres hält und Prahlerei verpönt ist. Diese schwedischen Tugenden und Traditionen sind auch in Stockholm überall spürbar.

Saunabesuche

Der Besuch einer Sauna gehört zum schwedischen Leben dazu. Schweden genießen dieses Wohlfühlritual das ganze Jahr über, gern auch gemeinsam mit der Familie. Besuchen Sie eine der vielen Saunas in Stockholm, etwa im Centralbadet *(siehe S. 83)*, einer Jugendstil-Oase im Herzen der Stadt. Oder fahren Sie hinaus zum Tanto Bastu (www.tantobastuforening.se). Der Club ist offen für Besucher, dort kann man zur Abkühlung direkt in die Ostsee springen.

←

Centralbadet: Spaß beim Schwimmen vor grandioser Kulisse

← *Valborg wird – wie hier auf Riddarholmen – an riesigen Feuern gefeiert*

Jantelagen

In Schweden hält man sich an *jantelagen*, »das Gesetz von Jante«. Dieser stillschweigende kulturelle Code besagt, dass sich Schweden nicht besonders oder besser fühlen sollten als andere. Dank dieser Haltung prahlen sie selten mit Reichtum oder besonderen Leistungen, was die soziale Harmonie fördert. Kritiker merken jedoch an, Kreativität, Ambition und Individualität würden darunter leiden.

Café-Kultur

Schwedische Cafés sind sehr gemütlich und jederzeit gut besucht. Anders als eine gewöhnliche Kaffeepause steht *fika* seit jeher für Entschleunigung und intensive Gespräche bei Kaffee und köstlichem Gebäck. Kaffee wird in Schweden oft *med påtår* serviert – dann darf man sich gratis oder vergünstigt nachschenken.

→ *Zur* fika *gehören unbedingt* kanelbullar *(Zimtschnecken) und viel Kaffee*

Shopping mit Stil

Der Stil der Schweden ist chic und doch funktional. Outdoor-Marken wie Fjällräven (www.fjallraven.com) sind international bekannt. Shoppen Sie nach Herzenslust und unterstützen Sie auch kleine Unternehmen, die qualitativ hochwertige, zeitlose Designs anbieten. In der Köpmangatan in Gamla Stan finden Sie Boutiquen, in Einkaufszentren wie NK *(siehe S. 77)* und Gallerian (www.gallerian.se) schwedische Labels.

← *Shopping-Erlebnis im mehrstöckigen Kaufhaus NK*

Live-Events

Singen ist in Schweden integraler Bestandteil der Landeskultur. Dafür gibt es keinen besseren Ort als Stockholm – ob in der Oper oder in einer Bar um die Ecke. In der Avicii Arena *(siehe S. 170f)* treten hochrangige Künstler von Oasis bis Taylor Swift auf. Zu den liebenswertesten Veranstaltungen gehören die Mitsingabende Allsång på Skansen (www.skansen.se). Schon seit 1935 treffen sich hier die Menschen, um gemeinsam mit Stars zu singen. Das traditionsreiche Event ist unglaublich beliebt und wird sogar regelmäßig im Fernsehen übertragen, wo Millionen Schweden es begeistert verfolgen.

→ *Die schwedische Sängerin Zara Larsson beim Allsång på Skansen*

STOCKHOLM AM ABEND

Clubbing in ehemaligen Fährstationen, Cocktails in Rooftop-Bars und Gaming-Sessions in Retro-Spielhallen. Stockholm bietet für jeden etwas – egal ob man Partys liebt oder es lieber etwa ruhiger angehen lässt.

Clubs

In Stockholm kann man spielend durchmachen. Die Stadt ist LGBTQ+ freundlich, Lokale haben lang geöffnet. Legendäre Clubs sind Trädgården (www.tradgarden.com) unter einer Brücke oder Slakthuset (www.slakthuset.nu) in einem ehemaligen Schlachthof mit vielen Tanzflächen und DJs.

→ *Ausgelassene Stimmung im beliebten Stockholmer Club Trädgården*

Expertentipp
Kulturnacht

Bei der Kulturnatt am letzten Samstag im April bieten mehr als 180 Museen, Theater und Galerien kostenlose Events. Tickets sollte man im Voraus buchen (www.kulturnattstockholm.se).

Spots für Gamer

Nachos, Nintendos und Nostalgie – was will man mehr? Nichts, wenn man in Schwedens erste Videogame-Bar N3rds (www.n3rdsbar.com) geht. Sie ist ein wahres Paradies für Gamer: Hier findet man Konsolen vom Nintendo 64 bis zur PS4, dazu Snacks wie Burger und *ölkorv* (Bierwurst). Auch im Nebenraum der Billardhalle RoQ, dem HEY STHLM (www.heysthlm.se), warten über 30 Arcade-Automaten. Hier kann man die ewigen Klassiker, aber auch seltene japanische Spiele spielen.

← *Gamer bei einem klassischen Videospiel in der Bar N3rds*

Bar

A Bar Called Gemma

Diese mondäne Cocktailbar, leger und cool, ist ein Favorit der Stockholmer. Sie sollten dort unbedingt eine der Eigenkreationen der Barkeeper probieren, etwa den »Gemma«. Zutaten des beliebten Drinks sind Bombay Sapphire Gin, Sake, Pistazien, Ingwer und Zitrusfrüchte.

Grev Turegatan 30
So
abarcalledgemma.se

Rooftop-Bars und Brauereien

Für ein kühles Bier und einen großartigen Blick auf die Stadt muss man nicht weit gehen. In Stockholm gibt es viele Rooftop-Bars wie das TAK (»Dach«; www.tak.se). Vom 14. Stock eines Hauses am Sergels Torg *(siehe S. 81)* sieht man in alle Richtungen. Biertrinker sollten in der Stockholm Brewing Co. vorbeischauen, die ihr eigenes Bier und genussvolle Bierverkostungen anbietet (www.stockholmbrewing.com).

↑ *Immer gut besucht: Rooftop-Bar des TAK mit tollem Ausblick*

Welt der Wikinger

Wickie-Fans sind im Historiska Museet *(siehe S. 134f)* ganz in ihrem Element. Im Sommer können sie beim Brotbacken, Bogenschießen oder Tauziehen ins Leben der Wikinger eintauchen. Das Restaurant bietet auch nordische (Wikinger-)Gerichte an. Im mit großer Sorgfalt nachgebauten Wikingerdorf Birka *(siehe S. 184f)* auf der Insel Björkö kann man die Ausgrabungsstätten besichtigen und dabei einen nicht nur spannenden, sondern auch überaus lehrreichen Tag verbringen.

Expertentipp
Freie Fahrt

In Stockholms öffentlichen Verkehrsmitteln fahren Kinder bis elf Jahre in Begleitung eines Erwachsenen sowie Erwachsene mit Kleinkindern gratis.

STOCKHOLM FÜR FAMILIEN

Stockholm ist ideal für Familien, es ist quasi ein Spielplatz für alle Altersgruppen. Folgen Sie historischen Spuren, fahren Sie mit einem Karussell oder machen Sie einfach ein Picknick in einem der grünen Parks der Stadt. Spannende gemeinsame Erlebnisse werden Ihnen sicher lange in Erinnerung bleiben.

Museen für Kinder

Stockholms Museen locken mit interessanten Ausstellungen für alle Altersgruppen. Erkunden Sie im Naturhistoriska Riksmuseet *(siehe S. 160)* den Weltraum und im Cosmonova IMAX die Unterwasserwelt, bevor Sie Dinosaurier bestaunen. Eine Attraktion ist auch das nostalgische Leksaksmuseet *(siehe S. 103)*, untergebracht in unterirdischen Tunneln auf Skeppsholmen. Es gilt mit seinen mehr als 40 000 Exponaten als größtes Spielzeugmuseum in Skandinavien.

←

Skelett eines Sauriers im beliebten Naturhistoriska Riksmuseet

←

Beeindruckendes Modell eines Wikingerschiffs im Historiska Museet

TOP 3

Stockholms Parks

Bryggartäppan
⌂ Bjurholmsgatan 1A
Hier ist das Södermalm des 19./20. Jahrhunderts mit seinen Holzhäusern nachgebaut.

Ivar Lo's Park
⌂ Bastugatan 26
Der sehr beliebte kleine Spielplatz ist perfekt für Kinder bis zehn Jahre.

Ellen Keys Park
⌂ Birger Jarlsgatan 70
Im nach der Autorin Ellen Key benannten Park stehen riesige Teetassen und Bücher.

Freizeitparks

Rasant und lustig geht es in Stockholms Freizeitparks zu. Im Gröna Lund *(siehe S. 122)*, dem ältesten in Schweden, finden Sie einen nostalgischen Wellenflieger und insgesamt acht Achterbahnen. Kleinere Kinder lieben Junibacken *(siehe S. 119)*, wo die Figuren aus Astrid Lindgrens Büchern bei Vorführungen lebendig werden und ein Märchenzug unterwegs ist.

←

Wellenflieger Kättingflygaren im Vergnügungspark Gröna Lund

Spielplätze

Stockholm ist nicht zuletzt dank der zahlreichen Parks sehr kinderfreundlich. Die Kleinsten toben sich im Hagaparken *(siehe S. 158f)* aus, wo viele Rasenflächen und Gewächshäuser mit Schmetterlingen locken. Das beliebte Freilichtmuseum Skansen *(siehe S. 116f)* begeistert u. a. mit Aquarium und Zoo. Aber auch beim Stadtbummel treffen Sie immer wieder auf gut ausgestattete Spielplätze mit viel Platz zum Austoben.

→

Die lange Schlangenrutsche im Freilichtmuseum Skansen

DAS JAHR IN STOCKHOLM

Januar

△ **Motorcycle Fair** *(Ende Jan).* Motorradfans bewundern im Kongresszentrum Stockholmsmässan alte Bikes und neueste Modelle.

Winter Run Stockholm *(Ende Jan).* Fünf Kilometer-Lauf auf Djurgården. Die Strecke ist mit Lagerfeuer und Fackeln beleuchtet.

Februar

△ **Stockholm Fashion Week** *(Anfang Feb).* Top-Designer zeigen zweimal im Jahr (auch im Nov) die neuesten skandinavischen Modetrends.

Stockholm Design Week *(Anfang Feb).* Zu dieser Woche rund um skandinavische Kreativität und Innovation reisen Design-Fans aus aller Welt an.

Mai

△ **Stockholm Art Week** *(Mitte Mai).* In Ausstellungen, Galerien und bei Stadtführungen stellt sich Stockholms vielfältige Kunstszene vor.

Outdoor Festival STHLM *(Ende Mai).* An dem Wochenende am Djurgårdsbrunnsvägen dreht sich alles um den Outdoor-Lifestyle.

Juni

Archipelago Boat Day *(Anfang Juni).* Parade von Dampf- und anderen historischen Schiffen.

Taste of Stockholm *(Anfang Juni).* Fünftägiges Foodie-Festival mit köstlichem Angebot.

△ **Mittsommerfest** *(Mitte Juni).* Überall im Land große Feiern mit Tanz um den Maibaum.

September

Stockholm Beer & Whisky Festival *(Anfang Sep).* Branchenexperten und Liebhaber treffen sich in Nacka Strand zu Verkostungen der neuesten Bier- und Whiskysorten.

△ **Herbstfest im Skansen** *(letztes Wochenende im Sep).* Jahrmarkt mit traditionellen Spielen, historischen Kostümen und Marktständen mit Holzarbeiten und Spielzeug.

Oktober

Affordable Art Fair *(Anfang Okt).* Hier finden Sie moderne Kunst für Fans und Sammler.

△ **Stockholm Jazz Festival** *(Mitte Okt).* Eines der ältesten und größten Festivals in Schweden mit über 20 000 Besuchern.

ATP Stockholm *(ab Ende Okt).* Tennisturnier der Herren im Rahmen der ATP-Tour in den Kungliga Tennishallen.

März

Antikmässan *(Anfang März).* Die größte Antiquitätenmesse Skandinaviens findet im Kongresszentrum Stockholmsmässan statt.

Stockholm International Boat Show *(Anfang März).* Über 400 Aussteller präsentieren an zwei Wochenenden das Neueste für Seeleute.

△ **Nordiska Trädgårdar** *(Ende März).* Die Gartenmesse ist ein Treffpunkt für Gärtner.

April

△ **Gröna Lund** *(Ende Apr).* Schwedens ältester Vergnügungspark öffnet seine Pforten.

Kulturnacht *(Ende Apr).* Kostenlose Veranstaltungen in rund 180 Museen, Theatern, Galerien und anderen Kultureinrichtungen.

Valborg im Skansen *(30. Apr).* Walpurgisnacht im Freilichtmuseum Skansen mit großem Feuer.

Juli

Stockholm Street Food Festival *(Ende Juli).* Kleines Fest mit großem Angebot aus aller Welt.

△ **Pride Week** *(Ende Juli – Anfang Aug).* Stockholm feiert seine LGBTQ+ Community mit Paraden, Musik und vielen Partys.

August

△ **Kräftskiva** *(2. Mi. im Aug).* Fest mit vielen Krebsgerichten, dazu wird gesungen.

Stockholm Music & Arts *(Ende Aug).* Dreitägiges Musikfestival in Skeppsholmen.

Baltic Sea Festival *(Ende Aug).* Eines der größten Festivals klassischer Musik in Europa.

November

△ **Sthlm Food & Wine** *(Anfang Nov).* Weine aus aller Welt und köstliche Schokoladen im Kongresszentrum Stockholmsmässan.

Internationales Filmfest *(Mitte Nov).* Zwölftägiges Festival mit zahlreichen Premieren.

Sweden International Horse Show *(Ende Nov).* Vier Tage lang finden Wettbewerbe in fünf Disziplinen inklusive Tölt statt.

Dezember

△ **Weihnachtsmärkte** *(Dez).* Festliche Märkte am Stortorget in Gamla Stan und im Skansen auf Djurgården.

Nobelpreistag *(10. Dez).* Die Verleihung der Nobelpreise findet alljährlich im Konserthuset (Konzerthaus) statt.

Luciafest *(13. Dez).* In der Storkyrkan und der Jakobs Kyrka feiert man bei Prozessionen mit Kerzen und Gesängen die hl. Lucia, die Überbringerin des Lichts.

1

KURZE GESCHICHTE

Die Metropole zwischen Mälarsee und Ostsee blickt auf eine lange Historie zurück, die seit der Zeit der Wikinger von Seefahrt und Handel geprägt ist. Heute ist die Stadt auch für ihre ambitionierte Umweltpolitik bekannt und setzt beim Thema Nachhaltigkeit maßgebliche Akzente.

Erste Spuren der Wikinger

Archäologische Funde in Birka, Schwedens ältester Stadt, auf der Insel Björkö lassen darauf schließen, dass dort ein wichtiges Handelszentrum der Wikinger lag. Diese im 8. Jahrhundert gegründete Siedlung florierte gut 200 Jahre – Waren aus Skandinavien, dem Mittelmeerraum und sogar dem Nahen Osten wurden dort gehandelt. Im 10. Jahrhundert – etwa zu der Zeit, als 30 Kilometer weiter nördlich die Stadt Sigtuna gegründet wurde, gab man Birka jedoch auf. 1008 konvertierte Olof Skötkonung, König von Schweden, zum Christentum, der damals führenden Religion in Europa.

Schon gewusst?

Der Name Stockholm setzt sich zusammen aus dem schwedischen *stock* (Baumstamm) und *holm* (Insel).

Chronik

800–975
Wikinger siedeln und handeln in Birka

995
Olof Skötkonung wird schwedischer König

1008
Olof Skötkonung wird Christ

1252
Birger Jarl gründet Stockholm

um 1300
Fertigstellung der Riddarholmskirche, Stockholms ältestem Bauwerk

Gründung Stockholms

Stockholm wurde 1252 von dem schwedischen Staatsmann Birger Jarl gegründet, um Schweden vor Invasionen zu schützen. Die Stadt wuchs rasch und wurde zu einem wichtigen Hafen der von Deutschland dominierten Hanse. Dieses Bündnis kontrollierte über Jahrhunderte den schwedischen Überseehandel. Ende des 13. Jahrhunderts war Stockholm die größte Stadt Schwedens, Hauptstadt wurde es aber erst 1436.

Stockholmer Blutbad

Zu jener Zeit war Nordeuropa von politischer Instabilität und territorialen Konflikten geprägt. Über Jahrhunderte änderten sich die Landesgrenzen von Schweden, Norwegen und Dänemark immer wieder, Stockholm wurde oft belagert. Die 1397 gegründete Kalmarer Union, zu der auch Teile des heutigen Finnland gehörten, brachte keinen dauerhaften Frieden. Der dänische König Christian I. scheiterte 1471 beim Versuch einer Machtübernahme in Schweden. 1520 erfolgte ein weiterer Angriff der Dänen: Es kam zum Stockholmer Blutbad *(siehe S. 62)*, in dem über 80 schwedische Adlige und Bürger getötet wurden.

1 *Karte von Stockholm (1836)* ↑

2 *Reste einer Stadtmauer der Wikinger in der Ausgrabungsstätte Birka*

3 *Darstellung der Altstadt von Stockholm*

4 *Stockholmer Blutbad (1520)*

1349/50
Die Pest wütet in Schweden

1397
Gründung der Kalmarer Union

1436
Stockholm wird Hauptstadt von Schweden

1471
Sten Sture der Ältere besiegt Dänemarks König Christian I. am Brunkeberg

1520
Adlige und Bürger werden beim Stockholmer Blutbad hingerichtet

1

2

Gründung des modernen Schweden

Gustav Wasa, Sohn eines im Stockholmer Blutbad getöteten Adligen, führte einen Befreiungskrieg, der mit dem Ausstieg Schwedens aus der Kalmarer Union endete. Der Tag seiner Krönung (6. Juni 1523) ist heute schwedischer Nationalfeiertag. Unter seiner Herrschaft veränderte sich das Land stark: Gustav Wasa I. brach mit der katholischen Kirche, führte den Protestantismus ein und machte Stockholm zu einem bedeutenden Handelszentrum. 1544 stimmte das Parlament seinem Vorschlag zur Einführung der Erbmonarchie zu, das Haus Wasa regierte Schweden danach für mehr als 130 Jahre.

Stormaktstiden: die »Großmachtzeit«

Unter den Nachkommen von Gustav Wasa I. entwickelte sich Schweden zu einer der führenden Mächte in Europa. Drei seiner Söhne führten Expansionskriege gegen Dänemark, Polen, Russland und Lübeck. Ein Enkel, König Gustav II. Adolf (1611–32), wegen seiner militärischen Fähigkeiten auch als »Löwe des Nordens« bekannt, sorgte dafür, dass Schweden nicht nur im Baltikum gefürchtet wurde. Diese Zeit wird als *stormaktstiden* (Großmachtzeit) bezeichnet. Nach ihrem Ein-

Großer Brand von Stockholm

1625 brannte die Stadt drei Tage lang, etwa 20 Prozent der Fläche wurden zerstört. Es folgte ein ambitioniertes Wiederaufbauprogramm: Die Mauern der Altstadt wurden eingerissen, Häuser aus Stein statt aus Holz gebaut, neue Stadtviertel wurden geplant. Damals entstanden Straßen wie die Stora Nygatan, Lilla Nygatan und Skeppsbron.

Chronik

1523
Gustav Wasa I. wird König

1527
In der Reformation konfisziert das Parlament die Besitztümer der katholischen Kirche

1536
Schweden wird protestantisch

1544
Einführung der Erbmonarchie für Gustav Wasas I. männliche Nachkommen

1611
Gustav II. Adolf wird König

greifen in den Dreißigjährigen Krieg – einem langen und zerstörerischen Konflikt zwischen Katholiken und Protestanten – siegten die Schweden 1632 in der berühmten Schlacht bei Lützen. Doch sie zahlten einen hohen Preis: König Gustav II. Adolf wurde bei einem Reiterangriff getötet.

Ende des Schwedischen Reichs

Ein besonders einschneidendes Ereignis während der Regierungszeit von Gustav II. Adolf fand im Jahr 1628 statt: Die im Auftrag des Königs gebaute *Vasa*, ein überaus teures und aufwendig konstruiertes Kriegsschiff, setzte in Stockholm die Segel. Kurz nach Verlassen des Hafens jedoch sank das schwer mit Waffen beladene Schiff. Das Wrack stand lange Zeit als markantes Symbol für den Übermut Schwedens, das seinen Einflussbereich aber zunächst noch weiter ausbauen konnte. Auf dem Höhepunkt seiner Macht erstreckte sich das Reich von den norwegischen Fjorden bis nach Karelien im heutigen Russland und über Teile von Norddeutschland. Der Abstieg begann 1709 mit der Niederlage in der Schlacht bei Poltawa. 100 Jahre später musste Schweden in den Napoleonischen Kriegen auch Finnland aufgeben.

1 *König Gustav Wasas I. Einzug in Stockholm* ↑

2 *Feldmesse vor der Schlacht von Lützen*

3 *Untergang des Kriegsschiffs* Vasa

4 *Schlacht bei Poltawa (1709)*

1618
Beginn des Dreißigjährigen Kriegs

1628
Die *Vasa* sinkt auf ihrer Jungfernfahrt

1632
König Gustav II. Adolf wird in der Schlacht bei Lützen getötet

1697
Die Burg Tre Kronor wird durch ein Feuer zerstört

1709
Russlands Zar Peter der Große besiegt die schwedische Armee bei Poltawa

Stockholm wächst

Mitte des 18. Jahrhunderts wurde die Burg Tre Kronor durch das Kungliga Slottet (Königspalast) ersetzt, für Stockholm begann eine neue Ära. Wohlstand und Bevölkerungszahl schwankten zwar auf Grund von Kriegen, Pest und Hungersnöten, aber Stockholms natürlicher Hafen und der Handel sorgten für Stabilität. Im 19. Jahrhundert erlebte die Stadt einen weiteren wirtschaftlichen Aufschwung, viele Gebäude wurden errichtet, Straßen und Parks angelegt und einige der noch heute existierenden Schulen, Museen, Bibliotheken und Krankenhäuser entstanden in dieser Zeit.

Gesellschaft im Umbruch

Die industrielle Revolution veränderte Schweden im 19. Jahrhundert, das Land verzeichnete ein starkes Bevölkerungswachstum. Missernten trieben jedoch viele Bauern in die Armut, es kam zu einer Massenemigration (vor allem nach Nordamerika). Auch die Industriearbeiter hatten zu kämpfen, doch bald entstanden mächtige Gewerkschaften, der Aufbau des Wohlfahrtsstaats förderte die soziale Entwicklung. Schweden verhielt sich in beiden Weltkriegen neutral und behielt

↑ *Nordiska Museet – Denkmal der Kulturgeschichte Schwedens*

Chronik

1754
Die Königsfamilie bezieht den Königspalast

1869
Auswanderungswelle nach Nordamerika

1950
Eröffnung der Tunnelbana, der ersten Metro in Skandinavien

1955
Krankenversicherungspflicht für alle Schweden

1974
Die Band ABBA gewinnt mit *Waterloo* den Eurovision Song Contest

2

3

4

seine Blockfreiheit trotz der engen Verbundenheit mit dem Westen auch im Kalten Krieg bei. Dennoch blieb Stockholm strategisch bedeutsam: Von hier aus agierten viele Spione, sowjetische U-Boote drangen in schwedische Gewässer vor. 1986 wurde Schwedens Ministerpräsident Olof Palme, ein engagierter Kämpfer für Demokratie und Abrüstung, in Stockholm erschossen. Der Täter wurde erst viel später ermittelt.

Stockholm heute

Die schwedische Hauptstadt ist heute eine der modernsten, grünsten und zukunftsorientiertesten Städte der Welt. Großkonzerne wie Spotify und Northvolt haben hier ihren Hauptsitz. Viele von Europas umsatzstärksten Hightech-Unternehmen entstanden hier. Auch in der Umweltpolitik nimmt die Stadt eine führende Rolle ein. Seit 1990 konnte die Emission von Treibhausgasen um mehr als die Hälfte reduziert werden, 2010 wurde Stockholm zur ersten Umwelthauptstadt Europas ernannt. Die Metropole will bis 2030 klimaneutral und bis 2040 frei von fossilen Brennstoffen sein. 2024 trat Schweden der NATO bei und steht nun nach mehr als 200 Jahren Blockfreiheit unter dem Schutz des Verteidigungsbündnisses.

1 *Blick über den Hafen von Stockholm* ↑

2 *Die Popband ABBA*

3 *Schattige Boulevards*

4 *Ministerpräsident Ulf Kristersson* (links) *bei einer NATO-Konferenz*

Schon gewusst?

In Schweden gibt es über 65 000 Zivilschutzbunker – der größte befindet sich in Stockholm.

1981
Das sowjetische U-Boot S-363 strandet in schwedischen Gewässern

1986
Ermordung des schwedischen Ministerpräsidenten Olof Palme

2006
Gründung des Streamingdienstes Spotify

2010
Stockholm wird erste Umwelthauptstadt Europas

2024
Schweden wird NATO-Mitglied

STOCKHOLM
ERLEBEN

Über die Skeppsholmsbron

SVERIGES RIKSDAG
Café
MUREN

Blick auf die Kathedrale Storkyrkan (siehe S. 60f)

Gamla Stan

Gamla Stan, Stockholms Altstadt, besteht aus der Insel Stadsholmen und den drei kleineren Inseln Riddarholmen, Helgeandsholmen und Strömsborg. Auf Stadsholmen finden sind noch Überreste der mittelalterlichen Stadt, in denen die reiche Geschichte der Insel dokumentiert wird. Viele Sehenswürdigkeiten liegen in Gehentfernung voneinander.

Prunkvolle Gebäude des 17. und frühen 18. Jahrhunderts spiegeln die Zeit Schwedens als Großmacht wider. Eindrucksvollstes Symbol jener Glanzzeit ist das Königliche Schloss (Kungliga Slottet) mit seinen prunkvoll ausgestatteten Sälen und Gemächern. Die majestätischen historischen Gebäude der Umgebung unterstreichen Stockholms Rolle als Hauptstadt. Von Stadsholmen führen Brücken auf die Insel Riddarholmen mit der königlichen Begräbniskirche und nach Helgeandsholmen, dem Standort des Riksdagshuset (Reichstagsgebäude).

Noch heute ist Gamla Stan mit seinen farbenfrohen historischen Gebäuden und wunderschönen Kirchen das Juwel Stockholms. Viele mittelalterliche Keller sind heute Restaurants oder Cafés, die engen Straßen erinnern an eine vergangene Zeit.

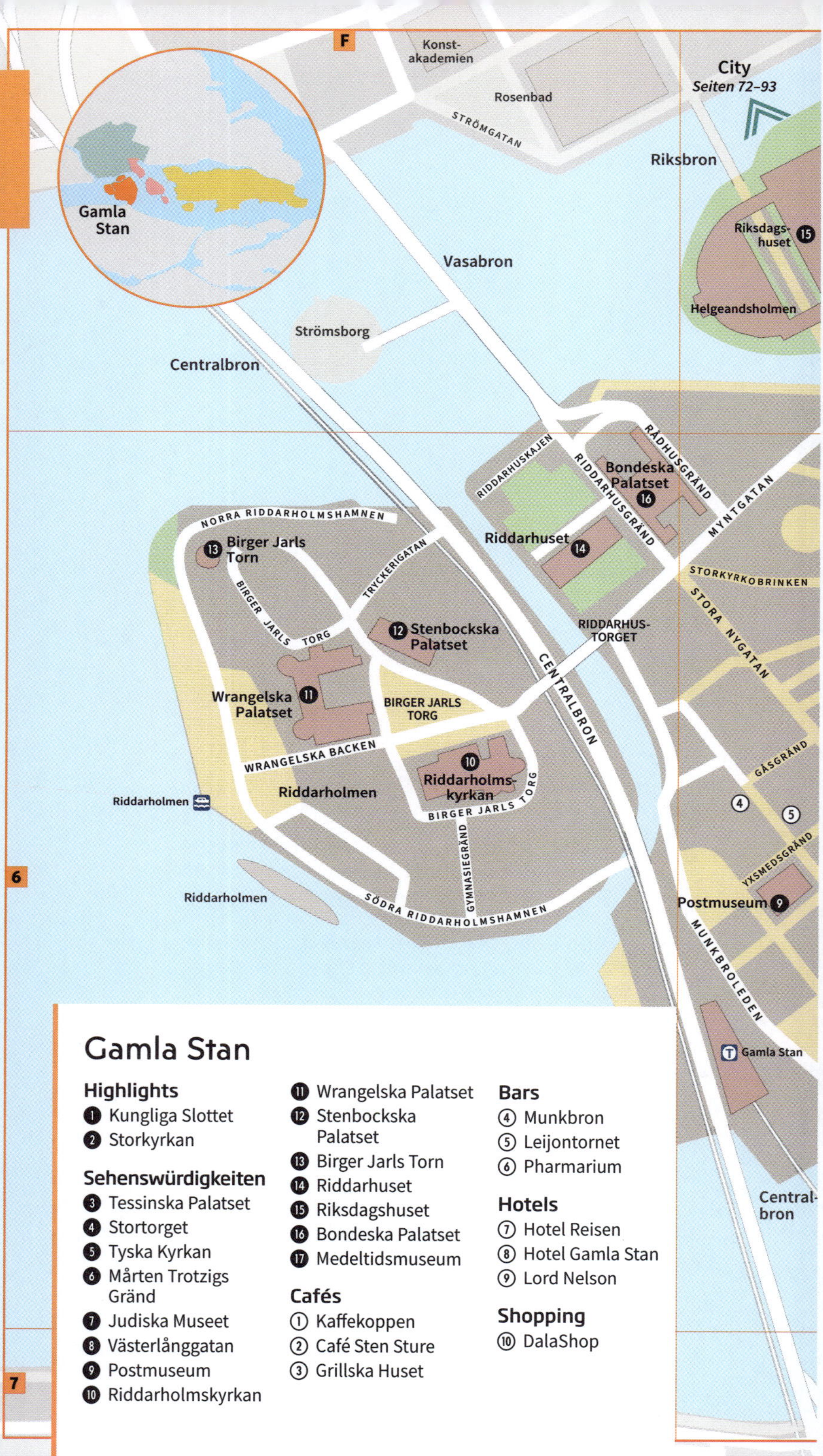

Gamla Stan

Highlights
1 Kungliga Slottet
2 Storkyrkan

Sehenswürdigkeiten
3 Tessinska Palatset
4 Stortorget
5 Tyska Kyrkan
6 Mårten Trotzigs Gränd
7 Judiska Museet
8 Västerlånggatan
9 Postmuseum
10 Riddarholmskyrkan
11 Wrangelska Palatset
12 Stenbockska Palatset
13 Birger Jarls Torn
14 Riddarhuset
15 Riksdagshuset
16 Bondeska Palatset
17 Medeltidsmuseum

Cafés
① Kaffekoppen
② Café Sten Sture
③ Grillska Huset

Bars
④ Munkbron
⑤ Leijontornet
⑥ Pharmarium

Hotels
⑦ Hotel Reisen
⑧ Hotel Gamla Stan
⑨ Lord Nelson

Shopping
⑩ DalaShop

G
Norrbro
Strömbron
0 Meter
100
N
Medeltidsmuseum
RIKSPLAN
NORRBRO
Norrström
SLOTTSKAJEN
Stallkanalen
SKEPPSBRON
Hop-on
Hop-off
Kungliga
Slottet
MYNT-
TORGET
SKEPPS-
BROKAJEN
Livrustkammaren
HÖGVAKTSTERRASSEN
SLOTTS-
BACKEN
Storkyrkan
Tessinska
Palatset
BOLLHUSGRÄND
SKEPPAR KARLS GRÄND
BREDGRÄND
KRÅKGRÄND
NYGRÄND
BRUNNSGRÄND
SKOTTGRÄND
STORA HOPAREGRÄND
DRAKENS GRÄND
FERKENS GRÄND
VÄSTERLÅNGGATAN
PRÄSTGATAN
TRÅNGSUND
Börse
TRÄDGÅRDSGATAN
KÖPMANGATAN
KOPMAN-
TORGET
Stor-
torget
GAMLA
STAN
GÅSGRÄND
ÖVERSKÄRARGRÄND
YXSMEDSGRÄND
STORA NYGATAN
KÅKBRINKEN
SKRÄDDAR-
GRÄND
SKOMAKARGATAN
SVARTMANGATAN
KINDSTUGATAN
SJÄLAGÅRDSGATAN
BAGGENSGATAN
ÖSTERLÅNGGATAN
TYSKA BRINKEN
Tyska
Kyrkan
Judiska Museet
TYSKA
BRUNNSPLAN
JOHANNESGRÄND
PACKHUSGRÄND
LILLA NYGATAN
SCHÖNFELDTS GRÄND
Västerlånggatan
TYSKA BRINKEN
LEJONSTEDTS GRÄND
MÄLART-
ORGET
KORNHAMNS-
TORG
FUNCKENS
GRÄND
Mårten
Trotzigs
Gränd
JÄRNTORGET
TULLGRÄND
NORRA BANKOGRÄND
SÖDRA BANKOGRÄND
NORRA DRYCKESGRÄND
SÖDRA DRYCKESGRÄND
TRIEWALDS-
GRÄND
Slussen
MUNKBROLEDEN
SLUSSPLAN
Söderström
KARL
JOHANS
TORG
SLUSSBRON
STADSGÅRDSLEDEN
5
6
7

1

Kungliga Slottet

G5 Gamla Stan +46 8 402 6100 Gamla Stan, Kungsträdgården 2, 3, 53, 57, 76 Zeiten siehe Website kungligaslotten.se

Kungliga Slottet ist eine der größten und prächtigsten Palastanlagen Europas. Mit ihren Dimensionen und ihrer üppigen Ausstattung zählt sie zu den herausragenden Attraktionen Stockholms. Besucher können in den prunkvollen Räumen u. a. kostbare Juwelen bewundern.

Verteidigungsanlagen und Festungen gab es auf der Insel Stadsholmen bereits seit dem 11. Jahrhundert. Die Burg Tre Kronor (Drei Kronen) wurde Mitte des 13. Jahrhunderts vollendet, aber erst 100 Jahre später als Residenz genutzt. Die Wasa-Könige bauten die Burg zu einem Renaissance-Schloss um, das 1697 bis auf die Grundmauern abbrannte. An derselben Stelle errichtete der Baumeister Nicodemus Tessin d. J. ein neues Schloss mit italienischer Fassade und französischem Interieur. Die 608 Räume wurden von den besten Künstlern und Handwerkern Europas gestaltet. Adolf Fredrik bezog das Schloss 1754 als erster König. Heute ist Kungliga Slottet nicht mehr königliche Privatresidenz, dafür eine der größten Sehenswürdigkeiten.

Auf die beiden **Treppenhäuser** aus Porphyr und schwedischem Marmor war Tessin d. J. besonders stolz. Im westlichen Treppenhaus steht eine Büste des Baumeisters.

Die mittags auf dem Schlossplatz stattfindende **Wachablösung** lockt zahlreiche Zuschauer an.

Eingang zu den **Prunksälen**

Gästetrakt

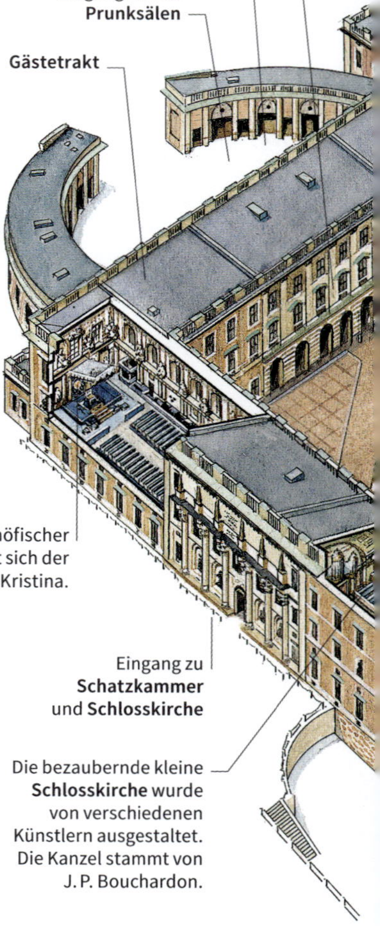

Im **Reichssaal** können Besucher den Glanz höfischer Zeremonien erahnen. In dem Saal befindet sich der reich verzierte Silberthron von Königin Kristina.

Eingang zu **Schatzkammer** und **Schlosskirche**

Die bezaubernde kleine **Schlosskirche** wurde von verschiedenen Künstlern ausgestaltet. Die Kanzel stammt von J. P. Bouchardon.

Der eindrucksvolle Palast mit seinen vielen Räumen ↑

Königlicher Arbeitsplatz

Im Kungliga Slottet sind die Büros von König Carl XVI. Gustaf und Königin Silvia. Das Schloss wird für Staatsempfänge und Zeremonien genutzt. Wohnsitz der königlichen Familie ist Drottningholm *(siehe S. 180–183)*. Das Königspaar ist oft auf Reisen, um in Schweden wichtigen Ereignissen beizuwohnen und dem Ausland Staatsbesuche abzustatten. Der König engagiert sich zudem für den Umweltschutz, die Königin setzt sich für benachteiligte Kinder ein.

Das imposante Kungliga Slottet; Bernadotte-Räume (Detail) ↑

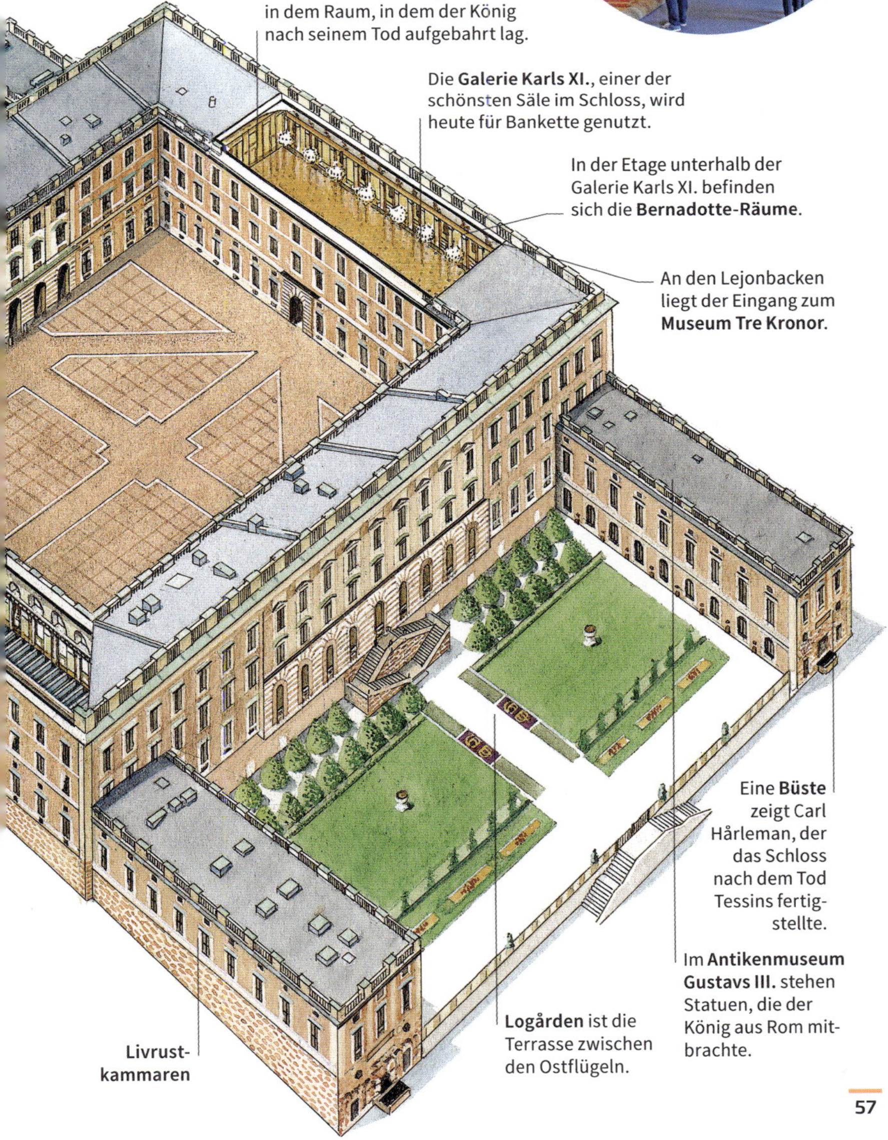

Kungliga Slottet: Säle und Museen

Obwohl nicht der gesamte Palast für Besucher zugänglich ist, gibt es viel zu erkunden. Besucher können durch Säle und Gemächer, die Kunstwerke von unschätzbarem Wert bergen, schlendern, Reichssaal und Schlosskirche sind ebenfalls prachtvoll ausgestaltet. Auch beim Bummel durch die Museen des Komplexes kommt man aus dem Staunen nicht heraus.

Prunksäle

Seit 1982 ist Drottningholm *(siehe S. 180–183)* Residenz des schwedischen Königs. Die Prunksäle werden aber noch immer für offizielle Anlässe wie Staatsbankette und die Ehrung der Nobelpreisträger genutzt. Getafelt wird dann in der Galerie Karls XI. Der Raum ist dem Spiegelsaal von Versailles nachempfunden und zeigt den Stil des schwedischen Spätbarock. Obwohl er kleiner ist als die französische Version, sind die Spiegel größer und reflektieren das natürliche Licht im gesamten Raum. In den Nischen gegenüber den Fenstern stehen kostbare Kunstwerke.

Das fürstliche Schlafzimmer von Gustav III., in dem der König nach dem Attentat in der Oper 1792 starb, bildet den Höhepunkt gustavianischer Eleganz. Der Raum wurde zusammen mit dem Schlafzimmer der Königin Sofia Magdalena vom Baumeister Jean Eric Rehn entworfen.

↑ *Golddekor, Kristalllüster und Fresken in der Galerie Karls XI.*

Gästetrakt

In diesem Teil des Schlosses werden Staatsoberhäupter beherbergt. Hier befindet sich der Meleager-Salon, in dem Staatsgeschenke ausgetauscht werden, und der Innere Salon, dessen Ausstattung von den Ausgrabungen in Pompeji inspiriert wurde. Die von Jean Baptiste Masreliez meisterhaft gestaltete Inneneinrichtung beinhaltet exquisite Möbel von Georg Haupt.

Bernadotte-Räume

Die Suite ist nach der Galerie benannt, in der Porträts der Familie Bernadotte hängen. Die Räume mit Deckengemälden und Kronleuchtern (Mitte 18. Jh.) werden zu feierlichen Anlässen genutzt. In der Säulenhalle finden Investituren statt. Im achteckigen östlichen Kabinett, einem Rokoko-Saal, empfängt der König ausländische Botschafter. Im östlichen und im westlichen Kabinett wurde die von Carl Hårleman vor über 250 Jahren entworfene Ausstattung im Originalzustand erhalten.

Auch das Schreibzimmer Oscars II. aus den 1870er Jahren blieb unverändert. Das Schloss wurde jedoch stets mit den neuesten technischen Errungenschaften versehen: Seit 1883 gibt es im Kungliga Slottet elektrischen Strom, seit 1884 Telefon.

Reichssaal

Die Harmonie von Rokoko und Klassizismus im zweigeschossigen Reichssaal ist beeindruckend. Hier steht der silberne Thron, der 1650 für die Krönung von Königin Kristina angefertigt wurde. Den Baldachin schuf Jean Eric Rehn rund 100 Jahre später für die Krönung von Adolf Fredrik. Den Thron flankieren zwei Statuen, die Karl XIV. Johan und Gustav II. Adolf zeigen. Die Figuren auf dem Sims symbolisieren Frieden, Stärke, Frömmigkeit und Gerechtigkeit. Im Reichssaal finden im Sommer gelegentlich Konzerte statt.

Schlosskirche
Üppige Verzierungen prägen die Innenausstattung der Schlosskirche im Stil des französischen Rokoko. Sie wurde 1754 vollendet und wird noch heute für die Sonntagsmesse genutzt.

Im Lauf der Jahrhunderte kamen zahlreiche bemerkenswerte Artefakte hinzu. Jüngeren Datums sind sechs bronzene Kronen im Stil des 17. Jahrhunderts sowie zwei Kristallkronen, die Carl XVI. Gustaf und Königin Silvia 1976 zur Hochzeit geschenkt wurden.

Antikenmuseum Gustavs III.
Das Museum wurde 1794 zum Gedenken an den ermordeten König eröffnet und beherbergte ursprünglich mehr als 200 Ausstellungsstücke, die zum Großteil von Gustavs Italienreise 1783/84 stammen und später durch Ankäufe ergänzt wurden.

1866 wurde die Sammlung ins Nationalmuseum *(siehe S. 100f)* verlegt. In den 1950er Jahren wurde der Hauptraum renoviert, 30 Jahre später die kleineren Nebenräume, sodass die Ausstellung wieder an ihren originalen Standort zurückverlegt werden konnte.

Im Hauptsaal befinden sich die bedeutendsten Exponate, darunter eine Skulptur von Endymion, dem Schafhirten, den die Mondgöttin Selene in ewigen Schlaf versetzte, um seine Schönheit und Jugend zu bewahren. Die Skulptur *Die Priesterin* von Johan Tobias Sergel (18. Jh.) gilt als zweitwichtigstes Stück der Sammlung.

Schon gewusst?

Gustav III. starb am 29. März 1792 an den Folgen eines zwei Wochen vorher bei einem Maskenball verübten Attentats.

Skulpturensammlung im Antikenmuseum Gustavs III. ↑

> **Die königliche Leibrüstkammer von 1628 ist Schwedens ältestes Museum. Gezeigt werden Kunstobjekte und Gebrauchsgegenstände der königlichen Familie.**

Schatzkammer
Am Fuß von 56 ausgetretenen Stufen, unterhalb der Reichshalle an der Südseite des Schlosses, befindet sich der Eingang zur Schatzkammer (Skattkammaren), in der die Reichsinsignien aufbewahrt werden.

Bei den wenigen Gelegenheiten, zu denen man Krone, Zepter, Reichsapfel und Reichsschlüssel von König Erik XIV. aus ihrer Vitrine nimmt, werden die Insignien neben dem ungekrönten König Carl XVI. Gustaf aufgebaut. Das Taufbecken, für dessen Herstellung der Silberschmied Jean François Cousinet elf Jahre benötigte, ist mehr als 200 Jahre alt. Es wird bis heute bei royalen Taufen verwendet. Die Schatzkammer birgt zudem einen Wandteppich aus den 1650er Jahren, der 1697 aus dem brennenden Schloss gerettet wurde.

Museum Tre Kronor
Das Museum Tre Kronor (Drei Kronen) wurde 1999 im ältesten Teil der zerstörten Festung unter der Nordseite des Schlosses eröffnet. Ein Teil einer Verteidigungsmauer aus dem 12. Jahrhundert sowie Ziegelgewölbe aus dem 16. und 17. Jahrhundert bilden eine einzigartige Kulisse, in der man sich die fast 1000-jährige Geschichte des Schlosses vergegenwärtigen kann.

Zwei Modelle zeigen die Veränderungen der Festung Tre Kronor im 17. Jahrhundert bis zum großen Brand. Unter den Gegenständen, die aus der Asche gerettet werden konnten, befinden sich Gefäße aus Bernstein und Bergkristall.

Livrustkammaren
Die königliche Leibrüstkammer von 1628 ist Schwedens ältestes Museum. Gezeigt werden Kunstobjekte und Gebrauchsgegenstände der königlichen Familie aus fünf Jahrhunderten. Weitere Objekte aus königlichem Besitz veranschaulichen Ereignisse der schwedischen Geschichte. Krönungszeremonien werden durch Gewänder illustriert, wie sie Gustav III. und Sofia Magdalena 1766 trugen. Das Museum liegt in den Kellergewölben des Schlosses.

2

Storkyrkan

G6 · Trångsund 1 · +46 8 723 3000 · Gamla Stan · 2, 3, 53, 76 · tägl. 9:30–17
svenskakyrkan.se/stockholmsdomkyrkoforsamling

Die rund 700 Jahre alte Stockholmer Kathedrale war einst Schauplatz königlicher Zeremonien, Hochzeiten und Beisetzungen. Sie birgt unschätzbare Kunstwerke wie *Das Jüngste Gericht* (1696), ein Barockgemälde von David Klöcker Ehrenstrahl, sowie *Sankt Georg und der Drache* (1489), eine der eindrucksvollsten spätgotischen Skulpturen in Nordeuropa.

Storkyrkan ist für Schwedens Staatskirche von großer Bedeutung. Von hier verbreitete der schwedische Reformator Olaus Petri (1493–1552) seine lutherische Botschaft über das Königreich. Einst stand im 13. Jahrhundert an dieser Stelle eine kleine Kirche. 1306 wurde sie durch die größere Nikolausbasilika ersetzt und über die Jahrhunderte hinweg umgebaut.

Einer der größten Schätze des Sakralbaus ist der Silberaltar, eine Schenkung des Diplomaten Johan Adler Salvius, der im Innenraum einen entscheidenden Akzent setzt.

Am 20. April 1535 war ein Lichtphänomen über Stockholm zu beobachten: sechs funkelnde Sonnenringe. Das Gemälde, das dieses erstaunliche Ereignis festhielt, hängt in der Storkyrkan und gilt als älteste Ansicht der Hauptstadt.

Expertentipp
Wachablösung

Vom Kirchhof hat man die beste Aussicht auf die 40-minütige Wachablösung vor Kungliga Slottet *(siehe S. 56–59)*. Sie findet montags bis samstags um 12:15 Uhr, sonntags um 13:15 Uhr statt.

1 *Die Nachbildung eines Votivschiffs (17. Jh.) aus den 1950er Jahren hängt von der Decke der Kathedrale.*

2 *Reich verziertes Kirchenschiff mit Kreuzrippengewölbe und barockem Altarbild*

3 Sankt Georg und der Drache *(1489) des deutschen Bildhauers Bernt Notke*

↑ *Storkyrkans Fassade mit Portal und 66 Meter hohem Turm*

Votivschiffe

Schon im Mittelalter schenkten schwedische Seefahrer den Kirchen kleine Schiffsmodelle. Diese als Votivschiffe bezeichneten Miniaturschiffe dienten häufig als Zeichen der Dankbarkeit für die sichere Rückkehr von einer gefährlichen Reise. Das älteste Beispiel eines Votivschiffs in Nordeuropa wurde zu Beginn des 17. Jahrhunderts gebaut und hing mehrere Jahrhunderte lang in der Storkyrkan, erlitt jedoch im Lauf der Zeit starke Schäden und wurde schließlich in das Sjöhistoriska Museet *(siehe S. 138)* gebracht. Mittlerweile hängt in der Storkyrkan eine detailgenaue Nachbildung aus den 1950er Jahren. Der Rumpf ist aufwendig mit Miniaturporträts verziert.

SEHENSWÜRDIGKEITEN

3 Tessinska Palatset

G6 Slottsbacken 4
Gamla Stan 2, 3, 53, 57, 76 für Besucher

Das Palais Tessin am Slottsbacken wird von vielen als das schönste Privathaus nördlich von Paris bezeichnet. Es ist das am besten erhaltene Palais aus Schwedens Großmachtzeit im 17. Jahrhundert. Tessin d. J. (1654–1728), Schwedens berühmtester Baumeister, nach dessen Plänen auch Schloss Drottningholm *(siehe S. 180–183)* gestaltet wurde, entwarf es für sich selbst.

Der relativ schmale Grundriss des 1697 fertiggestellten Gebäudes weitet sich auf einen Hof, in dem sich ein entzückender Barockgarten befindet. Die zurückhaltende Fassade mit ihrem überaus eindrucksvollen Portal ist römischen Palästen nachempfunden, Innenausstattung und Garten verweisen auf Tessins Aufenthalt in Paris und Versailles.

Tessin, der Graf und Staatsrat wurde, ließ sich die Gestaltung seines Hauses viel kosten. Skulpturen und Gemälde stammen von denselben französischen Meistern, die das Königliche Schloss ausstatteten. Tessins Sohn Carl Gustav musste das Palais später wegen finanzieller Probleme verkaufen.

1773 erwarb die Stadt das Gebäude als Amtssitz für den Bürgermeister, seit 1968 ist es Amtssitz des Landeshauptmanns der Region Stockholm.

4 Stortorget

G6 Gamla Stan
2, 3, 53, 76

Mit Fertigstellung der Börse (1778) erhielt der Platz im Herzen der Altstadt ein geschlossenes Erscheinungsbild. Seit dem frühen Mittelalter wurde der Stortorget als Marktplatz genutzt. Früher war hier auch der Pranger, der zum Gefängnis an der nahen Kåkbrinken gehörte und heute im Rådhuset auf Kungsholmen *(siehe S. 144)* zu besichtigen ist.

Stockholmer Blutbad

Der Name Stortorget ist verbunden mit dem »Stockholmer Blutbad« vom November 1520. Truppen des dänischen Königs Christian II. belagerten die des schwedischen Regenten Sten Sture d. J., bis dieser kapitulierte und Christian König wurde. Er versprach Amnestie und veranstaltete ein dreitägiges Fest auf Tre Kronor. Am Ende der Feiern warf man die Gäste jedoch in den Kerker. Tags darauf wurden über 80 Adlige und Bürger auf dem Platz enthauptet.

← *Historische Gebäude umrahmen den kopfsteingepflasterten Stortorget*

Mittelalterliche Prägung zeigt die Westseite, an der sich das rote Schantzska Huset und das Seyfridtska Huset (Nr. 20) befinden, beide um 1655 erbaut. Das Schantzska Huset ist unverändert, sein Kalksteinportal zeigt ruhende römische Krieger. Wie viele weitere Portale in der Altstadt stammt es von Johan Wendelstam. Auch der Giebel des Grilska Huset (Nr. 3) aus dem 17. Jahrhundert ist sehenswert. Heute findet man in den mittelalterlichen Gewölbekellern Cafés und Restaurants.

Die Entscheidung, eine Börse zu bauen, wurde schon 1667 getroffen, doch die vielen Kriege verzögerten den Baubeginn um 100 Jahre. Baumeister war der junge Erik Palmstedt (1741–1803), nach dessen Plänen auch der Brunnen entstand. 1990 stellte man die Börsentätigkeit hier ein.

2001, am 100. Jahrestag des Nobelpreises, wurde das **Nobelmuseet** eröffnet. Es erklärt mit kurzen Filmen und Objekten das Werk und die Ideen von über 700 kreativen Köpfen. Im oberen Stockwerk hält die Schwedische Akademie ihre Versammlungen ab – eine Tradition, seit Gustav III. hier 1786 seine Eröffnungsrede hielt.

Nobelmuseet
Stortorget
+46 8 5348 1800
Zeiten siehe Website
1. Jan, 24., 25., 31. Dez
nobelprizemuseum.se

5

Tyska Kyrkan

G6 Svartmangatan 16
Gamla Stan 2, 3, 43, 53, 55, 76 Di–Fr 12–16, Sa 11–15, So 10–14
svenskakyrkan.se

Die »Deutsche Kirche« (St. Gertrud) erinnert an den großen Einfluss der Deutschen in Stockholm im 18. Jahrhundert. Damals kontrollierte die Hanse die Ostsee, was erklärt, warum Gamla Stan in seiner Anlage der Stadt Lübeck ähnelt. Der politische Einfluss Deutschlands war nach dem »Stockholmer Blutbad« und der Machtübernahme Gustav Wasas 1523 *(siehe S. 46)* vorüber, der kulturelle und wirtschaftliche Einfluss blieb jedoch stark, da sich deutsche Kaufleute und Handwerker in Stockholm niederließen.

Die Gründung der Gemeinde, die heute etwa 2000 Mitglieder hat, erfolgte 1571. Die Kirche mit ihren zwei Schiffen wurde 1638–42 errichtet.

Der Innenraum im Stil der Spätrenaissance und des Barock erhielt 1672 eine zusätzliche Galerie für die deutschen Mitglieder des Königshauses. Die Kanzel aus Ebenholz und Alabaster ist in Schweden einzigartig. Der Altar zeigt Gemälde und Apostelfiguren. Die Skulpturen am Südportal, die der Bildhauer Jobst Hennen geschaffen hat, zeigen Jesus, Moses sowie die drei Figuren Glaube, Liebe und Hoffnung.

Cafés

Kaffekoppen
Das Café in einem Gebäude aus dem 17. Jahrhundert bietet Backwaren wie Kuchen und andere Leckereien – ideal für eine Kaffeepause.
G6 Stortorget 20
cafekaffekoppen.se
Kr

Café Sten Sture
Das rund 700 Jahre alte Kellerlokal ist bekannt für seine hausgemachten Fleischbällchen mit Kartoffelbrei.
G6 Trångsund 10
cafestensture.se
Kr Kr

Grillska Huset
In dieser Bäckerei können einige der besten Backwaren der Stadt probiert werden.
G6 Stortorget 3
Feiertage
grillskahuset.se
Kr

↑ *Innenraum der Tyska Kyrkan mit Bleiglasfenstern*

↑ *Eine Herausforderung beim Spaziergang: Mårten Trotzigs Gränd, die schmalste Gasse der Stadt*

6
Mårten Trotzigs Gränd

G6 Gamla Stan
2, 3, 57

Mit nur 90 Zentimetern Breite ist Mårten Trotzigs Gränd die engste Gasse der Stadt, ihre 36 Stufen machen einem die dichte Bebauung der Altstadt bewusst. Die Gasse ist nach dem deutschen Kaufmann Traubzich benannt, der hier Ende des 16. Jahrhunderts zwei Häuser besaß. Nachdem sie mehr als 100 Jahre lang selbst für Fußgänger gesperrt war, wurde sie 1945 wieder geöffnet.

Shopping

DalaShop
Das Kunsthandwerksgeschäft verkauft von Hand geschnitzte Dalapferde *(dalahäst)*. Dieses beliebte Souvenir und Mitbringsel gibt es hier in verschiedenen Größen und Farben.

G6 Västerlånggatan 42
artcraft.nu

7
Judiska Museet

G6 Själagårdsgatan 19
+46 8 301 500 Gamla Stan 3, 4, 43, 53, 55, 76
Di – So 11 – 17 (Fr bis 16)
judiskamuseet.se

1774 war Aaron Isaac der erste jüdische Einwanderer in Stockholm. Heute lebt die Hälfte der 18 000 jüdischen Einwohner Schwedens in der Region Stockholm. Das Museum widmet sich der Geschichte der schwedischen Juden von der Zeit Isaacs bis heute. Schwerpunktthemen sind die Integration der jüdischen Bevölkerung in die Gesellschaft und der Holocaust. Zu den bemerkenswertesten Stücken religiöser Kunst gehören die Thora (fünf Bücher Mose), ein Hochzeitsbaldachin und die Sammlung Channukia (achtarmiger Leuchter).

8
Västerlånggatan

G6 Gamla Stan
2, 3, 53, 57, 76

Früher war sie eine Straße außerhalb der eigentlichen Stadt und verlief teils entlang der Stadtmauer. Heute führt die Västerlånggatan durch das Herz der Altstadt. Einheimische und Besucher kommen zum Einkaufen oder Bummeln. Im Norden beim Mynttorget sind das Kanzleramtsbüro (Kanslihuset) und Lejonbacken, im Süden liegt der Platz Järntorget, auf dem früher die Ausfuhr von Eisen kontrolliert wurde. Daneben steht das Bancohuset (1680 – 1906 Zentrale der Staatsbank).

Das Gebäude Nr. 7 wird seit Mitte der 1990er Jahre vom schwedischen Parlament genutzt. Die Fassade (spätes 19. Jh.) ist südeuropäisch geprägt. Haus Nr. 27 baute Erik Palmstedt, der auch Börse und Brunnen auf dem Stortorget entworfen hatte, für sich. Haus Nr. 29 ist ein ehrwürdiges Gebäude aus dem frühen 15. Jahrhundert. Die ursprünglichen gotischen Spitzbogen kamen bei der Restaurierung wieder zum Vorschein.

Haus Nr. 33 ist ein Beispiel dafür, wie es im späten 19. Jahrhundert mit neuen Materialien und Techniken gelang, große Schaufenster in alte Häuser zu integrieren. Auch die gusseisernen Säulen stammen aus dieser Zeit. Das Vonder-Lindeska-Haus (Nr. 68) besitzt eine majestätische Fassade (17. Jh.) und ein schönes Portal mit Skulpturen, die Neptun und Merkur darstellen.

Schon gewusst?

Stockholm wurde erstmals 1252 in einem Brief des Staatsmanns Birger Jarl erwähnt.

9 Postmuseum

G6 · Lilla Nygatan 6 · Gamla Stan · +46 10 436 4439 · 3, 53 · Zeiten siehe Website · postmuseum.se

Schon das Gebäude ist beeindruckend und erstreckt sich über das ganze Areal, das die schwedische Post 1720 erwarb. Etwa 100 Jahre später wurde mit dem Bau begonnen, wobei man Teile der existierenden Gebäude aus dem 17. Jahrhundert miteinbezog. Stockholms bis 1869 einziges Postgebäude wurde 1906 Postmuseum.

Hier gibt es viele interaktive Ausstellungen. Man kann auf alten Schreibmaschinen herumtippen und Briefe von Berühmtheiten wie der Autorin Christina Wahldén und des Nobelpreisträgers (1982) Bengt Samuelsson lesen.

Das Museum beherbergt auch eine umfangreiche Briefmarkensammlung mit vielen seltenen Stücken wie etwa einem Exemplar der »Penny Black«, der ersten Briefmarke der Welt (1840), sowie einige 1847 in Mauritius ausgegebene Marken. Zum Museum gehört eine philatelistische Bibliothek mit 60 000 Bänden.

10 Riddarholmskyrkan

F6 · Birger Jarls Torg · Gamla Stan · +46 8 402 6130 · 2, 3, 53, 57 · Mai – Sep: tägl. 10 –17; Okt, Nov: Sa, So 10 –16 · kungahuset.se

In dieser Kirche auf der Insel Riddarholmen finden die Bestattungen von Mitgliedern der königlichen Familie statt. Im Innenraum stehen Sarkophage und alte Grabsteine, gegenüber dem Altar sind die Grabstätten der mittelalterlichen Könige Karl Knutsson und Magnus Ladulås. Der Ziegelbau wurde von Magnus Ladulås an der Stelle einer Franziskanerabtei errichtet und im Lauf der Zeit vergrößert. Nach dem schweren Brand von 1835 erhielt die Kirche den durchbrochenen gusseisernen Turm.

Die Kirche ist von bedeutenden Grabstätten umgeben. Das letzte Grabmal wurde 1858 – 60 für die Dynastie Bernadotte erbaut. Die Gräber enthalten die sterblichen Überreste aller schwedischen Könige seit Gustav II. Adolf (17. Jh.). Es gibt nur zwei Ausnahmen: Königin Kristina wurde 1689 im Petersdom in Rom beigesetzt, König Gustav VI. Adolf 1973 in Hagaparken *(siehe S. 158f)*. Der prächtigste Sarkophag ist der von König Karl XIV. Johan (19. Jh.). Er wurde mit dem Schlitten von Älvdalen in Nordschweden nach Stockholm gebracht.

Besonders bewegend sind die Gräber der Königskinder und die Särge um die letzte Ruhestätte von Gustav II. Adolf und Königin Maria Eleonora.

Riddarholmskyrkan: Königsgräber und Wappentafeln; Fassade (Detail)

Evert Taubes Terrass

Eine Statue von Evert Taube (1890–1976), dem beliebten Sänger und Balladenschreiber, steht auf der Terrasse unterhalb des Wrangelska Palatset. Der Künstler scheint von hier über die Wasser von Riddarfjärden zu blicken. Die Bronze (1990) stammt von dem schwedischen Bildhauer Willy Gordon, der Standort passt sehr gut zur Verbundenheit des Dichters mit dem Meer.

Ganz in der Nähe wurde 1966 Christer Bergs Granitskulptur *Solbåten* enthüllt, die eine Muschel nachahmt und aus manchen Blickwinkeln wie ein Segel aussieht.

11 Wrangelska Palatset

F6 Birger Jarls Torg 16
Gamla Stan 3, 53
für Besucher

Von dem groß angelegten Festungsbau, den Gustav I. Wasa um 1530 errichtete, existiert heute nur noch der Birger-Jarl-Turm. Das Wrangel'sche Palais wurde um 1629 als Residenz für den Adligen Lars Sparre erbaut und einige Jahrzehnte später unter Besitzer Carl Gustav Wrangel, Feldmarschall im Dreißigjährigen Krieg, umgebaut, der sich Jean de la Vallée als Baumeister nahm. Nach dem Umbau war das Palais Stockholms größter privater Palastbau.

1693 verlor Wrangel bei einem Brand einen Großteil seiner Besitztümer. Vier Jahre später, als die Festung Tre Kronor ebenfalls abbrannte und die königliche Familie nach Riddarholmen übersiedelte, wurde das Palais zur königlichen Residenz. Das Wrangelska Palatset wurde daraufhin als »Königshaus« bekannt. Hier legte 1697 der 15-jährige Karl XII. nach dem Tod seines Vaters den Regierungseid ab. Drei Jahre später zog er in den Krieg und kehrte nie wieder nach Stockholm zurück. Gustav III. wurde hier geboren, zehn Jahre bevor die königliche Familie 1754 ihren neuen Palast bezog.

Das Gebäude, in dem 1792 der Mörder Gustavs III. während seiner Verhandlung gefangen gehalten wurde, wird heute vom Berufungsgericht genutzt.

Zum Gericht gehören auch der Rosenhane-Palast (Birger Jarls Torg 10) sowie das Hessenstein-Haus (Birger Jarls Torg 2), das 1630 von Bengt Bengtsson Oxenstierna erbaut wurde. Es trägt seinen Namen nach Fredrik Wilhelm von Hessenstein, dem Sohn Fredriks I. und seiner Geliebten Hedwig Taube. Später übernahm es Carl Gustav Tessin, der Sohn des königlichen Baumeisters.

12 Stenbockska Palatset

F6 Birger Jarls Torg 4
Gamla Stan 3, 53
für Besucher

Außen wie innen ist das Palais das am besten erhaltene Gebäude auf Riddarholmen. Das Familienwappen des Kanzlers Fredrik Stenbock und seiner Gattin Katarina de la Gardie, die das Haus um 1640 erbauen ließen, schmückt noch heute das Portal.

Das Palais erfuhr 1863 größere Veränderungen, als das Staatsarchiv es übernahm. 1969–71 wurde es erneut umgebaut und Sitz des Obersten Verwaltungsgerichts.

Am Erscheinungsbild des Palais waren zahlreiche schwedische und ausländische Baumeister und Künstler beteiligt. Dachbalken und Böden sind noch original, das Treppenhaus entwarf Nicodemus Tessin d. Ä. Viele Deckenarbeiten sind das Werk der italienischen Stukkateure Carlo Carove (um 1697) und Guiseppe Marchi (1704), das Kabinett wurde vom Rokoko-Baumeister Carl Hårleman geschaffen.

13 Birger Jarls Torn

F6 Norra Riddarholmshamnen Gamla Stan
3, 53 für Besucher

Als das Kloster St. Klara auf Norrmalm 1527 im Zuge der Reformation abgerissen wurde, nutzte Gustav I. Wasa die Steine für den Festungsbau auf Riddarholmen.

Der nördliche der zwei Türme erhielt im 19. Jahrhundert den Namen Birger Jarls Torn, weil man irrtümlicherweise davon ausging, er sei schon 600 Jahre früher errichtet worden. Man brachte den Turm mit dem Gründungsmythos von Stockholm in Verbindung. Eine Version war, dass die Einwohner der

→ *Statue von Birger Jarl, dem Gründer von Stockholm*

↑ *Riddarhuset (Ritterhaus) – Gebäude im Stil des niederländischen Barock*

Stadt Sigtuna nach dem Brand von 1187 im Mälarsee einen Baumstamm zu Wasser ließen, der dann an der Stelle ans Ufer trieb, an der der Turm heute steht. Es soll dieser Stamm – schwedisch: *stock* – gewesen sein, dem die Hauptstadt ihren Namen verdankt.

Das berühmte *Parhelion*-Gemälde (1535) in der Storkyrkan *(siehe S. 60f)* zeigt den Turm.

14

Riddarhuset

F6 · Riddarhustorget 10
+46 8 723 3990
Gamla Stan · 3, 53
wegen Renovierung
riddarhuset.se

Das Ritterhaus ist eines der schönsten Gebäude Stockholms, noch gegen Mitte des 19. Jahrhunderts bildete es das Zentrum der Stadt. Zwischen 1641 und 1647 wurde es auf Initiative des damaligen Reichskanzlers von den Architekten Simon und Jean de la Vallée, Heinrich Wilhelm und Justus Vingboons erbaut. Damit hatte der Adel, dessen Privilegien seit 1280 festgeschrieben waren, ein Gebäude, in dem er sich treffen und feiern konnte. Auch heute noch versammeln sich Schwedens Adlige jedes dritte Jahr hier.

Riddarhuset ist ein Beispiel für den niederländischen Barock. Über dem Nordportal kann man den Leitspruch des Adels, »Arte et Marte« (Kunst und Krieg), lesen. Eingerahmt wird er von Minerva, der Göttin der Künste und Wissenschaften, und dem Kriegsgott Mars.

Die Skulpturen auf dem Dach symbolisieren ritterliche Tugenden. Auf der Südseite steht *Nobilitas* (Adel), die eine kleine Minerva und einen Speer trägt, flankiert von *Studium* (Fleiß) und *Valor* (Mut). Die männlichen Entsprechungen im Norden sind *Honor* (Ehre), *Prudentia* (Klugheit) und *Fortitudo* (Tapferkeit).

Beeindruckend ist auch das Innere. Von der unteren Halle führen zwei Treppen zum Rittersaal. Hier prunkt ein Deckengemälde von David Klöcker Ehrenstrahl (1628–1698), berühmt ist der Ebenholzstuhl von 1623. 2320 Wappen schmücken die Wände.

Hotels

Hotel Reisen
Das Hotel liegt am Wasser in der Nähe des Kungliga Slottet.

G6 · Skeppsbron 12 · first-hotel-reisen.hotelistockholm.com
Kr Kr Kr

Hotel Gamla Stan
Das erstklassige Hotel in einem historischen Gebäude am Meer verfügt über elegante Zimmer.

G6 · Skeppsbron 22 · hotelgamlastan.se
Kr Kr

Lord Nelson
Schwedens schmalstes Hotel befindet sich in einem alten Stadthaus mit maritimem Flair.

G6 · Västerlånggatan 22 · lordnelson.hotels-stockholm.net
Kr Kr

←

Riksdagshuset, Sitz des schwedischen Parlaments

15

Riksdagshuset

G5 Riksgatan 3A
+46 8 786 4000
Kungsträdgården
3, 53 riksdagen.se

Das Reichstagsgebäude (Riksdagshuset) und die Reichsbank (Riksbanken) auf Helgeandsholmen wurden 1905 bzw. 1906 eröffnet. Als das Parlament 1983 – nach zwölf Jahren am Sergels Torg – zurückkehrte, waren die beiden Gebäude miteinander vereinigt und vergrößert worden. Zusätzlich belegt das Parlament fünf Gebäude in Gamla Stan.

Alle Gebäude sind durch unterirdische Gänge miteinander verbunden und haben insgesamt eine Fläche von 130 000 Quadratmetern. 600 Leute sind hier beschäftigt, dazu kommen 300 Mitarbeiter in den Parteibüros.

Debatten können von einer Zuschauergalerie aus verfolgt werden, die bis zu 500 Besuchern Platz bietet. Während des Sommers gibt es täglich Führungen durch den Gebäudekomplex, im Winter nur an den Wochenenden. Der Besuchereingang liegt an der Riksgatan 3a.

Von der Galerie blickt man vom Gustav Adolfs Torg bis Riddarholmen. Der Hauptraum hat Bänke aus schwedischer Birke, die Wandpaneele sind aus finnischer Birke. Ein Wandteppich von Elisabeth Hasselberg-Olsson, *Erinnerung an eine Landschaft* (1983), bedeckt 54 Quadratmeter Wand.

Umzüge des Parlaments

Schwedens erstes Reichstagsgebäude wurde um das Jahr 1865 auf Riddarholmen in den vereinigten Liegenschaften von Fleming- und Hebbe-Haus eröffnet. Das nächste, dem Zwei-Kammer-System angepasste Gebäude wurde 1905 auf Helgeandsholmen eröffnet. Als es 1971 nur noch eine Kammer gab, musste das Parlament aus Platzmangel in das neue Kulturhuset *(siehe S. 80)* am Sergels Torg umziehen. Im Jahr 1983 kehrte es jedoch wieder in das nun vergrößerte Reichstagsgebäude auf Helgeandsholmen zurück.

Bars

Munkbron
Die Bierstube ist der perfekte Ort für einen abendlichen Drink.
G6 Lilla Nygatan 2
So, Mo
munkbron.com

Leijontornet
Bar und Restaurant im Victory Hotel mit großer Weinauswahl.
G6 Victory Hotel, Lilla Nygatan 5
thecollectorshotels. se/en/victory-hotel/ our-block/leijontorne

Pharmarium
Die Cocktailbar ist von Schwedens erster Apotheke inspiriert.
G6 Stortorget 7
pharmarium.se

Die schön renovierten Räume des alten Zwei-Kammer-Parlaments werden heute für Treffen der Regierungspartei genutzt. Im früheren Oberhaus hängen drei Gemälde von Otte Sköld (1894–1958), in der anderen Kammer sind Arbeiten von Axel Törneman und Georg Pauli zu sehen.

Der alte Eingang gegenüber der Norrbro-Brücke prunkt mit einer schönen Treppeneinfassung in der Originalbemalung von 1905. Der heutige Eingang war bis 1976 Hauptraum der Bank von Schweden. Zwischen den Granitsäulen hängen Gemälde aus der 3000 Stücke umfassenden Sammlung des Parlaments.

→

Ausstellung zur Geschichte der Stadt im Medeltidsmuseum

16

Bondeska Palatset

F6 Riddarhustorget 8
Gamla Stan 3, 53
für Besucher

Das Palais Bonde, seit 1949 Sitz des Obersten Gerichtshofs, wurde 1662–73 von Nicodemus Tessin d. Ä. und Jean de la Vallée im Stil eines französischen Stadthauses entworfen. Damals hatte der Schatzmeister Gustav Bonde das Grundstück neben dem Ritterhaus gekauft, um ein Palais zu bauen, das er vermieten wollte.

Seither hatte das Bondeska Palatset mehrere Besitzer. Sowohl 1710 als auch 1753 wurde das Gebäude durch Brände beschädigt. 1730 ging das Palais in städtische Hand über und diente bis 1915 als Rathaus. Ende der 1940er Jahre wurde das Bondeska Palatset komplett restauriert.

17

Medeltidsmuseum

G5 Storgatan 2
+46 8 5083 1620
Kungsträdgården 43, 62
wegen Renovierung
medeltidsmuseet. stockholm.se

Das faszinierende Museum gibt Besuchern Einblicke in das mittelalterliche Stockholm. Es dokumentiert den Ursprung der Stadt und das tägliche Leben im Mittelalter anhand von Rekonstruktionen traditioneller Märkte, Häuser und Handwerksläden. Wichtigste Fundstücke sind Teile der alten Stadtmauer, die um 1535 erbaut und während Grabungsarbeiten in den Jahren 1978–80 zusammen mit weiteren Stücken aus dem mittelalterlichen Stockholm entdeckt wurde.

Das Museum bietet Führungen und organisiert Spaziergänge durch Gamla Stan, das älteste Viertel Stockholms, bei denen man Wissenswertes über die mittelalterliche Geschichte der Stadt erfährt. Zudem gibt es Aktivitäten für Kinder und Vorträge zu archäologischen Funden in Stockholm.

Derzeit ist das Medeltidsmuseum geschlossen, eine Verlegung innerhalb der Stockholmer Altstadt ist geplant. Informieren Sie sich vor einem Besuch auf der Website über die aktuellen Öffnungszeiten.

In Planung ist außerdem ein Besucherzentrum im Hof von Storkyrkan *(siehe S. 60f)*, wo Tickets und Souvenirs verkauft werden sollen. Auch eine kleine Ausstellung über die Entwicklung Stockholms soll dort entstehen.

Spaziergang durch Slottsbacken

Länge 1 km **Dauer** 15 Min.
U-Bahn Kungsträdgården

Slottsbacken ist mehr als nur ein steiler Hügel, der Skeppsbron mit dem höchsten Teil von Gamla Stan verbindet. Hier finden die feierlichen Aufmärsche und der Wachwechsel der Hofgarde statt, Staatsgäste gelangen von hier zur Audienz ins Königliche Schloss. Entlang Slottsbacken präsentiert sich das Schloss von seiner schönsten Seite.

Bei einem Bummel durch die kopfsteingepflasterten Gassen kann man Gebäude und Denkmäler mehrerer architektonischer Stile bewundern.

Die **Statue Olaus Petris** bei der Storkyrkan steht vor einer Tafel mit der Geschichte der Kathedrale seit 1264.

Äußerer Hofplatz

Der **Axel Oxenstiernas Palats** (1653) ist ein untypisches Beispiel des römischen Manierismus. 30 Jahre lang war Kanzler Axel Oxenstierna (1583–1654) eine der wichtigsten Figuren der schwedischen Politik.

Die Kathedrale **Storkyrkan** *(siehe S. 60f)* mit dem spätgotischen Innenraum ist voller Schätze aus verschiedenen Epochen.

Der **Obelisk** von Louis Jean Desprez wurde 1799 errichtet, um den Bürgern für die Unterstützung im Krieg gegen Russland 1788–90 zu danken.

Börse
(siehe S. 62)

Der **Stortorget** *(siehe S. 62f)* ist das Herz der Stadt. Hier fand 1520 das »Stockholmer Blutbad« statt. Der heutige Brunnen stammt von 1778.

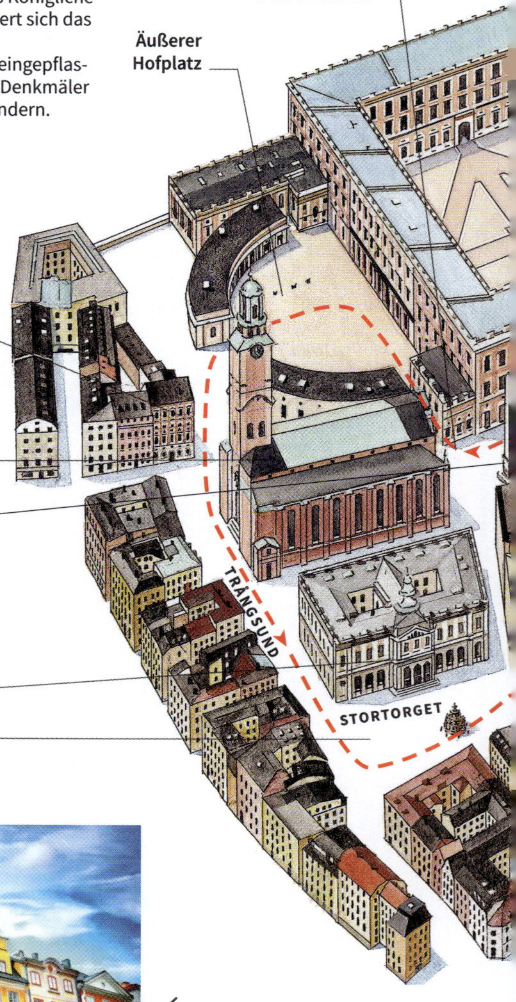

←

Farbenprächtige Fassaden säumen den Stortorget, den ältesten Platz Stockholms

Schon gewusst?

Livrustkammaren, Schwedens ältestes Museum, wurde 1628 eröffnet.

Zur Orientierung
Siehe Stadtteilkarte S. 54f

Die **Südfassade des Kungliga Slottet** *(siehe S. 56–59)* weist einen Mitteltorbogen und vier Statuen auf, die französische Künstler im 18. Jahrhundert fertigten.

Das Museum **Livrustkammaren** *(siehe S. 59)* zeigt königliche Waffen, Kleidungsstücke und Wagen aus über fünf Jahrhunderten.

Die **Statue Gustavs III.** wurde 1799 von J. T. Sergel geschaffen, zum Gedenken an den 1792 ermordeten König.

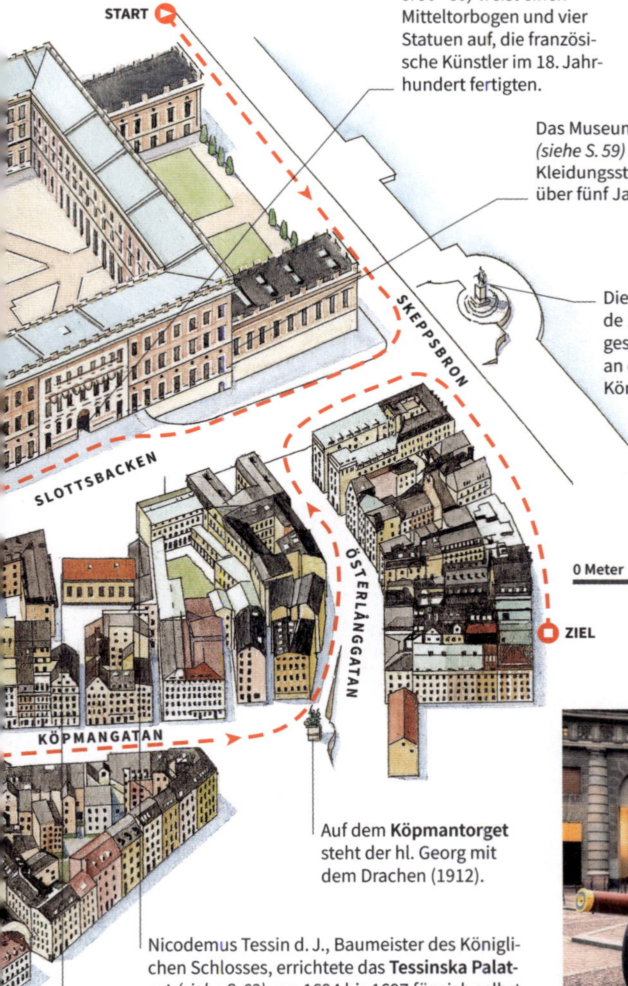

Auf dem **Köpmantorget** steht der hl. Georg mit dem Drachen (1912).

Nicodemus Tessin d. J., Baumeister des Königlichen Schlosses, errichtete das **Tessinska Palatset** *(siehe S. 62)* von 1694 bis 1697 für sich selbst. Seit 1968 ist es der Wohnsitz des Landeshauptmanns der Region Stockholm.

Finska Kyrkan ist Slottsbackens ältestes Gebäude (um 1640). Ursprünglich diente es für königliche Ballspiele, seit 1725 ist es das religiöse Zentrum der finnischen Gemeinde.

↑ *Kanone im kopfsteingepflasterten Innenhof des Königlichen Schlosses*

Sergels Torg mit dem gläsernen Obelisk von Edvin Öhrström (siehe S. 81)

City

Bürgerliche und Adlige ließen sich Mitte des 18. Jahrhunderts in dem damals großflächig von Wäldern und Ackerland bedeckten Gebiet, das wir heute als City kennen, Häuser und Palais errichten – es waren die ersten Steinbauten der Stadt außerhalb von Gamla Stan. Mitte des 19. Jahrhunderts setzte hier die Industrialisierung ein.

Nach längerer Vernachlässigung wurde das Gebiet in den 1950er und 1960er Jahren wiederbelebt. Stadtplaner ließen viele Gebäude um den Hötorget abreißen, um den heutigen Sergels Torg anzulegen. Viele Häuser wurden durch moderne Bürogebäude ersetzt, mit dem Bau der Tunnelbana (U-Bahn) wurde das Gebiet verkehrstechnisch mit den anderen Teilen Stockholms verbunden.

In den vergangenen Jahrzehnten hat sich die City zum wichtigen Wirtschaftszentrum im Herzen der Stadt entwickelt. Banken und Shopping-Center haben sich hier niedergelassen. Das Viertel gilt auch als ein Hotspot des Stockholmer Nachtlebens.

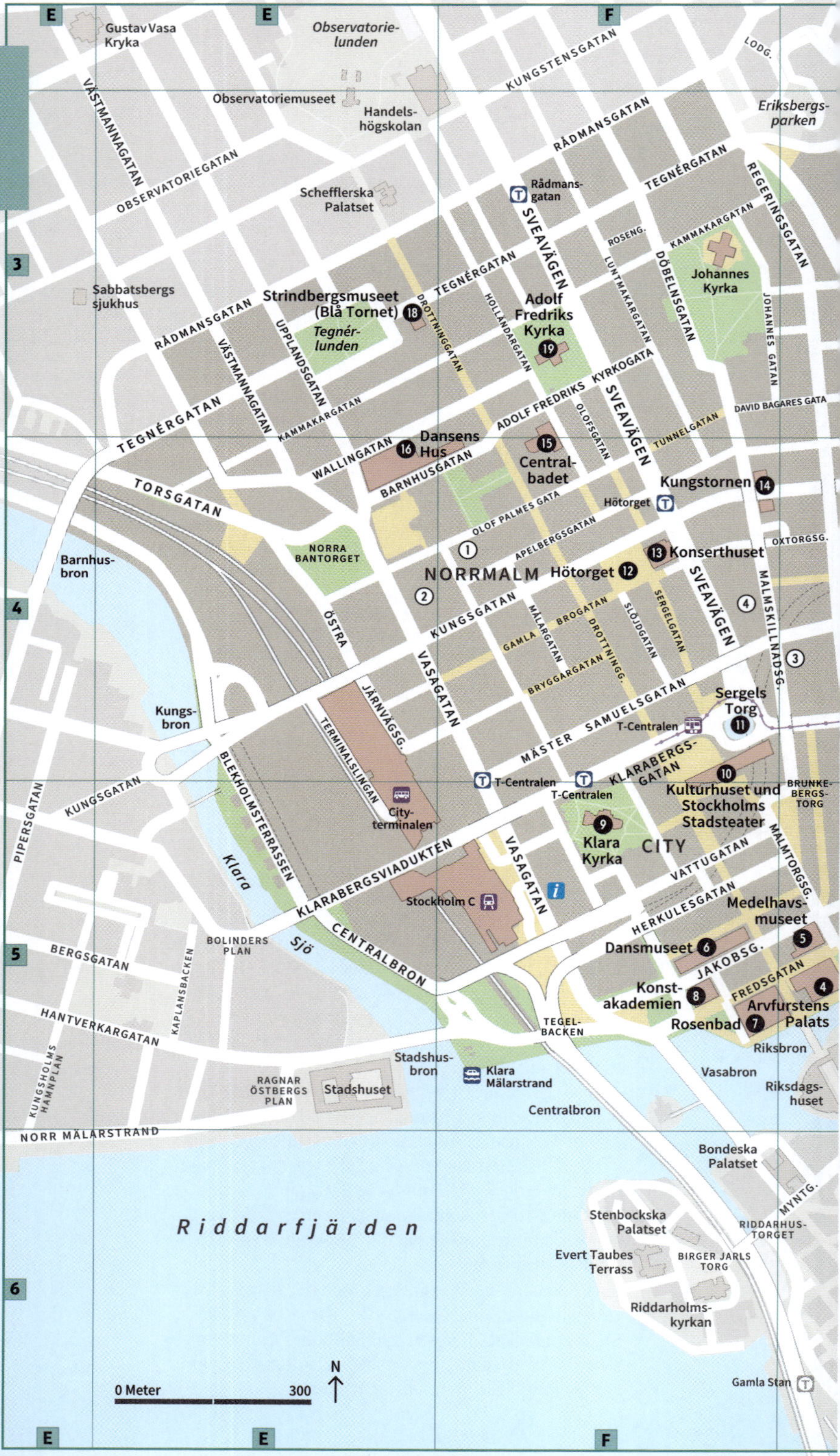
E
E
F
E
E
F
3
4
5
6
Gustav Vasa Kryka
Observatorie-lunden
Observatoriemuseet
Handels-högskolan
Eriksbergs-parken
KUNGSTENSGATAN
LODG.
VÄSTMANNAGATAN
RÅDMANSGATAN
OBSERVATORIEGATAN
Schefflerska Palatset
Rådmans-gatan
TEGNÉRGATAN
REGERINGSGATAN
SVEAVÄGEN
ROSENG.
KAMMAKARGATAN
Johannes Kyrka
Sabbatsbergs sjukhus
Strindbergsmuseet (Blå Tornet) 18
Tegnér-lunden
DROTTNINGGATAN
HOLLÄNDARGATAN
Adolf Fredriks Kyrka 19
LUNTMAKARGATAN
DÖBELNSGATAN
JOHANNES GATAN
UPPLANDSGATAN
ADOLF FREDRIKS KYRKOGATA
DAVID BAGARES GATA
OLOFSGATAN
TUNNELGATAN
WALLINGATAN
16 Dansens Hus
15 Central-badet
BARNHUSGATAN
TORSGATAN
Kungstornen 14
Hötorget
OLOF PALMES GATA
APELBERGSGATAN
OXTORGSG.
Barnhus-bron
NORRA BANTORGET
1
13 Konserthuset
NORRMALM
Hötorget 12
2
KUNGSGATAN
MÄLARGATAN
BROGATAN
GAMLA
SLÖJDGATAN
SERGELGATAN
MALMSKILLNADSG.
4
3
ÖSTRA
VASAGATAN
DROTTNINGG.
BRYGGARGATAN
Kungs-bron
JÄRNVÄGSG.
TERMINALSLINGAN
MÄSTER SAMUELSGATAN
Sergels Torg 11
T-Centralen
KLARABERGS-GATAN
10 Kulturhuset und Stockholms Stadsteater
BRUNKE-BERGS-TORG
PIPERSGATAN
KUNGSGATAN
BLEKHOLMSTERRASSEN
City-terminalen
9 Klara Kyrka
CITY
Klara
KLARABERGSVIADUKTEN
Sjö
VATTUGATAN
MALMTORGSG.
Stockholm C
HERKULESGATAN
Medelhavs-museet
BOLINDERS PLAN
CENTRALBRON
Dansmuseet 6
5
BERGSGATAN
JAKOBSG.
KAPLANSBACKEN
Konst-akademien 8
FREDSGATAN
HANTVERKARGATAN
TEGEL-BACKEN
Arvfurstens Palats
Rosenbad 7
Riksbron
KUNGSHOLMS HAMNPLAN
RAGNAR ÖSTBERGS PLAN
Stadshuset
Stadshus-bron
Klara Mälarstrand
Vasabron
Riksdags-huset
Centralbron
NORR MÄLARSTRAND
Bondeska Palatset
MYNTG.
Riddarfjärden
Stenbockska Palatset
RIDDARHUS-TORGET
Evert Taubes Terrass
BIRGER JARLS TORG
Riddarholms-kyrkan
N
0 Meter
300
Gamla Stan

City

Sehenswürdigkeiten

1. Kungsträdgården
2. Jacobs Kyrka
3. Kungliga Operan
4. Arvfurstens Palats
5. Medelhavsmuseet
6. Dansmuseet
7. Rosenbad
8. Konstakademien
9. Klara Kyrka
10. Kulturhuset und Stockholms Stadsteater
11. Sergels Torg
12. Hötorget
13. Konserthuset
14. Kungstornen
15. Centralbadet
16. Dansens Hus
17. Kungliga Biblioteket
18. Strindbergsmuseet (Blå Tornet)
19. Adolf Fredriks Kyrka
20. Stureplan
21. Sturegallerian und Sturebadet
22. Östermalms Saluhall
23. Hedvig Eleonora Kyrka
24. Scenkonstmuseet
25. Armémuseum
26. Hovstallet
27. Kungliga Dramatiska Teatern
28. Hallwylska Museet

Restaurant

① frantzén

Bars

② Duvel Café
③ Proseccobaren
④ Hop & Vine

Hotels

⑤ Story Hotel
⑥ Profil Hotels Riddargatan
⑦ Scandic Anglais

Shopping

⑧ Nordiska Kompaniet (NK)

SEHENSWÜRDIGKEITEN

1 Kungsträdgården

G5 Kungsträdgården
2, 57, 62, 65, 76, 96, 191

Der »Garten des Königs« war im 15. Jahrhundert königlicher Gemüsegarten. Heute ist der älteste Park Stockholms einer der beliebtesten Treffpunkte in der Stadt. Im 16. Jahrhundert, unter der Regierungszeit von Erik XIV., wurde der Küchengarten in einen Renaissance-Park verwandelt, Königin Kristina ließ sich darin im 17. Jahrhundert ein Sommerhaus bauen. Es steht an der Västra Trädgårdsgatan 2 neben Lantmäteribacken.

Am Ende der Strömgatan geht der Park in einen Platz über: Karl XII:s Torg mit der von Johan Peter Molin geschaffenen Statue des Königs. Sie wurde 1868 anlässlich des 150. Todestags des Herrschers enthüllt. Im Kungsträdgården stehen auch die Statue Karls XIII. (1809–18) von Erik Göthe und Molins Springbrunnen, der 1866 aus Gips hergestellt und sieben Jahre später in Bronze gegossen wurde.

Im Sommer finden im Park rund 150 Veranstaltungen statt. Es gibt eine überdachte Open-Air-Bühne, die für Konzerte aller Art genutzt wird. Das Parkteatern spielt hier u. a. Produktionen mit Musik, außerdem gibt es Kindertheater und Tanzaufführungen. Auch zahlreiche Ausstellungen und kulinarische Events beleben den Park. Lokale Radiosender veranstalten hier regelmäßig Festivals mit bekannten Künstlern. Viele dieser Events kosten keinen Eintritt.

Im Winter verwandelt sich der große runde Platz in der Mitte des Kungsträdgården in eine Eislaufbahn. Im Dezember findet an Wochenenden ein Weihnachtsmarkt statt. An beiden Enden des Parks gibt es Galerien, Straßencafés und Restaurants.

Expertentipp
Kirschblüte

Bummeln Sie durch den Kungsträdgården am besten Ende April, wenn die Kirschbäume in voller Blüte stehen. Die Bäume waren 1998 ein Geschenk Japans an Schwedens König Carl XVI. Gustaf.

2 Jacobs Kyrka

G5 Västra Trädgårdsgatan 2 +46 8 723 3000
Kungsträdgården
2, 57, 62, 65, 76, 96, 191
tägl. 9:30–17

Die leuchtend rote Kirche ist dem hl. Jakob, dem Schutzpatron der Reisenden, gewidmet. Sie stammt aus dem 16. Jahrhundert und ist damit eine der ältesten Kirchen in Stockholm. Kurz nach ihrer Fertigstellung wurde sie während der Reformation *(siehe S. 46)* – wie auch ein weiteres Gotteshaus – von König Gustav I. Wasa zerstört. Daraufhin plante König Johan III. zwei neue Kirchen in Norra Malmen, wie dieser Stadtteil genannt wurde.

Die Arbeiten an den Kirchen St. Jacob und St. Klara *(siehe S. 80)* begannen 1580. St. Jacob wurde 1643 als erste Kirche eingeweiht. Sie ist seitdem mehrmals restauriert worden, zum Teil ziemlich ungeschickt. Dennoch sind einige Kostbarkeiten erhalten geblieben: das Tauf-

becken, das Kirchensilber sowie die von den Steinmetzmeistern Henrik Blom und Hans Hebel geschaffenen Portale.

Die Orgelfront entwarf Carl Hårleman, das große Gemälde an der Westwand des südlichen Kirchenschiffs stammt von Fredrik Westin, im frühen 19. Jahrhundert Schwedens angesehenster Historienmaler.

3

Kungliga Operan

G5 Gustav Adolfs Torg +46 8 791 4400 Kungsträdgården 2, 43, 57, 76, 96, 191 Di 11–16, Fr 11–18, So 9–13 operan.se

Opern werden in Schweden seit dem 18. Januar 1773 gespielt, dem Tag der ersten Aufführung im Bollhuset am Slottsbacken. Das Königliche Opernhaus am Gustav Adolfs Torg wurde 1782 eingeweiht. Im späten 19. Jahrhundert jedoch war der Bau so brandgefährdet, dass man den Architekten Axel Anderberg beauftragte, ein neues Opernhaus zu entwerfen.

Die Bemalung des Gebäudes im Stil der späten Renaissance ist auf das Schloss und das Parlamentsgebäude abgestimmt, an allen drei Gebäuden gibt es vergleichbare architektonische Details. Die Gestaltung des Treppenhauses mit dem Deckengemälde von Axel Jungstedt ist von der Pariser Oper inspiriert. Ein Porträt Oscars II., ebenfalls von Jungstedt, hängt im 28 Meter langen goldenen Foyer, dessen Bemalung von Carl Larsson stammt.

Die Flügel auf beiden Seiten der Bühne und der 11,40 Meter breite Proszeniumsbogen sind noch original. Erhalten blieb auch J. T. Sergels Engelsgruppe mit dem Nationalwappen über der Treppe. Ein Engel in Vicke Andréns Deckenfresko hält eine Skizze des Opernhauses in den Händen.

←
Kungsträdgården – üppig bepflanzter und mit Skulpturen geschmückter Park

↑ *Kungliga Operan: Zuschauerraum mit Logen und freskenverzierter Decke*

4

Arvfurstens Palats

G5 Gustav Adolfs Torg 1 Kungsträdgården 57, 65 für Besucher

Gegenüber der Oper, auf der anderen Seite von Gustav Adolfs Torg, steht das Palais des Erbfürsten, das für Sofia Albertina, die Schwester Gustavs III., erbaut und 1794 eingeweiht wurde. Mit dem Bau war Erik Palmstedt beauftragt worden, ein Schüler von Carl Fredrik Adelcrantz, dem Erbauer des ursprünglichen Opernhauses. Das Palais ist dank der Arbeiten von Louis Masreliez und Georg Haupt sowie ihrer Schüler Gustav Adolf Ditzinger, Johan Tobias Sergel und Gottlieb Iwersson ein Prunkstück des Gustavianischen Stils. 1906 wurde es vom schwedischen Außenministerium übernommen.

Ganz in der Nähe des Erbfürstenpalais steht der im französischen Renaissance-Stil gehaltene Sagerska Palatset (1894), heute Amtssitz des Ministerpräsidenten.

Shopping

Nordiska Kompaniet (NK)

Das luxuriöse Shopping-Center, eine wahre Institution, wurde 1915 eröffnet und ist nach wie vor erste Anlaufstelle für die neuesten Trends in Sachen Mode, Beauty und Lifestyle.

G4 Hamngatan 18–20 nk.se

Terrakottafiguren in einem Ausstellungsraum des Medelhavsmuseet

5

Medelhavsmuseet

G5 Fredsgatan 2 +46 8 456 1298 Kungsträdgården 2, 3, 57, 65 Di–Fr 11–20, Sa, So 11–17 medelhavsmuseet.se

Die prähistorische und antike Welt mit Göttern, Helden, Mumien, Kaisern, Pharaonen und Sklaven der Mittelmeerkulturen wird im Medelhavsmuseet (Museum des Mittelmeerraums und des Nahen Ostens) wieder zum Leben erweckt. Zu den Kostbarkeiten des Hauses gehört eine große Anzahl von Terrakottafiguren, die in den 1930er Jahren von Archäologen auf Zypern entdeckt wurden.

Modelle aus ungewöhnlichen Materialien wie Kork zeigen, wie einst Häuser gebaut wurden. Das Museum besitzt auch einen faszinierenden »Goldsaal«. Die islamische Sammlung wird durch Wechselausstellungen ergänzt.

Das Gebäude wurde im 17. Jahrhundert für Gustav Horn, einen Feldherrn im Dreißigjährigen Krieg, errichtet. Allein das Treppenhaus aus dem Jahr 1905 sowie die Säulengänge rund um den oberen Teil der Halle sind einen Besuch wert.

Expertentipp
Jahreskarte

Eine Jahreskarte für das Medelhavsmuseet lohnt sich bereits bei nur zwei Besuchen. Der Eintritt ist für Besucher unter 19 Jahren frei, am Mittwochabend zwischen 18 und 20 Uhr gilt dies für alle Besucher.

6

Dansmuseet

F5 Drottninggatan 17 +46 8 441 7651 T-Centralen, Kungsträdgården 52 Di–So 11–17 dansmuseet.se

Im Jahr 2013 bezog das Tanzmuseum ein ehemaliges Bankgebäude an der Drottninggatan. Das Museum wurde 1933 in Paris für die Sammlung des schwedischen Aristokraten Rolf de Maré (1888–1964) gegründet, einem bemerkenswerten Kunstsammler und Gründer des berühmten Ensembles Ballets Suédois.

Das Museum erfasst sämtliche Aspekte des Tanzes – Kostüme, Masken, Bühnenbildentwürfe, Kunst, Plakate, Bücher, Fotos und Dokumente. Jährlich gibt es eine Sonderausstellung.

Neben der Sammlung gibt es das Rolf-de-Maré-Studienzentrum mit Bibliothek und Archiv. Das Museum hat zudem ein französisches Bistro. Der Museumsshop bietet Schwedens größte Auswahl an Tanz-Videos und -DVDs.

7

Rosenbad

F5 Rosenbad 4 Kungsträdgården 2, 3, 53, 57 für Besucher

Seit 1981 beherbergt der Rosenbad-Komplex, eine Gruppe palastartiger Bauten am Strömmen-Kanal, in drei miteinander verbundenen Häusern den Regierungssitz und das Büro des Minister-

Rosenbad: Amtssitz des schwedischen Ministerpräsidenten

präsidenten. Drei der bedeutendsten Architekten waren im späten 19. Jahrhundert mit dem Bau beauftragt. Das im venezianischen Stil gehaltene Palais entlang der Srömgatan kam 1904 dazu.

Der Entwurf von Ferdinand Boberg (1860–1936) bot zunächst Raum für Wohnungen, eine Bank und ein Restaurant, dessen Spuren noch in den Ornamenten des Balkons erkennbar sind.

Gustav Wickman (1858–1916) entwarf das verschnörkelte Jugendstil-Haus aus rosa Sandstein in der Fredsgatan, Ecke Drottninggatan. 1900 bezog die Skåne-Bank das Gebäude. Das im florentinischen Stil gestaltete Haus an der Fredsgatan gegenüber dem Rödbodtorget ist drei Jahre älter. Es stammt von Aron Johansson (1860–1936), dem Architekten des alten Parlamentsgebäudes auf Helgeandsholmen.

Der Name »Rosenbad« bezieht sich auf ein altes Badehaus aus dem 17. Jahrhundert, in dem die Gäste zwischen Maiglöckchen-, Kamillen- und Rosenbad wählen konnten.

8

Konstakademien

F5 Fredsgatan 12 +46 8 232 945 T-Centralen, Kungsträdgården 2, 3, 53, 57 Di–So 11–16 konstakademien.se

Die Gemälde- und Skulpturensammlungen der königlichen Kunstakademie präsentieren über 250 Jahre künstlerisches Schaffen – großteils Werke ehemaliger und zeitgenössischer Mitglieder. Bei den meisten der rund 800 Skulpturen handelt es sich um Gipsabgüsse. Sie reichen von Michelangelos riesigem *Moses* bis hin zu kleinen Pflanzenornamenten, die als Inspiration für die Gestaltung von Innenräumen dienen sollen.

Das imposante Eckhaus von Fredsgatan und Jakobsgatan wurde von Tessin d. Ä. in den frühen 1670er Jahren entworfen. Die Akademie bezog das Gebäude unter der Schirmherrschaft Gustavs III. im späten 18. Jahrhundert. Es wurde mehrmals umgebaut, zuletzt 1897 von dem Architekten Erik Lallerstedt.

Restaurant

frantzén

Die Speisen verbinden skandinavische und japanische Aromen.

F4 Klara Norra kyrkogata 26 restaurant frantzen.com

Kr Kr Kr

Das äußere Erscheinungsbild hat Entsprechungen in der Königlichen Oper *(siehe S. 77)* und im Schloss *(siehe S. 56–59)*, dessen Architekt Tessin d. J. die Vision eines Gesamtkunstwerks hatte.

Spuren des älteren Baus sind noch vorhanden. Der kleine Versammlungsraum wurde von Carl Fredrik Adelcrantz 1780 gestaltet, zwei Kachelöfen sowie das Hauptportal (zur Jakobsgatan) stammen aus derselben Zeit. Die vier allegorischen Frauenfiguren, die einst den Eingang zierten, stehen nun auf dem Dach.

9

Klara Kyrka

F5 Klara Östra kyrkogata 7–9 +46 8 411 7324 T-Centralen 54, 57, 65, 69, 191 Mo–Fr 8–17, Sa 11–15, So 10–17

Das Kloster St. Klara stand bis 1527, als es auf Befehl von Gustav I. Wasa abgerissen wurde, an der Stelle der heutigen Kirche. Gustavs Sohn Johan III. gab den Auftrag zum Bau einer neuen Kirche, die 1590 fertiggestellt wurde.

Nach einem Brand von 1751 planten zwei herausragende Architekten, zuerst Carl Hårleman und später C. F. Adelcrantz, den Neubau. Hårlemans Kanzel datiert von 1753, ein Paar identische Engel, ausgeführt nach Gipsmodellen des Bildhauers Johan Tobias Sergel, ziert sie. Sergel schuf auch die Figuren in der nördlichen Galerie.

In den 1880er Jahren wurde der 116 Meter hohe Turm gebaut. Die Gewölbemalereien (1904) schuf Olle Hjortzberg.

10

Kulturhuset und Stockholms Stadsteater

F4 Sergels Torg 7 +46 8 5062 0200 T-Centralen 54, 57, 65, 69, 191 Mo–Fr 9–19, Sa, So 11–17 kulturhusetstadsteatern.se

Das 1974 eröffnete, von Peter Celsing entworfene Kulturhaus ist typisch für seine Zeit, harmoniert gut mit Sergels Torg und ist ein Symbol der schwedischen Moderne geworden. Die Glasfassade erstreckt sich über die ganze Südseite des Platzes.

Das Kulturhuset bietet für jeden etwas: Drei Galerien zeigen regelmäßige Wechselausstellungen. Im Kino »Klara« kann man sich Dokumentationen und Kurzfilme ansehen. »Sergels Torg 3« bietet Clubatmosphäre, Konzerte und andere Veranstaltungen und hat sogar eine Open-Air-Bühne auf dem Dach. »Ekoteket« widmet sich Umweltfragen mit Foren und Wechselausstellungen. »Lava« ist ein Treffpunkt für junge Leute und Mittelpunkt schwedischer Jugendkulturarbeit mit Workshops zu den unterschiedlichsten Themen.

Es gibt fünf Bibliotheken: In der »Kidszone« können kleine Kinder Bilder malen und Geschichten hören, »TioTretton« ist für Kinder zwischen zehn und 13 Jahren gedacht. »Serieteket« ist Schwedens einzige Bibliothek für Comics, zur »Bibliotek Plattan« gehört auch ein Lesesaal mit internationalen Zeitungen und Magazinen. Hier kann man auch Computer mit Internet-Zugang nutzen. Die »Bibliotek Film & Musik« besitzt ein großes Archiv, das Besuchern zugänglich ist.

Es gibt im Haus eine ganze Reihe hübscher Cafés, die zu einer Pause einladen. Verschiedene Shops bieten typisch schwedische Designartikel an.

Das Kulturhuset beherbergt auch Stockholms Stadsteater (Stadttheater). Es präsentiert auf seiner Hauptbühne ein abwechslungsreiches Programm mit Theater- und Musikdarbietungen. Hier finden jedes Jahr rund 1400 Vorstellungen statt, denen insgesamt etwa 225 000 Zuschauer beiwohnen.

Fotomotiv
Kulturhuset bei Dunkelheit

Das nach Einbruch der Dunkelheit prachtvoll illuminierte Kulturhuset ist ein wunderschönes Fotomotiv.

Gläserner Obelisk und Kulturhuset bilden ein zauberhaftes Ensemble ↑

⑪
Sergels Torg

F4 · T-Centralen · 54, 57, 65, 69, 191

Um 1930 fand eine einflussreiche Lobby Gefallen daran, den Sveavägen im Rahmen des Stadtumbaus bis zum Gustav Adolfs Torg zu verlängern. 1945 jedoch wurde beschlossen, die Straße an der Kreuzung Klarabergsgatan und Hamngatan enden zu lassen und dort einen neuen Platz zu schaffen: den Sveaplan.

1957 entstand die Idee, einen Platz auf zwei Ebenen zu bauen – eine untere Ebene für Fußgänger, eine obere Ebene für den Verkehr. Der Platz wurde 1960 fertig und in Sergels Torg umbenannt. 1972 stellte man den gläsernen Obelisken des Bildhauers Edvin Öhrström auf, der dem Platz ein besonderes Flair verleiht.

⑫
Hötorget

F4 · Hötorget · 1, 57, 75, 91, 291, 516 · Mo – Do 10 – 19, Fr 10 – 20, Sa 10 – 17 · hotorgshallen.se

Der Heumarkt kann auf eine lange Tradition zurückblicken. Er gehörte anfangs zum Kloster St. Klara und entwickelte sich in den 1640er Jahren zum wichtigen Umschlagplatz für Milch, Gemüse, Fleisch und Heu. Noch heute ist er ein beliebter Markt für frische Produkte.

Das jüngste Gebäude am Platz, ein gläserner Kinopalast, wurde 1996 eröffnet, das Kaufhaus PUB stammt von 1916 und das Konserthuset von 1926.

An der nahen Sergelgatan, in der zwischen 1952 und 1956 fünf Hochhäuser errichtet wurden, erinnert eine Gedenktafel für den berühmten Bildhauer Johan Tobias Sergel (1740 – 1814) an das alte Stadtzentrum. Carl Milles *(siehe S. 82)* schuf den imposanten Brunnen *Orpheus*, der vor dem Konserthuset steht.

Stockholms Verwandlung

Im 20. Jahrhundert wuchs die Bevölkerung Stockholms von 250 000 auf über 1,6 Millionen im Großraum an. In den 1920er Jahren war klar, dass das alte Zentrum den Bedürfnissen von Geschäftswelt, Verwaltung und Verkehr nicht länger gerecht wurde. 1951 startete ein 30-Jahre-Programm zur Sanierung des unteren Normalm. 335 von 600 Wohnhäusern wurden abgerissen, 78 neue gebaut. Zwei Drittel der Häuser der City stammen aus dieser Zeit.

Nobelpreis

Alfred Nobel (1833–1896) war Chemiker und Erfinder, der begehrte Nobelpreis, bestehend aus Geldpreis und Medaille, wird seit 1901 jährlich am 10. Dezember, Nobels Todestag, verliehen. Die Feierlichkeiten finden im Konserthuset statt. Hier werden die Preise für Physik, Chemie, Medizin und Literatur übergeben. Seit 1969 vergibt die schwedische Reichsbank im Gedenken an Nobel einen Preis für Wirtschaftswissenschaften. Der Friedensnobelpreis wird im Osloer Rathaus verliehen. 1901 betrug das Preisgeld noch 150 000 Schwedische Kronen, seit 2012 sind es acht Millionen Kronen.

13

Konserthuset

F4 Hötorget 8 +46 8 5066 7788 Hötorget
1, 57, 75, 91, 291, 516
Kasse: Mo–Fr 11–18, Sa 11–15 (Abendkasse 2 Std. vor Konzertbeginn)
konserthuset.se

Als nordische Version eines griechischen Tempels ist der 1923–26 erbaute Konzertsaal ein Meisterwerk des Architekten Ivar Tengbom und ein Musterbeispiel für den neoklassizistischen Stil. Tengboms Werk wurde weitergeführt von seinem Sohn Anders, der für die Renovierung von 1970/71 verantwortlich war, und bei den Renovierungen 1993–96 von seinem Enkel Svante.

Beim Bau des Hauptsaals hielt man sich anfangs streng an die Vorgaben Tengboms. Aber akustische Probleme erforderten eine Modernisierung und größere Veränderungen. Die Innengestaltung hier ist schlichter als im Grünewald-Saal, der von Isaac Grünewald im Stil eines italienischen Renaissance-Palais ausgestaltet wurde. Die vier Marmorstatuen im großen Foyer stammen von Carl Milles. Ihren künstlerischen

Als nordische Version eines griechischen Tempels ist der 1923–26 erbaute Konzertsaal ein Musterbeispiel für den neoklassizistischen Stil.

Beitrag zum Konserthuset leisteten auch Einar Forseth, Simon Gate, Edward Hald und Carl Malmsten.

Die Stockholmer Konzerthalle ist seit ihrer Eröffnung die Heimat der Königlichen Philharmoniker, die pro Jahr rund 100 Konzerte geben, darüber hinaus treten hier regelmäßig internationale Starsolisten und Dirigenten auf. Zudem finden im Konzerthuset die Nobelpreisverleihung und die Vergabe des Polar Music Prize statt.

14

Kungstornen

F4 Kungsgatan 30/33
Hötorget 54, 91
für Besucher

Der junge Architekt Sven Wallander legte 1915 eine Skizze vor, mit der er zeigte, wie man in Stockholm eine

←
Die mit Säulen verzierte Fassade des Konserthuset erinnert an einen griechischen Tempel

↑ *Schwimmbecken im Centralbadet, das noch Elemente des Jugendstils aufweist*

moderne, an den USA orientierte Hauptstraße bauen könnte. Seine Pläne wurden in den 1920er Jahren ausgeführt. Man schachtete den Brunkeberg aus, eine neue Straße verband den Hötorget mit dem Stureplan. Auch eine Brücke über die Kungsgatan wurde errichtet, später entstanden die beiden ähnlich gestalteten Kungstornen (Königstürme).

Norra Kungstornet, der nördliche Turm, wurde von Wallander im neoklassizistischen Stil entworfen und gehörte ursprünglich der Zuckergesellschaft Sockerbolaget. Södra Kungstornet, der südliche Turm, ein Entwurf von Ivar Callmander, gehörte L. M. Ericsson. Abgesehen von der Zeit, in der sich ganz oben zwei Restaurants befanden, wurden die Türme nur als Bürogebäude genutzt. Beide Türme haben 16 Stockwerke.

Der Nordturm hat eine Fläche von 7000 Quadratmetern, anmutiger wirkt der etwas höhere Südturm. Am Eingang des Nordturms stehen Skulpturen von Eric Grate.

15

Centralbadet

F4 Drottninggatan 88 +46 8 5452 1300 Hötorget 57 Mo–Fr 7–20:30, Sa 9–18:30, So 9–17:30 Feiertage centralbadet.se

Das Zentralbad wurde von Wilhelm Klemming entworfen und 1904 fertiggestellt. Seither wurde es mehrmals umgebaut und erweitert. Die Fassade blieb erhalten, auch im großen Becken und im Restaurant existieren noch Anklänge an den Jugendstil.

Der Bau steht unter Denkmalschutz, das Schwimmbad hat ein 23 Meter langes Becken, einige Sprudel- und Massagebecken, drei Saunen sowie einen Wellness- und Beauty-Bereich.

Der Garten stammt von Carl Hårleman. Ein Teil der Bäume soll noch aus dieser Zeit stammen, in der Mitte plätschert ein hübscher Springbrunnen. Eine Skulptur Greta Klemmings aus den 1920er Jahren stellt einen griechischen Meeresgott dar, der auf einem Delfin reitet.

16

Dansens Hus

E4 Barnhusgatan 12–14 +46 8 5089 9090 T-Centralen 1, 40, 41 wegen Renovierung dansenshus.se

Das Haus des Tanzes ist seit 1991, als es die Räumlichkeiten vom Stadttheater übernahm, die skandinavienweit führende Bühne für zeitgenössischen Tanz. Zum Haus gehören zwei Säle.

Das Theater hat kein festes Ensemble, pro Saison zeigt es bis zu 35 Gastspielproduktionen nationaler und internationaler Künstler und Ensembles. Im Foyer, einem Entwurf von Sven Markelius (1899–1972), finden Ausstellungen statt. Zudem werden im Dansens Hus Lesungen, Publikumsdiskussionen und Workshops veranstaltet.

Bars

Duvel Café

Neben durchaus experimentellen Cocktails gibt es Weine und viele Biersorten (auch belgische).

E4 Vasagatan 50 duvelcafe.com

Proseccobaren

Die Bar steht im Zeichen von Prosecco und anderen Schaumweinen.

G4 Malmskillnadsgatan 21 proseccobaren.se

Hop & Vine

Hier trifft man sich zu Bier oder Wein und Brettspielen. Genießen Sie zu einer Partie Scrabble ein Glas Sauvignon blanc.

F4 Sveavägen 14 hopandvine.se

Hotels

Story Hotel
In der Nähe gibt es viele Angebote für Shopping und Entertainment.
GH4 Riddargatan 6 storyhotels.com
Kr Kr Kr

Profil Hotels Riddargatan
Alle Sehenswürdigkeiten im Zentrum sind von diesem Hotel aus gut erreichbar.
G4 Riddargatan 14 ligula.se/profilhotels
Kr Kr Kr

Scandic Anglais
Das populäre Hotel verfügt über eine schöne Dachterrasse mit Blick auf den Humlegården.
G3 Humlegårdsgatan 23 scandichotels.com
Kr Kr Kr

17 Kungliga Biblioteket

G3 Humlegården +46 10 709 3030 Östermalmstorg 1, 54, 67, 75, 91, 291, 608 Zeiten siehe Website kb.se

Die Königliche Bibliothek ist Schwedens Nationalbibliothek und zugleich eine unabhängige Abteilung der Regierung. Schon 1661, als es in ganz Schweden nur neun Druckerpressen gab, musste von allem, was gedruckt wurde, je ein Exemplar in der Kungliga Biblioteket hinterlegt werden. Das Reglement wurde 1993 auf elektronische Dokumente ausgeweitet. Die Abteilung für audiovisuelles Material besitzt acht Millionen Stunden Video- und Tonmaterial, das öffentlich zugänglich ist.

Das 1878 fertig gestellte Gebäude musste in den 1920er und in den 1990er Jahren erweitert werden. Bei der Vergrößerung wurden ein Hörsaal, ein Ausstellungsbereich und zwei unterirdische Lager geschaffen.

Die Bibliothek liegt wunderschön im Humlegården, der im 16. Jahrhundert von Johan III. angelegt wurde, um Hopfen anzubauen.

↑ *Lesesaal in der Kungliga Biblioteket, Schwedens Nationalbibliothek*

Schon seit dem 18. Jahrhundert ist der Park ein beliebtes Erholungsgebiet der Stockholmer.

18 Strindbergsmuseet (Blå Tornet)

E3 Drottninggatan 85 +46 8 411 9170 Rådmansgatan 91, 70 Di–So 12–16 (Juli u. Aug: ab 10) strindbergsmuseet.se

Der weltberühmte Dramatiker August Strindberg (1849–1912) zog 24-mal innerhalb Stockholms um. Seine letzte Wohnstätte, der er den Namen Blå Tornet (Blauer Turm) gab, bezog er 1908. Zu jener Zeit genoss er bereits internationale Anerkennung.

Das Haus, heute das Strindbergmuseum, war damals neu gebaut worden, ausgestattet mit Zentralheizung, Toilette und Lift, aber ohne Küche. Strindberg nahm für Essen und andere Dienste die Pension Falkner im selben Haus in Anspruch. In seinen letzten Jahren stand er an seinem Geburtstag immer auf dem Balkon, um den Fackelzug zu genießen, den Bewunderer zu seinen Ehren veranstalteten.

Das 1973 eröffnete Museum zeigt Schlaf-, Ess- und Arbeitszimmer des Dramatikers sowie 3000 Bücher, Fotos, Zeitungsausschnitte und Plakate. Im Nebengebäude würdigt eine Ausstellung Strindberg als Dichter, Theaterdirektor, bildenden Künstler und Fotografen.

19

Adolf Fredriks Kyrka

F3 Holländargatan 16
+46 8 207 076 Hötorget
52 Mo 13–18, Di, Mi 11–16:30, Do 11:45–16:30, Fr–So 10–16:30

König Adolf Fredrik legte 1768 den Grundstein, Carl Fredrik Adelcrantz erbaute die klassizistische, ein wenig vom Rokoko beeinflusste Kirche in Form eines griechischen Kreuzes mit einer zentralen Kuppel.

Der Innenraum wurde häufig verändert, doch Altar und Kanzel sind noch im Originalzustand. Der Bildhauer Johan Tobias Sergel schuf das Altarrelief, sein bedeutendstes religiöses Kunstwerk. Auch das Gedenkmonument für den Philosophen Descartes stammt von ihm. Die Bemalung der Kuppel wurde 1899 / 1900 von Julius Kronberg ausgeführt. Zu den Schätzen aus jüngerer Zeit gehört das Altarsilber von Sigurd Persson.

Der Friedhof der Kirche ist die letzte Ruhestätte des ermordeten Ministerpräsidenten Olof Palme sowie des sozialdemokratischen Politikers Hjalmar Branting (1860–1925). Auch das Grab des Bildhauers Johan Tobias Sergel ist hier.

Olof Palme

Am 28. Februar 1986 wurde der schwedische Ministerpräsident Olof Palme auf dem Nachhauseweg nach einem Kinobesuch am Sveavägen, Ecke Tunnelgatan erschossen. Er war ohne Leibwächter unterwegs. Dieser Teil der Straße wurde in Olof Palmes Gata umbenannt. Eine Gedenktafel erinnert an die Tat. Palmes Grab findet man im Friedhof der Adolf Fredriks Kyrka.

Der Fall ist bis heute ungeklärt.

20

Stureplan

G4 Östermalmstorg
1, 2, 54, 75, 91, 96, 291

Stockholms Stadtplaner empfahlen Ende des 19. Jahrhunderts, aus der Gegend um den Stureplan das neue Stadtzentrum zu machen. Der Vorschlag wurde akzeptiert, der Platz um das Regendach *Svampen* (Pilz) als Treffpunkt angenommen. Immer mehr Läden und Restaurants eröffneten hier. Doch als 1967 der Rechtsverkehr eingeführt wurde und sich die Straßenführung änderte, waren die besten Tage des Platzes zunächst vorbei.

Mittlerweile haben sich Stureplan und Sturebadet, das 1985 abbrannte, wie Phönix aus der Asche erhoben. Nach dem Brand beschloss man, die Gegend wieder attraktiv zu machen: Man modernisierte das Schwimmbad, baute Sturegallerian, ein riesiges Shopping-Center, und belebte damit die östliche Innenstadt. Noch heute ist Stureplan mit seiner Auswahl an Spitzenrestaurants und Geschäften einer der beliebtesten Treffpunkte der Stadt.

→ *Fassade und Altar (Detail) der Adolf Fredriks Kyrka*

21

Sturegallerian und Sturebadet

G4 Sturegallerian 36 +46 8 545 015 Östermalmstorg 2, 96 Shopping-Center: Mo – Fr 10 –19, Sa 10 –17, So 12 –17; Bad: Mo – Fr 6:30 – 22, Sa, So 8:30 – 22:30

Das frühere Sturebadet (1885) lag im heutigen Sturecompagniet-Komplex. 1902 wurde es am jetzigen Platz erbaut und war damals seiner Zeit voraus: Schon in den 1930er Jahren bot es ein Fitness-Center an, heute wird dies durch ein luxuriöses Spa ergänzt.

Nach dem Brand 1985 wurden über 600 Millionen Kronen in den umfassenden Wiederaufbau investiert. Man rekonstruierte das Originalbad und baute Sturegallerian, ein Shopping-Center von Weltformat. Den Architekten gelang es eindrucksvoll, in Harmonie zur Fassade aus der Jahrhundertwende mit den Materialien Marmor, Granit, Stahl, Kupfer, Zedern- und Mahagoniholz moderne Interieurs zu schaffen.

Schon gewusst?

Der Architekt des Sturebadet war als Balneologe ein Spezialist für die therapeutische Nutzung von Bädern.

Das Center bietet Platz für rund 50 Shops sowie für Restaurants, Cafés und Dienstleistungsbetriebe. Das heutige Schwimmbad ist der älteste Teil des Komplexes. Es verfügt über ein Spa mit vielfältigen Anwendungen und ein bestens ausgestattetes Fitness-Center.

22

Östermalms Saluhall

H4 Humlegårdsgatan 1–3 Östermalmstorg 2, 96 Mo – Fr 9:30 –19, Sa 9:30 –17 (Sommer: bis 14) ostermalmshallen.se

Als wahres Paradies für Feinschmecker ist die Markthalle auf dem Östermalmstorg alles andere als ein Schnellimbiss. Nirgendwo sonst in der Stadt gibt es solch eine erlesene Palette hochwertiger Delikatessen unter einem Dach.

Die Bauzeit für die Halle, die 1888 von König Oscar II. eröffnet wurde, betrug acht Monate. Der Bau ist ein Beispiel für das architektonische Erbe des späten 19. Jahrhunderts. Die Konstruktion, eine Kombination aus gusseisernem Gerüst und Ziegelwänden, war neu für Schweden, die Architekten Isak Gustaf Clason und Kasper Sahlin wurden für den Entwurf, der an südliche Märkte erinnert, gefeiert.

Trotz einiger Renovierungen im Lauf der Zeit blieb das ursprüngliche Flair weitgehend erhalten. Früher gab

Expertentipp
Bestes Seafood

Frisches Seafood erhält man etwa bei Melanders Fisk in der Östermalms Saluhall. Der Betreiber bezieht seine Ware direkt von einem Fischer an der Westküste. Probieren Sie Hummer oder Garnelen.

es hier 153 Stände, heute sind es 13 Delikatessengeschäfte sowie Stände, an denen man mittags hervorragend essen kann. Einheimische wie Besucher der Stadt schätzen das reiche und hochwertige Angebot.

Innenraum der Hedvig Eleonora Kyrka mit dem prachtvollen Altar

23 Hedvig Eleonora Kyrka

H4 Storgatan 2
+46 8 5456 7570
Östermalmstorg
54 tägl. 11–18

Die Kirche wurde 1669 gegründet, um der schwedischen Marine einen eigenen Ort für Gottesdienste zu geben.

Die ersten Pläne stammten von Jean de la Vallée, vollendet wurde der Bau von Göran Josuae Adelcrantz. Offiziell eröffnet wurde das nach der schwedischen Königin Hedvig Eleonora (1636–1715) benannte Gotteshaus im Jahr 1737. Die Kuppel kam 1866–68 hinzu. Die große Glocke wurde 1639 in Helsingør in Dänemark gegossen und hing dort im Schloss Kronborg, bevor sie General Carl Gustav Wrangel *(siehe S. 66)* als Kriegsbeute mitbrachte.

Die Kirche birgt zahlreiche Kunstgegenstände. Das Altarbild *Jesus am Kreuz* wurde 1738 von Engelhard Schröder gemalt. Die klassizistische Kanzel stammt von Jean Eric Rehn, der bei der Enthüllung am Weihnachtstag 1784 anwesend war. Die neue Orgel wurde um 1970 eingebaut, hat aber noch das Originalgehäuse (1762) von Carl Fredrik Adelcrantz.

Zum Kirchensilber gehören ein Kelch von 1650 und eine Hostienschale von 1685. Das Taufbecken von 1678 steht heute in der Taufkapelle, die 1944 angebaut wurde.

24 Scenkonstmuseet

H4 Sibyllegatan 2
+46 8 5195 6700
Kungsträdgården, Östermalmstorg 54, 69, 76
Di–So 11–14 Feiertage
scenkonstmuseet.se

Das Swedish Museum of Performing Arts ist in der einstigen königlichen Bäckerei, dem ältesten erhaltenen Industriebau der Stadt, untergebracht. Es beherbergt eine Sammlung von rund 50 000 Objekten mit Bezug zur darstellenden Kunst. Zu den Exponaten zählen Musikinstrumente, Bühnenbildmodelle, Puppen und Kostüme, einige Stücke stammen aus dem 16. Jahrhundert.

Seit der Renovierung zeigt das 2017 wiedereröffnete Museum seine Sammlungen auf drei Etagen in interaktivem Rahmen und mit Beteiligung der Besucher. Im Musiksaal kann man sich etwa an Harfe oder E-Gitarre ausprobieren.

Östermalms Saluhall: Markthalle mit vielen Köstlichkeiten

→ *Armémuseum: Ausstellung zum Großen Nordischen Krieg und Fassade* (Detail)

25 Armémuseum

H4 Riddargatan 13 +46 8 5195 6301 Östermalmstorg 54, 69, 76 Zeiten siehe Website armemuseum.se

Das Zeughaus im Artillerigården beherbergt seit 1879 das königliche Armeemuseum. 1000 Jahre schwedische Geschichte werden in lebensgroßen Arrangements verständlich präsentiert, unter den 80 000 Ausstellungsstücken gibt es viele einzigartige Objekte zu entdecken.

Hier starten auch die Umzüge anlässlich der Besuche des Königshauses in der Stadt, im Sommer marschieren die Wachen von hier täglich um 11.45 Uhr zur Wachablösung zum königlichen Palast.

26 Hovstallet

H4 Väpnargatan 1 +46 8 402 6105 Kungsträdgården, Östermalmstorg 54, 69, 76 wegen Renovierung (Details siehe Website) kungligaslotten.se

Der königliche Marstall wurde 1893 im Zuge des Neubaus des Parlamentsgebäudes von Helgeandsholmen hierher verlegt. Der Marstall ist zuständig für den Transport der Mitglieder der königlichen Familie. Etwa 40 Kutschen, zwölf Wagen, Kutschpferde (schwedische Halbblüter) und Reitpferde sind in dem Komplex untergebracht.

Unter den Kutschen findet sich die glasverkleidete Staatskutsche (»Berliner«). Sie wurde in Schweden in den Werkstätten von Adolf Freyschuss hergestellt. Sie kam erstmals 1897 bei den Feierlichkeiten anlässlich des 25. Regierungsjubiläums von König Oscar II. zum Einsatz.

Ausländische Botschafter fahren mit der Kutsche Karls XV. zum Antrittsbesuch ins Schloss. Die offenen Zweispänner aus der Mitte des 19. Jahrhunderts werden bei Umzügen genutzt.

Schon gewusst?

Ein Raum im Armémuseum ist Raoul Wallenberg gewidmet, der im Zweiten Weltkrieg zahlreiche Juden rettete.

27 Kungliga Dramatiska Teatern

H4 Nybroplan +46 8 667 0680 Kungsträdgården, Östermalmstorg 59, 69, 76 Kasse: Sa 11–19, So 14–16 (Abendkasse 2 Std. vor Veranstaltungsbeginn) dramaten.se

Als im frühen 20. Jahrhundert die Idee aufkam, das heutige Königliche Dramatische Theater am Nybroplan zu bauen, verweigerte der Staat jede finanzielle Hilfe, deshalb beschaffte man sich Geld mithilfe von Lotterien. Die Einnahmen übertrafen alle Erwartungen, sodass der Architekt Fredrik Liljekvist beim Bau aus dem Vollen schöpfen konnte.

»Dramaten«, wie man das Theater kurz nennt, wurde nach sechsjähriger Bauzeit 1908 eröffnet. Die am Wiener Jugendstil orientierte Fassade ist in hellem Marmor gehalten. Christian Eriksson schuf den gewaltigen Relieffries, Carl Milles den Mittelteil und John Börjesson die Bronzen *Poesie* und *Drama*, die im Foyer in den Statuen *Tragödie* und *Komödie* von Börjesson und Theodor Lundberg ihre Entsprechung finden.

Fotomotiv
»Dramaten«
Auf der sonnendurchfluteten Treppe des »Dramaten« herrscht im Sommer großer Andrang. Kommen Sie also früh, um die Skulpturen einzufangen, die in die Fassade des Gebäudes gemeißelt sind.

Die prächtige Ausstattung setzt sich im Inneren fort. Das Deckengemälde im Foyer stammt von Carl Larsson, das Wandgemälde in der oberen Halle von Oscar Björck, das Deckengemälde im Zuschauerraum und das Bühnenportal schuf Julius Kronberg. Gustav Cederström lieferte das zentrale Gemälde im Marmorfoyer mit den Skulpturen. Das Café wurde nach Georg Pauli benannt. Besucher können hier essen und dabei Paulis Bilder betrachten.

Der große Theatersaal mit 805 Plätzen und der Drehbühne ist von klassischer Schönheit. Als Gustav III. 1788 das Königliche Theater gründete, spielte die Truppe in einem Gebäude am Slottsbacken. Dessen ursprüngliche Farbgebung – Blau, Weiß und Gold – wurde vom neuen Theater übernommen, 1935 aber in ein traditionelles »Theaterrot« abgeändert. Bei der Renovierung 1988 ging man wieder auf die ursprüngliche Farbgestaltung zurück.

Das Ensemble hat 100 Mitglieder und gibt auf den fünf Bühnen pro Jahr etwa 1200 Aufführungen vor rund 300 000 Zuschauern.

28

Hallwylska Museet

G4 Hamngatan 4
+46 8 402 3099 Östermalmstorg, Kungsträdgården 2, 69, 76
Zeiten siehe Website
hallwylskamuseet.se

Das Hallwyl-Palais wurde 1893–98 als Residenz für das reiche gräfliche Paar Walther und Wilhelmina von Hallwyl erbaut. Schon zu Lebzeiten beschlossen die beiden, dass ihr Haus später ein Museum werden sollte. Die einzelnen Räume sind in verschiedenen Stilrichtungen gehalten. Der große Salon im Stil des Spätbarock, deutlich von Hårlemans Arbeit am Königlichen Schloss *(siehe S. 56–59)* beeinflusst, wird von vier grandiosen Gobelins dominiert – auf Wänden, die mit 24-karätigem, poliertem Blattgold belegt sind.

1920 vermachte Wilhelmina dem schwedischen Staat ihr Palais mit seiner unbezahlbaren Kunstsammlung, die von der Hausherrin über Jahrzehnte zusammengetragen worden war. Bedingung der Schenkung war, dass im Haus nichts Wesentliches verändert würde. 1938 eröffnete hier ein Museum mit 50 000 Exponaten.

Die Sammlung enthält Gemälde, Porzellan, ostasiatische Skulpturen, antike Möbel, Bücher, Manuskripte, Waffen und Rüstungen sowie Fotografien. Da nichts verändert wurde, können Besucher das Haus so erleben, wie es der Staat übernahm – mit Küchenutensilien, Büroeinrichtung und Hinterlassenschaften der Familie. Ungewöhnliche Stücke sind eine Locke vom Bart des Grafen und ein Stück von der Hochzeitstorte des Paars.

Das wohl bemerkenswerteste Exponat ist der Steinway-Flügel von 1896: Mit einem intarsiengeschmückten Hartholzgehäuse passte man ihn der herrschaftlichen Umgebung an. 1990 wurde er – in zwei Teile zerlegt – nach New York geflogen, um monatelang restauriert zu werden. Während eines Museumsbesuchs hört man Musik, die auf diesem Flügel gespielt wurde.

↑ *Ausstellungsraum im Hallwylska Museet mit Wand- und Deckengemälden*

Spaziergang um Kungsträdgården

Länge 1,5 km **Dauer** 20 Min.
U-Bahn Kungsträdgården

Der ehemalige Schlossgarten (wörtlich: »Schrebergarten des Königs«) hat eine Geschichte, die bis ins 15. Jahrhundert zurückreicht. Schon seit König Gustav III. ist er öffentlich zugänglich, heute halten sich hier Einheimische und Besucher gern auf. Im Sommer gibt es zahlreiche Open-Air-Veranstaltungen und Konzerte, im Winter kann man Schlittschuh laufen. Rings um den Kungsträdgården findet man viele Kirchen und Museen, aber auch Boutiquen, Cafés und Restaurants. Nur ein Katzensprung ist es zu Gustav Adolfs Torg mit der Oper und dem Außenministerium.

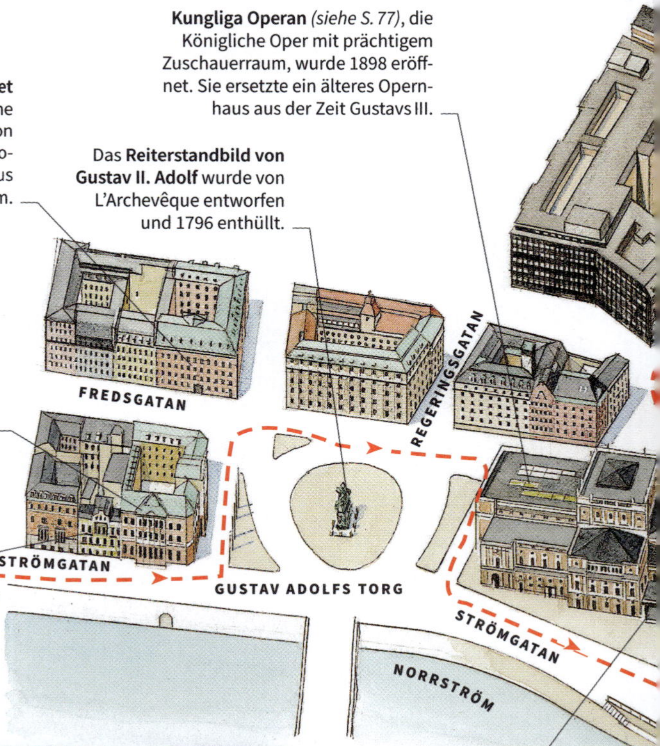

Kungliga Operan *(siehe S. 77)*, die Königliche Oper mit prächtigem Zuschauerraum, wurde 1898 eröffnet. Sie ersetzte ein älteres Opernhaus aus der Zeit Gustavs III.

Das **Medelhavsmuseet** *(siehe S. 78)* besitzt eine große Sammlung von Exponaten zu prähistorischen Kulturen aus dem Mittelmeerraum.

Das **Reiterstandbild von Gustav II. Adolf** wurde von L'Archevêque entworfen und 1796 enthüllt.

Der **Arvfurstens Palats** *(siehe S. 77)*, wurde 1794 für Sofia Albertina, die Schwester Gustavs III., erbaut. Heute ist es Sitz des schwedischen Außenministeriums.

Sagerska Palatset

Operakällaren

← *Kungliga Operan mit reich geschmückter Fassade – ein Blickfang in der City*

Die **NK-Uhr** ist ein wichtiges Element der Skyline.

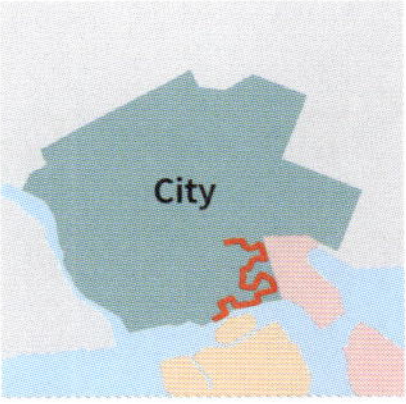

Zur Orientierung
Siehe Stadtteilkarte S. 74f

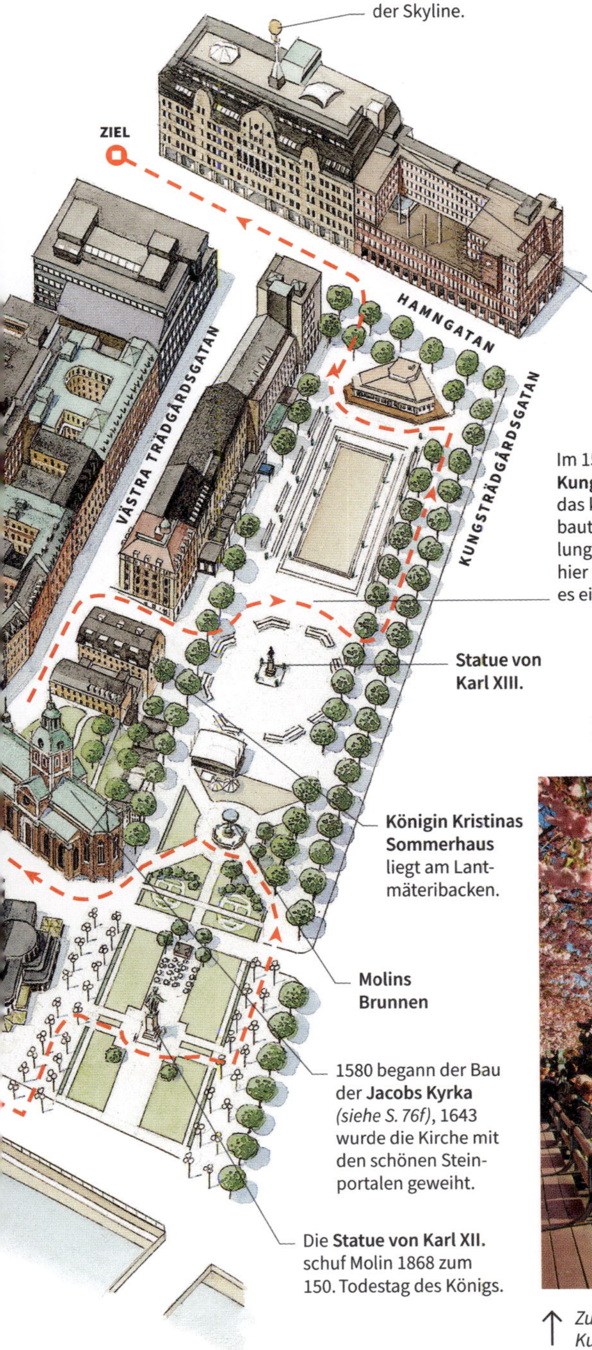

Das Shopping-Center **Nordiska Kompaniet** (NK; *siehe S. 77*) eröffnete 1915. Das Sortiment richtet sich an gehobene Ansprüche.

Im 15. Jahrhundert wurde im **Kungsträdgården** *(siehe S. 76)* das königliche Gemüse angebaut, heute ist der Park ein Erholungsgebiet. Im Sommer finden hier Konzerte statt, im Winter gibt es einen Weihnachtsmarkt.

Statue von Karl XIII.

Königin Kristinas Sommerhaus liegt am Lantmäteribacken.

Molins Brunnen

1580 begann der Bau der **Jacobs Kyrka** *(siehe S. 76f)*, 1643 wurde die Kirche mit den schönen Steinportalen geweiht.

Die **Statue von Karl XII.** schuf Molin 1868 zum 150. Todestag des Königs.

↑ *Zur Kirschblüte ist es im Kungsträdgården ganz besonders stimmungsvoll*

Spaziergang durch das Zentrum

Länge 3,5 km **Dauer** 90 Min.
U-Bahn T-Centralen

Dieser Spaziergang führt Sie mitten durch das Herz Stockholms, wo Sie in den besten Läden stöbern oder Kaffee und Kuchen in einem der vielen Cafés genießen können. Sie kommen an zahlreichen imposanten Bauten vorbei, etwa am schönen Konserthuset oder an der interessanten Stadsbiblioteket. Und falls Ihnen selbst das ruhige Stockholm im Zentrum zu hektisch ist, bietet es sich an, in einem der kleinen Parks Rast zu machen.

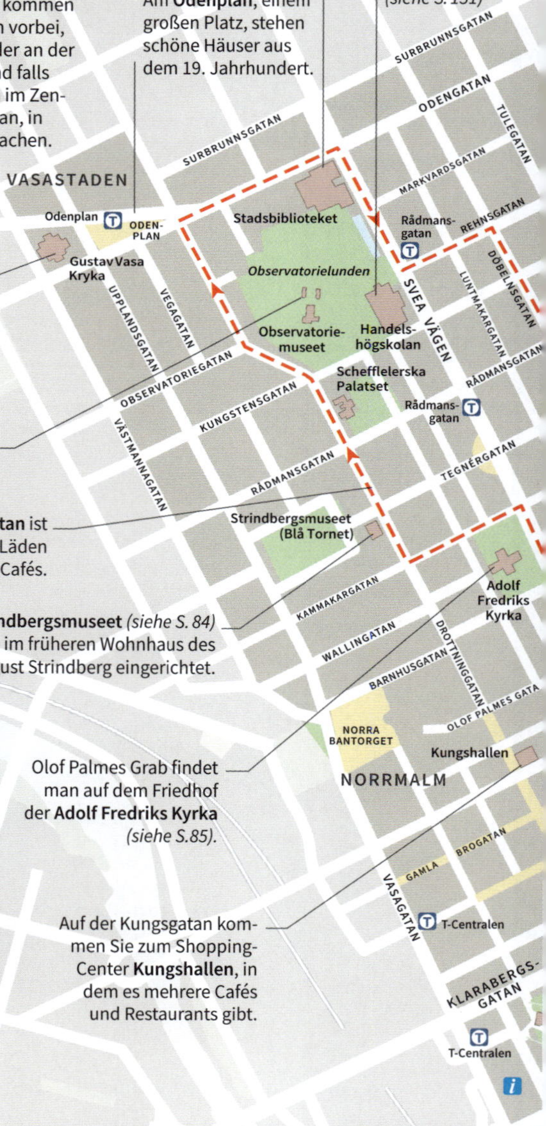

Am **Odenplan**, einem großen Platz, stehen schöne Häuser aus dem 19. Jahrhundert.

Die **Stadsbiblioteket** *(siehe S. 152)* wurde von Gunnar Asplund konzipiert.

Wirtschaftshochschule **Handelshögskolan** *(siehe S. 151)*

Die neobarocke **Gustav Vasa Kyrka** *(siehe S. 153)*, steht zwischen zwei Hauptverkehrsstraßen.

Im Park **Observatorielunden** steht Stockholms ehemaliges Observatorium von 1753.

Die **Drottninggatan** ist voller kleiner Läden und hübscher Cafés.

Das **Strindbergsmuseet** *(siehe S. 84)* wurde im früheren Wohnhaus des Autors August Strindberg eingerichtet.

Olof Palmes Grab findet man auf dem Friedhof der **Adolf Fredriks Kyrka** *(siehe S.85)*.

Auf der Kungsgatan kommen Sie zum Shopping-Center **Kungshallen**, in dem es mehrere Cafés und Restaurants gibt.

↑ *Der Spaziergang führt auch zur Gustav Vasa Kyrka mit der markanten Kuppel*

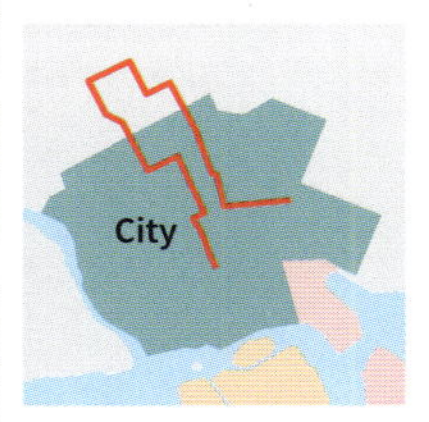

Zur Orientierung
Siehe Stadtteilkarte S. 74f

↑ *Die beiden Kungstornen flankieren die Kungsgatan (»Königsstraße«)*

Johannes Kyrka, eine neogotische Kirche (19. Jh.), steht in einem kleinen Park. Der hölzerne Kirchturm daneben stammt von 1692.

An der Kreuzung mit der **Olof Palmes Gata** *(siehe S. 85)* erinnert eine Gedenktafel an das Attentat auf den schwedischen Regierungschef.

Die beiden **Kungstornen** *(siehe S. 82f)* sind ähnlich gestaltete Türme.

Stureplan *(siehe S. 85)* ist ein beliebter Treffpunkt und Zentrum des Stockholmer Nachtlebens.

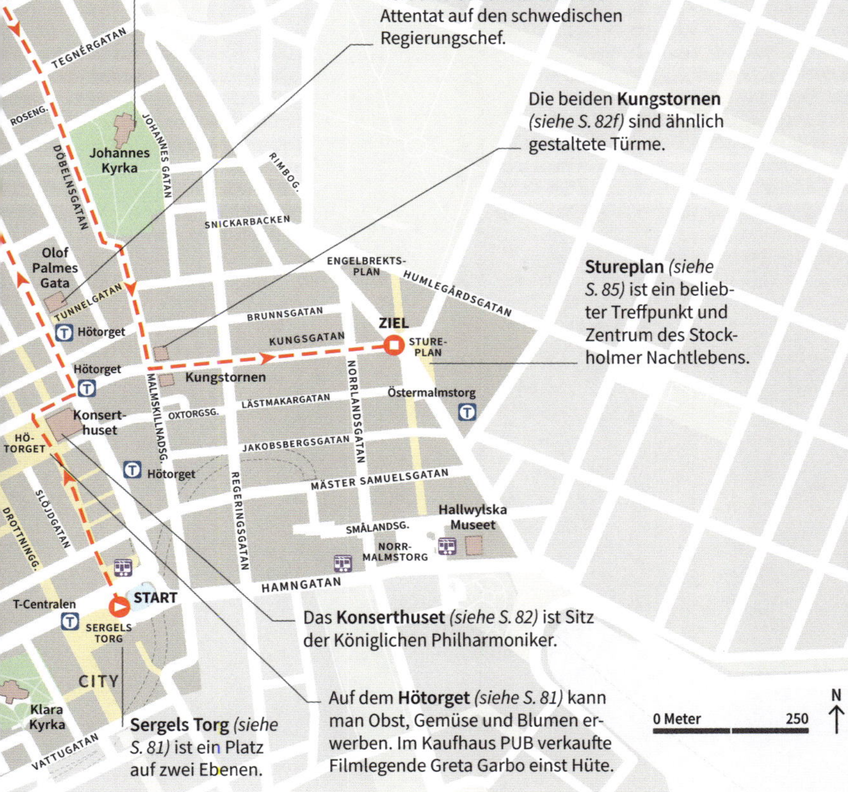

Das **Konserthuset** *(siehe S. 82)* ist Sitz der Königlichen Philharmoniker.

Sergels Torg *(siehe S. 81)* ist ein Platz auf zwei Ebenen.

Auf dem **Hötorget** *(siehe S. 81)* kann man Obst, Gemüse und Blumen erwerben. Im Kaufhaus PUB verkaufte Filmlegende Greta Garbo einst Hüte.

af Chapman – *ein Segelschiff als Jugendherberge* (siehe S. 102)

Blasieholmen und Skeppsholmen

Gegenüber dem Königlichen Schloss liegt an der Ostseite des Strömmen-Kanals Blasieholmen als natürliches Sprungbrett zu den Inseln Skeppsholmen und Kastellholmen. Während Schwedens Großmachtzeit im 17. und frühen 18. Jahrhundert wurden auf Blasieholmen elegante Palais errichtet. Das heutige Erscheinungsbild des Stadtteils kristallisierte sich jedoch erst von Mitte des 19. Jahrhunderts, als u. a. das Nationalmuseum entstand, bis kurz vor Ausbruch des Ersten Weltkriegs heraus. Im frühen 20. Jahrhundert wurden ehrwürdige Bauten wie der Bååtska Palatset von Prestigehotels, Bankgebäuden und Vergnügungsstätten in den Schatten gestellt.

Die begrünte Insel Skeppsholmen ist über eine schmiedeeiserne Brücke, vor der alte Holzboote liegen, erreichbar. Mitte des 17. Jahrhunderts wurde die Insel schwedischer Marinestützpunkt. Viele der alten Gebäude waren als Kasernen und Lagerhäuser konzipiert, heute sind darin Museen und andere kulturelle Einrichtungen untergebracht.

Blasieholmen und Skeppsholmen

Highlights

1. Moderna Museet
2. Nationalmuseum

Sehenswürdigkeiten

3. Östasiatiska Museet
4. *af Chapman*
5. Kastellholmen
6. Leksaksmuseet
7. ArkDes
8. Blasieholmstorg
9. Grand Hôtel
10. Synagogan
11. Berns
12. Raoul Wallenbergs Torg
13. Musikaliska

Restaurant

(1) Mathias Dahlgren

Hotel

(2) Bank Hotel

H
J
4
5
6
Riddargatan
Skeppargatan
Grevgatan
Styrmansgatan
Grev Magnigatan
Styrmansgatan
Strandvägen
Blasieholmen und Skeppsholmen
Ladugårdslandsviken
Junibacken
Galärparken
Djurgården
Seiten 108–129
Vasamuseet
Djurgården
Estoniaminnes-vården
Museifartygen
Norra Brobänken
3 Östasiatiska Museet
Slupskjulsvägen
Leksaks-museet 6
Eric Ericsonhallen
1 Moderna Museet
Skepps-holmen
7 ArkDes
Svensksundsvägen
Svensksundsvägen
4 af Chapman
Skeppsholmen
Långa Raden
Flaggmansvägen
Konsthögskolan
Södra Brobänken
Kastellholmsbron
Strömmen
Kastellbacken
Kastellholms
5 Kastellholmen
Örlogsvägen
Kastell-parken
N
0 Meter
150

1

Moderna Museet

H6 · Exercisplan · +46 8 5202 3500 · Kungsträdgården · 65 · Djurgårdsfärja · Di – So 10 – 18 (Di, Fr bis 20) · 1. Jan, Ostern, 24., 25., 31. Dez · modernamuseet.se

Das Museum für moderne Kunst ist die Hauptattraktion auf Skeppsholmen. Es verfügt über eine erstklassige Sammlung mit Werken schwedischer und internationaler Künstler von 1900 bis heute. Das Museum widmet sich neben Malerei und Bildhauerei auch den Bereichen Fotografie und Film.

Das 1998 von dem spanischen Architekten Rafael Moneo entworfene Museum zählt zu den renommiertesten Kunstinstitutionen Europas. Der teilweise unterirdisch errichtete Komplex präsentiert 6000 Gemälde, Skulpturen und Installationen sowie 25 000 Aquarelle, Zeichnungen und Drucke – alle Werke sind thematisch geordnet. Das Museum verfügt außerdem über Abteilungen zu Fotografie und Videokunst.

Im Außenbereich sind Skulpturen von bekannten Künstlern wie Björn Lövin und Alexander Calder zu sehen. Das Museum beherbergt darüber hinaus ein Kino und ein Auditorium.

Rafael Moneo

Der Spanier (geb. 1937) ist ein führender zeitgenössischer Architekt. Er war auch an der Planung der Oper von Sydney beteiligt. Sein Gespür, ein Gebäude sensibel in die Landschaft zu integrieren, war 1989 ausschlaggebend, als er unter 211 Bewerbern ausgewählt wurde, das Moderna Museet zu bauen.

→ *Ausstellungsraum mit Werken schwedischer und internationaler Künstler*

1 Der Buchladen führt eine gute Auswahl an Kunst-, Foto-, Film- und Architekturbüchern.

2 Das Museumslogo an der Fassade besteht aus einer Signatur, die an Graffiti erinnert.

3 Im Restaurant des Museums genießt man neben dem guten Essen auch einen wundervollen Ausblick.

Schon gewusst?

Die Sammlung besteht aus über 130 000 Werken, nur ein kleiner Teil davon kann ausgestellt werden.

2

Nationalmuseum

H5 Södra Blasieholmshamnen 2 +46 8 5195 4300 Kungsträdgården 65 oder 2, 53, 55, 76 bis Karl XII:s Torg Di–So 11–17 (Do bis 20) nationalmuseum.se

Das Nationalmuseum am Strömmen-Kanal ist eines der ältesten Kunstmuseen Europas und beherbergt Schwedens größte Kunstsammlung mit Skulpturen, Gemälden, Zeichnungen und Porzellan verschiedener Kunstepochen.

Das 1866 eröffnete Museum umfasst rund 16 000 Gemälde und Skulpturen. Hinzu kommen etwa 500 000 Zeichnungen und Grafiken aus dem 15. bis frühen 20. Jahrhundert. Zu den weiteren Schätzen zählen ein Skulpturenhof, ein 500 Jahre alter Wandteppich und Skandinaviens größte Porzellansammlung.

Das Nationalmuseum ist ein Wahrzeichen im Süden von Blasieholmen. Die einzigartige Lage am Wasser inspirierte im 19. Jahrhundert den deutschen Architekten August Stüler zu seinem Entwurf im Stil der italienischen Neorenaissance.

↑ *Vor dem Nationalmuseum befindet sich eine Anlegestelle für Ausflugsschiffe*

→ *Das obere Treppenhaus zieren monumentale Kunstwerke*

Highlight

Expertentipp
Audiotour

Bestens ausgestattet für einen ausgiebigen Besuch des Nationalmuseums sind Sie mit der museumseigenen App, die Sie auf Ihr Mobiltelefon laden können. Sie müssen dafür Ihren eigenen Kopfhörer nutzen. Alternativ können Sie am Empfang für 20 Kronen einen Audioguide ausleihen, dessen Inhalt dem der App entspricht.

Attraktionen

Das Dienstmädchen *(1651)*

▷ Dieses Gemälde ist eines der repräsentativsten Werke Rembrandts. Es vereint beispielhaft Elemente von Porträt- und Genremalerei.

Dame mit Schleier *(1769)*

Alexander Roslins Bildnis vermittelt die Eleganz Schwedens im 18. Jahrhundert.

Die Liebeslektion *(1716/17)*

◁ Die Darstellung »galanter Feste« mit sich neckenden Paaren stammt von Antoine Watteau.

Oberes Treppenhaus

Im Hintergrund prangt Carl Larssons Wandgemälde *Der Einzug Gustav Wasas in Stockholm* 1523, an der Wand gegenüber sein Bild *Mittwinterliches Opfer*.

Die Löwenjagd *(1855)*

▷ Eugène Delacroix, ein Maler der Spätromantik, verwendet in diesem Bild Primärfarben und setzt schnelle Pinselstriche, um die Dramatik in dieser Szene eindrücklich darzustellen.

Amor und Psyche *(1787)*

Johan Tobias Sergel war der führende Bildhauer der Gustavianischen Ära. Amor und Psyche ist ein weitverbreitetes Sujet aus der griechischen Mythologie.

La Grenouillère *(1869)*

▽ Auguste Renoir, einer der bedeutendsten französischen Maler des Impressionismus, verwendet in dieser Szene skizzenhafte Details, um einen flüchtigen Moment zu vermitteln.

SEHENSWÜRDIGKEITEN

3

Östasiatiska Museet

H5 Tyghusplan +46 8 456 1200 Kungsträdgården 65 wegen Renovierung bis 2026 ostasiatiskamuseet.se

Das Museum besitzt eine der bedeutendsten Sammlungen chinesischer Kunst außerhalb Asiens.

Bei einer China-Expedition um 1920 entdeckte der schwedische Geologe Johan Gunnar Andersson im Tal des Gelben Flusses Wohnstätten und Gräber mit Objekten aus der Jungsteinzeit. Er durfte viele Fundstücke exportieren, die zum Grundstock für das 1926 gegründete Museum wurden. Der Vertrag sah aber schon nach wenigen Jahren eine Rückgabe der Stücke vor, heute sind die meisten von ihnen verloren.

Eine Schlüsselfigur bei der Gründung war der damalige Kronprinz und spätere König Gustav VI. Adolf. Er vermachte dem Museum seine große Sammlung alter chinesischer Kunst.

Das Museum ist seit 1963 in einem Gebäude untergebracht, das 1699/1700 für die Leibwache König Karls XII. gebaut worden war.

4

af Chapman

H6 Västra Brobänken +46 8 463 2266 Kungsträdgården 65 Djurgårdsfärja

Das Segelschiff *af Chapman* ist Schwedens ungewöhnlichste Jugendherberge, sie bietet 136 Betten.

Auch Nicht-Gäste können an Bord gehen und die Atmosphäre eines Segelschiffs schnuppern. Der Dreimaster wurde 1888 im englischen Whitehaven gebaut und als Frachtschiff genutzt. 1915 kam er nach Schweden und war bis 1934 Schulschiff. Die Stadt kaufte das Schiff nach dem Zweiten Weltkrieg, seit 1949 liegt es hier vor Anker. Es wurde nach Fredrik Henrik af Chapman benannt, einem 1721 in Göteborg geborenen Schiffsbaumeister.

5

Kastellholmen

J6 Kungsträdgården 65 Djurgårdsfärja

Die Insel prägen Granitfelsen und steile Klippen. Von Skeppsholmen aus ist sie über eine Brücke (1880) zugänglich. Seit 1640 hisst jeden Morgen ein Matrose Schwedens dreischwänzige Kriegsflagge. Beim Einlaufen eines Marineschiffs werden von der Burgterrasse aus vier Kanonen abgefeuert.

Die Kanonen von Skeppsholmen

Auf Skeppsholmen stehen vier 57-Millimeter-Schnellfeuerkanonen. Zu feierlichen Anlässen werden Salutschüsse abgegeben: am Namenstag (28. Jan) und am Geburtstag (30. Apr) des Königs, am Nationalfeiertag (6. Juni), am Geburtstag von Kronprinzessin Victoria (14. Juli), am Namenstag (8. Aug) und am Geburtstag (23. Dez) der Königin.

↑ *Burg (19. Jh.) im Stil des Mittelalters auf der Insel Kastellholmen*

Der Ziegelpavillon an der Brücke wurde 1882 für den Königlichen Eislaufclub gebaut, dessen Mitglieder im Winter zwischen den Inseln Schlittschuh liefen.

6 Leksaksmuseet

H5–6 · Svensksundsvägen 5 · +46 8 590 8430 · Kungsträdgården · 65 · Djurgårdsfärja · tägl. 10–17 · toymuseum.se

Das Stockholmer Spielzeugmuseum auf Skeppsholmen erstreckt sich über ein Netz von unterirdischen Tunneln. Es beherbergt Nordeuropas größte Privatsammlung an Spielzeug, Sammlerstücken und Comics – die Objekte wurden von der Familie von Schinkel über mehr als 60 Jahre zusammengetragen. Zum Sortiment gehört auch Spielzeug der schwedischen Königsfamilie. Einen großen Beitrag bei der Gestaltung leistete der 2024 verstorbene Spielzeugexperte Peter Pluntky.

Darüber hinaus gibt es viele interaktive Ausstellungen und Spielbereiche für Kinder.

7 ArkDes

H6 · Exercisplan · +46 8 5202 3500 · Kungsträdgården · 65 · Djurgårdsfärja · Zeiten siehe Website · arkdes.se

Das schwedische Architekturmuseum teilt sich die Eingangshalle und das Restaurant mit dem Moderna Museet und ist auch in dessen früheren Räumen in der ehemaligen Exerzierhalle der Marine untergebracht.

In der Ausstellung veranschaulichen über 100 Modelle eine jahrtausendealte Baugeschichte – von den ältesten und einfachsten Holzhäusern bis zu den differenzierten Bautechniken und Architekturstilen der Gegenwart.

Es ist faszinierend, zwischen einem 2000 Jahre alten Langhaus und einem Supermarkt zu pendeln oder einen Sprung zu machen aus dem Göteborg des 17. Jahrhunderts in die 1930er Jahre zur neuen Årsta-Brücke im Süden Stockholms. Neben nordeuropäischen Beispielen sind Architekturmodelle aus der ganzen Welt von 2000 v. Chr. bis in die Gegenwart zu sehen.

8 Blasieholmstorg

G5 · Kungsträdgården · 2, 55, 62, 65, 76

Zwei der ältesten Stadtpalais stehen an diesem Platz, flankiert von zwei Bronzepferden. Das Palais am Blasieholmstorg 8 wurde gegen Mitte des 17. Jahrhunderts vom Feldmarschall Gustav Horn errichtet und 100 Jahre später im Stil eines französischen Palais umgebaut. Als dann ausländische Botschafter und Minister während ihres Aufenthalts in der Hauptstadt hier logierten, erhielt es den Namen Ministerpalast. Später wurde es zum Sitz der Behörde für Übersee-Angelegenheiten und heißt jetzt Utrikesministerhotellet (Außenministerhotel). Teile des Gebäudes werden von der Musikakademie und vom Schwedischen Institut genutzt.

Nebenan, am Blasieholmstorg 6, steht der Bååtska Palatset. Das restaurierte Palais wurde 1669 von Tessin d. Ä. entworfen. 1876/77 baute F. W. Scholander Teile für die Freimaurer um, die noch heute hier logieren.

Einen weiteren Gebäudekomplex gibt es am Blasieholmstorg 10. Die Fassade zum Nybrokajen ist im Stil der Neorenaissance der 1870er und 1880er Jahre gehalten.

Hotel

Bank Hotel

Das Hotel in einem ehemaligen Bankgebäude (1910) bietet stilvolle Suiten.

G5
Arsenalsgatan 6
bankhotel.se

Kr Kr Kr

→ *Eine der beiden Pferdeskulpturen am Blasieholmstorg*

↑ *Das exklusive Grand Hôtel in einem denkmalgeschützten Gebäude*

9

Grand Hôtel

G5 · Södra Blasieholmshamnen 8 · +46 8 793 500 · Kungsträdgården · 57, 65 · grandhotel.se

Der Franzose Jean-François Régis Cadier, Koch von König Oscar II., gründete 1874 das Grand Hôtel, Schwedens führendes Fünf-Sterne-Haus. Seit 1901 residieren hier jedes Jahr die Nobelpreisträger. Auch bei Promis und königlichen Häuptern ist das Haus beliebt. Der bekannteste Raum im denkmalgeschützten Hotel ist der *Spegelsalen*, eine Kopie des Versailler Spiegelsaals. Der *Vinterträdgården* (Wintergarten) besitzt 20 Meter Deckenhöhe.

2007 eröffnete der bekannte schwedische Koch Mathias Dahlgren sein Gourmet-Restaurant gleichen Namens. Ein zweites Restaurant namens Veranda ist nicht nur wegen des Ausblicks bekannt, sondern auch wegen des traditionellen *smörgåsbord* und der Cadier Bar, die nach dem Gründer benannt ist.

Restaurant

Mathias Dahlgren
Das Restaurant im Grand Hôtel verwöhnt mit klassischen schwedischen Gerichten.

H5 · Södra Blasieholmshamnen 6 · So · mdghs.se/matbaren

Kr Kr Kr

10

Synagogan

G4 · Wahrendorffsgatan 3 · +46 8 5878 5800 · Kungsträdgården · 7, 55, 62, 65, 76 · Führungen: Juni – Aug: Mo, Do, Fr 8, Sa 17:30 (Anmeldung erforderlich) · jfst.se

Fast zehn Jahre Bauzeit dauerte es, bis die Synagoge der orthodoxen jüdischen Gemeinde 1870 eröffnet werden konnte. Sie wurde auf 1300 Pfählen errichtet, von denen jeder 15 Meter in den Boden gerammt ist. Das Gebäude ist im »alten östlichen Stil« entworfen, wie der Architekt F. W. Scholander es nannte. Längs der Synagoge liegen der Versammlungsraum und die Bibliothek.

Vor der Synagoge steht ein Mahnmal (1998), das an die 8000 Opfer des Holocaust erinnert, deren Verwandte während des Zweiten Weltkriegs gerettet und von Schweden aufgenommen wurden.

Im Stadtzentrum gibt es auch noch eine orthodoxe Synagoge, und zwar hinter dem jüdischen Zentrum (Judiska Centret) an der Nybrogatan 19.

Schon gewusst?

Die jüdische Gemeinde Stockholms wurde im Jahr 1779 gegründet.

→ *Blick in den opulent ausgestatteten Speisesaal des Restaurants Berns*

11 Berns

G4 Berzeli Park, Nackströmgatan 8
+46 8 5663 2200
Kungsträdgården, Östermalmstorg 2, 55, 62, 65, 76 berns.se

Berns ist seit seiner Gründung im Jahr 1863 eines der berühmtesten und exklusivsten Restaurants in der schwedischen Metropole. Mit seinen rund 400 Sitzplätzen gehört es außerdem zu den größten Speiselokalen Stockholms.

Das prachtvolle Interieur des international renommierten Restaurants wurde vom britischen Designer und Gastronom Sir Terence Conran behutsam restauriert und in den ursprünglichen Zustand zurückversetzt. Es gibt zwei Salons mit Galerien, Kristallkronleuchtern und elegant gerahmten Spiegeln.

Die schön ausgestatteten Speiseräume auf der Galerie wurden durch August Strindbergs Roman *Das rote Zimmer* (1879) berühmt. Im Sommer ist die Rooftop-Bar ein beliebter Ort für einen Drink.

12 Raoul Wallenbergs Torg

G4 Östermalmstorg
69, 80

Der Platz ist Raoul Wallenberg (1912 – unbekannt) gewidmet, der während des Zweiten Weltkriegs als Diplomat an der schwedischen Botschaft in Budapest tätig war. Mit schwedischen »Schutzpässen« half er einer großen Zahl ungarischer Juden, der Deportation in die Konzentrationslager zu entkommen. 1945, nach der Befreiung Budapests, wurde er von den Sowjets verhaftet. Wenn man den sowjetischen Quellen Glauben schenken darf, ist er 1947 in der Moskauer Lubjanka gestorben. Sein Schicksal wurde jedoch niemals aufgeklärt.

Der kleine Platz am Nybrokajen liegt zwischen Berzelii Park und Nybroplan nahezu direkt am Wasser. Über die Gestaltung des Platzes in diesem besonderen Umfeld wurde lange Zeit diskutiert. Es ist gelungen, hier eine würdige Gedenkstätte für Raoul Wallenberg zu schaffen.

13 Musikaliska

GH5 Nybrokajen 11
+46 8 407 1700
Kungsträdgården, Östermalmstorg 7 69, 76, 80 Djurgårdsfärja
Zeiten siehe Website
musikaliskakvarteret.se

Das ehemalige Gebäude der Musikakademie wurde in den 1870er Jahren am Ufer des Nybroviken erbaut und 1878 als erster Konzertsaal Schwedens eröffnet. 1901 fand hier die erste Nobelpreisverleihung statt.

Der Saal mit den gusseisernen Säulen, der königlichen Loge und den im Stil der Neorenaissance gestalteten Galerien bietet bis zu 600 Personen Platz. Das renovierte Gebäude wird heute von der staatlichen Musikorganisation Rikskonserter betrieben, die damit eine ausgezeichnete Bühne für Kammer-, Chor-, Jazz- und Volksmusik hat.

Spaziergang auf Skeppsholmen

Länge 1 km **Dauer** 15 Minuten
Fähre Skeppsholmen

Skeppsholmen hat seine Bedeutung als Hafen schon lange verloren und sich zum Kulturzentrum entwickelt. Viele alte Hafengebäude wurden aufwendig restauriert, traditionelle Holzboote haben hier ihren Liegeplatz, doch der ganze Stolz von Skeppsholmen ist das international bekannte Moderna Museet. Für die Insel sollte man sich einen ganzen Tag Zeit nehmen, denn die Lage zwischen Strömmen-Kanal und Nybroviken, die attraktiven Gebäude und alten Bäume laden zu einem Spaziergang ein. Allein der Blick auf Skeppsbron und Strandvägen lohnt einen Besuch.

Das **Östasiatiska Museet** *(siehe S. 102)* präsentiert Kunst und Kunsthandwerk aus China, Japan, Korea und Indien.

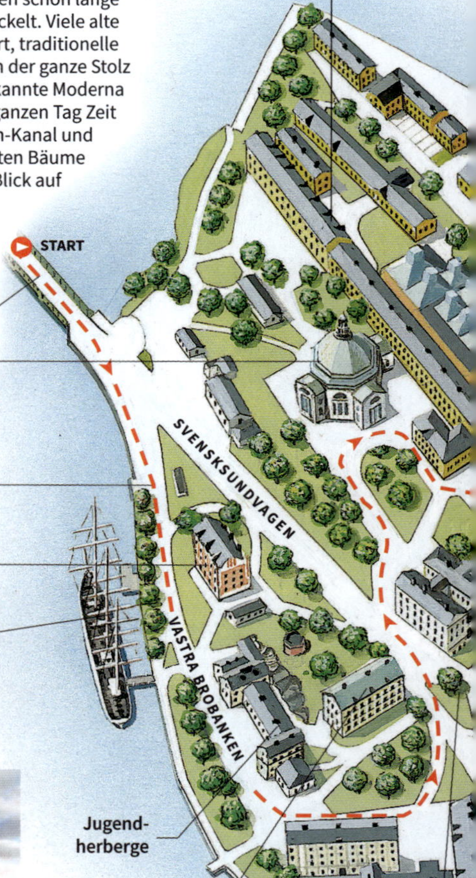

Skeppsholmsbron

Der Konzertsaal **Eric Ericsonhallen** wurde in der früheren Skeppsholmskyrkan (1824–42) eingerichtet.

Salutgeschütze

Admiralitätsgebäude

Der Dreimaster ***af Chapman*** *(siehe S. 102)* wurde 1888 gebaut und als Fracht- und Schulschiff genutzt. Seit 1949 dient er als Jugendherberge.

Jugendherberge

Gesellschaft für Handwerk und Design

Der älteste Teil der Kunsthochschule **Kungliga Konsthögskolan** wurde um 1775 gebaut. In den 1990er Jahren erhielt sie ihr heutiges Aussehen.

Vor dem Moderna Museet steht die Skulpturengruppe ***Paradis fantastique*** (1963) von Jean Tinguely und Niki de Saint Phalle.

↑ *Der Dreimaster* af Chapman *liegt vor einer schönen Uferpromenade vor Anker*

Zur Orientierung
Siehe Stadtteilkarte S. 54f

Das **Teater Galeasen** ist Stockholms Avantgardebühne.

Der **Ladekran** von 1751 ist der älteste seiner Art in Schweden.

Auf dem **Festivalgelände** am Kai unterhalb des Moderna Museet findet jedes Jahr im Juli das Festival Stockholm Music & Arts statt.

0 Meter 100 N

Das **Moderna Museet** *(siehe S. 98f)* wurde von Rafael Moneo entworfen und 1998 eröffnet, als Stockholm Kulturhauptstadt Europas war. Das Museum bietet moderne Kunst, kombiniert mit einem schönen Blick aufs Wasser.

Im **ArkDes** *(siehe S. 103)* können mehrere Jahrtausende Architekturgeschichte anhand der Modelle von Bauwerken aus aller Welt nachvollzogen werden.

Ein **Denkmal** erinnert an die Schlacht von Svensksund (1790).

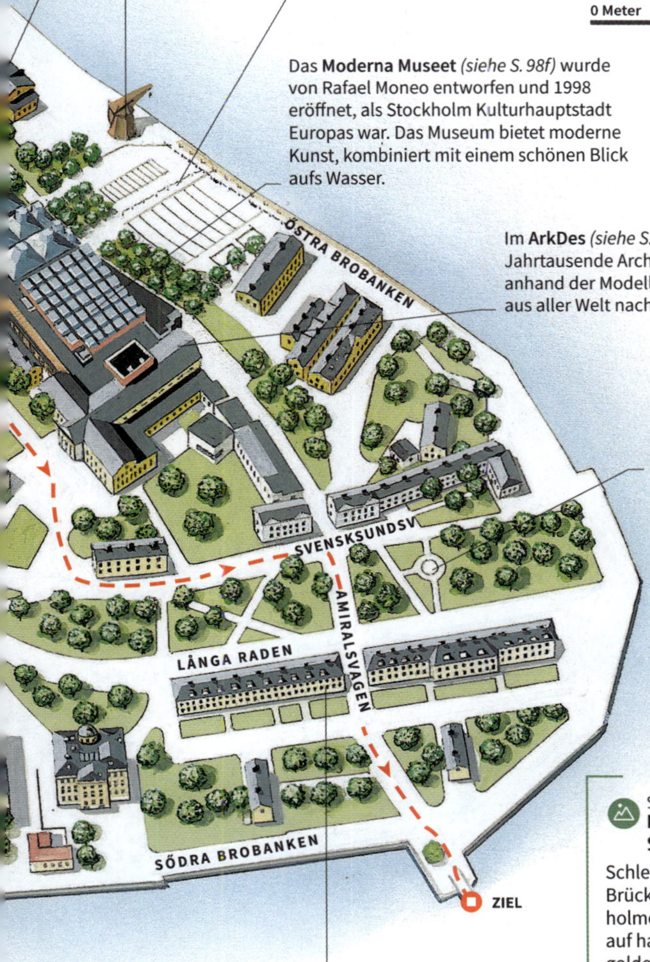

In der **Långa Raden** stehen noch Gebäude von 1700, in denen einst die Leibwache von König Karl XII. wohnte.

Schöne Aussicht
Brücke nach Skeppsholmen

Schlendern Sie über die Brücke Richtung Skeppsholmen. Halten Sie dabei auf halbem Weg an der goldenen Krone an, um die spektakuläre Aussicht auf das Königliche Schloss zu genießen.

2
1

Standseilbahn im Freilichtmuseum Skansen (siehe S. 116f)

Djurgården

Die grüne Insel Djurgården war seit dem Mittelalter im Besitz der Krone. Um 1580 wurde ein Teil davon königliches Wildgehege. Johan III. hielt hier Rentiere, Rotwild und Elche. Ein Jahrhundert später ließ Karl XI. das Gebiet sperren, um dort zu jagen.

Erst im Lauf des 18. Jahrhunderts entwickelte sich die Insel zum öffentlich zugänglichen Naherholungsgebiet. Für die Stockholmer Ausstellung 1897, einem international beachteten Großereignis, entstanden zahlreiche neue Bauwerke und Museen. Die meisten dieser Gebäude wurden später abgerissen, einige jedoch entwickelten sich zu spannenden Attraktionen, darunter etwa das Freilichtmuseum Skansen und das Nordiska Museet.

Heute kann man auf Djurgården Museen zu unterschiedlichsten Themen besichtigen. Zum Schutz des Kultur- und Naturerbes der Insel wurden strenge Gesetze erlassen.

Djurgården

Highlights

1. Nordiska Museet
2. Vasamuseet
3. Skansen

Sehenswürdigkeiten

4. Djurgårdsbron
5. Estoniaminnes-vården
6. Junibacken
7. Spritmuseum
8. Museifartygen
9. Biologiska Museet
10. ABBA The Museum
11. Liljevalchs Konsthall
12. Gröna Lund
13. The Viking Museum
14. Vrak – Museum of Wrecks
15. Djurgårdsstaden und Beckholmen
16. Rosendals Slott und Trädgårdar
17. Waldemarsudde
18. Thielska Galleriet

Restaurants

① Blå Porten
② Villa Godthem

L
M
Sveriges Radio
GÄRDESGATAN
DJURGÅRDSBRUNNSVÄGEN
Engelska Kyrkan
NOBELGATAN
KRUTHUS-PLAN
Djurgården
4
Djurgårdsbrunnsviken
ROSENDALSVÄGEN
5
Rosendals Slott und Trädgårdar
16
SIRISHOVSVÄGEN
ROSENDALSTERRASSEN
Bredablick
Trädgård
18
Thielska Galleriet 2 km
Lill-Skansen
BOLLNÄS-TORGET
3 Skansen
SIRISHOVSVÄGEN
BELLMANS VÄG
VALMUNDSVÄGEN
DJURGÅRDEN
Skansen-Akvariet
Bellmansro
SINGELBACKEN
Bellmansro
6
SOLLIDSBACKEN
DJURGÅRDSVÄGEN
BERGSJÖLUNDSVÄGEN
DJURGÅRDSVÄGEN
Djurgårdsskolan
RYSSVIKSVÄGEN
Waldemarsudde
PRINS EUGENS VÄG
Ryssviken
PRINS EUGENS VÄG
Frisens Park
BISKOPSVÄGEN
Waldemarsviken
17 Waldemarsudde
7
Saltsjön
N
0 Meter
250

1

Nordiska Museet

J5 Djurgårdsvägen 6–16 +46 8 519 5460 67, 69, 76 7 Djurgården tägl. 10–17 (Sep–Mai: Mi bis 20) einige Feiertage nordiskamuseet.se

Das Nordiska Museet, ein eindrucksvolles Denkmal der Kulturgeschichte, widmet sich dem Alltagsleben in Schweden von den 1520er Jahren bis zur Gegenwart. Zu den Exponaten gehören Kleidungsstücke, Schmuck, Gebrauchsgegenstände und Spielzeug. Zudem wurden Wohnungen aus verschiedenen Epochen rekonstruiert.

Initiator des Museums war der aus Stockholm stammende Ethnograf Artur Hazelius (1833–1901), der auch das Freilichtmuseum Skansen *(siehe S. 116f)* gründete. Hazelius begann im Jahr 1872 mit dem Sammeln von Gegenständen, die die Erinnerung an die nordische Bauernkultur am Leben halten sollten. 1907, wenige Jahre nach seinem Tod, öffnete das Nordiska Museet seine Pforten. Das von Isak Gustav Clason entworfene extravagante Gebäude ähnelt einem Renaissance-Schloss.

Die Sammlungen präsentieren Objekte aus dem Leben sämtlicher gesellschaftlicher Schichten. Zu den rekonstruierten Wohnräumen mit originalen Einrichtungsgegenständen gehört ein schwedisches Interieur aus den 1950er Jahren. Die Dauerausstellung »Nordic Life« dokumentiert das Leben im Norden Europas während der letzten rund 500 Jahre. Das Nordiska Museet besitzt darüber hinaus die weltweit größte Sammlung von Gemälden August Strindbergs und eine umfangreiche Fotosammlung.

→ *Ausstellungsraum mit einer Sammlung von Gemälden*

Genbanken

Das Nordiska Museet ist eines der ersten Museen weltweit, das Genbanken erstellen lässt. Ziel dieses Programms ist die Erhaltung der Vielfalt an Kulturpflanzen. Dafür werden in verschiedenen Landesteilen Proben gesammelt. In Julita Gård (www.julitagard.se), einem Anwesen rund 150 Kilometer westlich von Stockholm, werden Exemplare einheimischer (vor allem seltener) Pflanzenarten für zukünftige Generationen aufbewahrt. Das Inventar umfasst u. a. Archive für Apfel- und Hopfensorten sowie eine Sammlung mit im 20. Jahrhundert beliebten Gemüsesorten.

↑ *Die riesige Haupthalle bildet den imposanten Eingangsbereich des Museums*

Highlight

↑ *Das Nordiska Museet residiert in einem Renaissance-Gebäude*

2

Vasamuseet

J5 Galärvarvsvägen 14 +46 8 5195 4880 7 Djurgårdsfärja Sep – Mai: tägl. 10 – 17 (Mi bis 20); Juni – Aug: tägl. 8:30 – 18 (Mi bis 20) vasamuseet.se

Das Vasamuseet ist das meistbesuchte Museum in Skandinavien. Es erzählt die Geschichte des Kriegsschiffs *Vasa* aus dem 17. Jahrhundert und seiner Bergung. Etliche Modelle und Rekonstruktionen vermitteln einen umfassenden Eindruck. Die *Vasa* aus der Nähe zu sehen, ist ein unvergessliches Erlebnis.

Die schwedische Galeone *Vasa* sank bei ihrer Jungfernfahrt am 10. August 1628 bei ruhiger See nach nur 1300 Metern im Stockholmer Hafen. Etwa 30 Mann der Besatzung kamen dabei ums Leben. Das Schiff, das 100 Meter vor der Südspitze Djurgårdens unterging, war ein Prestigeobjekt der königlichen Flotte. Es wurde festgestellt, dass die *Vasa* einen fatalen Fehler hatte – sie war topplastig mit unzureichendem Ballast. Im 17. Jahrhundert gelang es nur, die Kanonen des Schiffes zu bergen. 1956 führte die ausdauernde Suche eines Meeresarchäologen zur Wiederentdeckung der *Vasa*. Auf die schwierige Bergung 1961 folgten 17 Jahre Restaurierungsarbeiten. Im Juni 1990 wurde – nur knapp eine Seemeile vom Schauplatz der Katastrophe entfernt – das Vasamuseet eröffnet.

↑ *Die Vasamuseet ist in Form eines Schiffes gebaut*

Das sorgfältig restaurierte Schiff besitzt schöne Schnitzarbeiten am Bug ↑

Bergungsaktion

Der Meeresarchäologe Anders Franzén hatte mehrere Jahre lang nach der *Vasa* gesucht. Am 25. August 1956 barg er mit einem Handlot ein Stück geschwärzter Eiche vom Meeresgrund. Vom Herbst 1957 an benötigten Taucher zwei Jahre, um die Hebetrosse unter dem Schiffsrumpf hindurchzuführen. Schon die erste Hebeaktion mit sechs Trossen war erfolgreich: Es gelang, die *Vasa* in seichteres Wasser zu hieven. Die endgültige Bergung begann am 24. April 1961, am 4. Mai lag die *Vasa* dann im Trockendock.

Attraktionen

Kanonen

Über 50 der einst 64 Kanonen der *Vasa* wurden schon im 17. Jahrhundert geborgen. Das Museum zeigt drei der bronzenen Geschütze.

Figuren

▷ Der deutsche Holzschnitzer Mårten Redtmer fertigte die meisten größeren Skulpturen des Schiffes an. Die Figuren wurden vor allem von griechischer Mythologie, der Bibel und schwedischen Königspersönlichkeiten des 17. Jahrhunderts inspiriert.

Kanonendeck

Die Nachbildung des oberen Kanonendecks in Originalgröße mit Holzattrappen der Seeleute vermittelt einen Eindruck von den Bedingungen an Bord.

Heck

◁ Viele der 500 Skulpturen der *Vasa* befanden sich am Heck. Nach der Restaurierung sind die Ornamente wieder zu sehen.

Kanonendecks

Die *Vasa* besaß auf ihren beiden Kanonendecks schwerere Kanonen als frühere Schiffe gleicher Größe. Auch dies trug zu ihrem Untergang bei.

Oberdeck

Bei der Restaurierung des Oberdecks wurden viele zu ergänzende Teile aus dem ursprünglich verwendeten Holz gefertigt.

Galionsfigur

▷ Da König Gustav II. Adolf, der die *Vasa* bauen ließ, »Löwe aus dem Norden« genannt wurde, wählte man einen Löwen als Galionsfigur. Sie ist vier Meter lang.

3

Skansen

L6 Djurgårdsslätten 49–51 +46 8 442 8000
44 7 Djurgården Zeiten siehe Website
24. Dez skansen.se

Das malerische Freilichtmuseum bietet einen perfekten Überblick über die schwedische Kultur. Erkunden Sie historische Gebäude, erleben Sie die nordische Tierwelt hautnah und entdecken Sie die Traditionen des Landes.

Das erste Freilichtmuseum der Welt wurde 1891 von Artur Hazelius eröffnet, um einer industrialisierten Gesellschaft zu zeigen, wie ihre Vorfahren gelebt haben. Mehr als 200 Häuser und Bauernhöfe aus ganz Schweden vergegenwärtigen das bäuerliche Leben. Das Stadtviertel zeigt städtische Holzhäuser und Handwerksbetriebe, darunter eine Glasbläserei und eine Druckerei. Nordische Tiere wie Bären und Elche werden in großen Freigehegen gehalten, Meerestiere im Aquarium. Im Skansen finden auch viele Feierlichkeiten statt *(siehe S. 42f)*.

Der **Vastveit-Speicher** (14. Jh.), ein Lagerhaus aus Ostnorwegen, ist das älteste Gebäude des Open-Air-Museums.

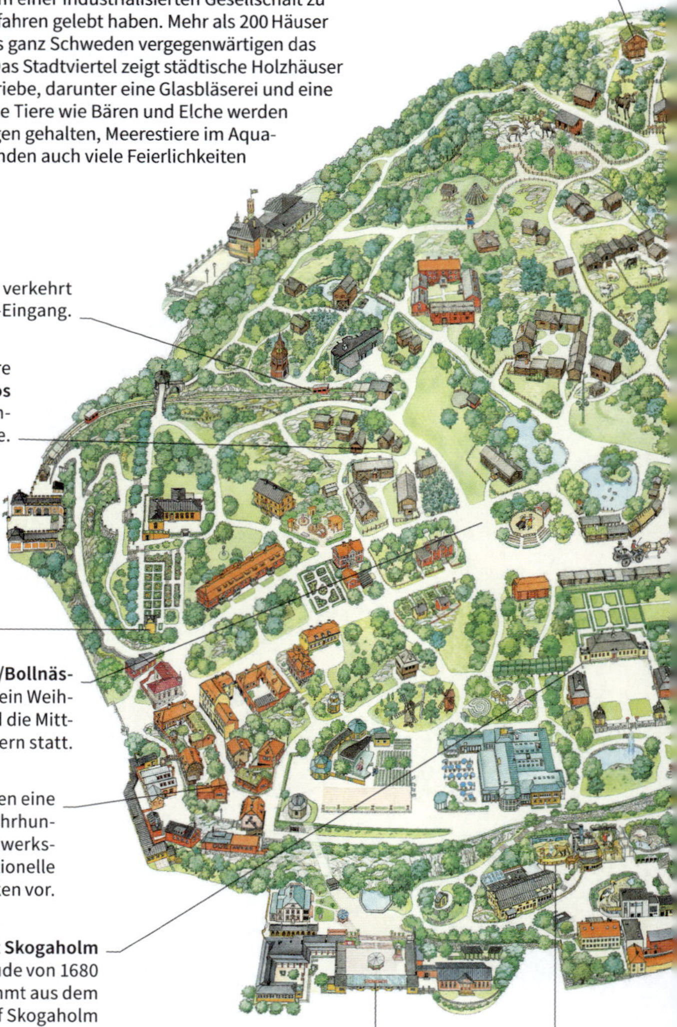

Eine **Standseilbahn** verkehrt vom Hazelius-Eingang.

Der rund 500 Jahre alte **Bauernhof Älvros** zeigt Alltagsgegenstände.

Der **Swedenborgs Pavillon** gehörte dem Philosophen und Naturwissenschaftler Emanuel Swedenborg (1688–1772).

Am **Tingsvallen/Bollnästorget** finden ein Weihnachtsmarkt und die Mittsommernachtsfeiern statt.

Holzhäuser bilden eine **Kleinstadt** im 19. Jahrhundert nach. Handwerksberufe führen traditionelle Techniken vor.

Das **Landgut Skogaholm** weist ein Gebäude von 1680 auf. Es stammt aus dem Eisenhüttendorf Skogaholm in Zentralschweden.

Haupteingang

Aquarium

Eingang zum Gelände; Vastveit-Speicher aus dem 14. Jahrhundert (Detail)

Die Braunbären im **Bärengehege** sind eine Attraktion, vor allem wenn im April die Jungen geboren sind.

Die **Seglora Kyrka**, eine mit Schindeln gedeckte Holzkirche, wurde 1729/30 in Westschweden erbaut und 1916 nach Skansen gebracht. Die Kanzel ist älter als die Kirche. Hier lassen sich Stockholmer gern trauen.

Die **Honborga-Hütte**, eine Holzhütte aus Westschweden mit Stroh- und Lehmdach, zeigt, wie ärmere Leute im 19. Jahrhundert lebten.

Skåne-Bauernhof

Übersichtsplan des Freilichtmuseums Skansen

Expertentipp
Nationalfeiertag

Alljährlich am 6. Juni feiert man in Skansen den schwedischen Nationalfeiertag mit Livemusik sowie Kunsthandwerks- und Essensständen. Kaufen Sie Tickets im Voraus auf der Website des Museums.

SEHENSWÜRDIGKEITEN

4 Djurgårdsbron

J5 69, 76 7
Djurgårdsfärja

Die Djurgården-Brücke wurde kurz vor der Eröffnung der großen Stockholmer Kunst- und Industrie-Ausstellung im Mai 1897 für den Verkehr freigegeben. Das gusseiserne Geländer ist mit stilisierten Wasserpflanzen versehen und stammt aus der Bergsund-Fabrik in Södermalm.

Da Schweden zu jener Zeit eine Union mit Norwegen bildete, ziert den zentralen Brückenbogen ein Monogramm König Oscars II. und das Motto »Dem Wohlergehen der Schwesternation«. Auf den Stützen zwischen Seegöttern und Seerosen ist der hl. Erik, der Schutzpatron der Hauptstadt, dargestellt.

Von dem schwedischen Bildhauer Rolf Adlersparre stammen die schmiedeeisernen Leuchten und die Skulpturen mythologischer Gottheiten an den vier Granitsäulen. Auf der Strandvägen-Seite stehen Heimdal, der Wächter, und Frigga, Odins Frau. Ihnen gegenüber sind der hammerbewehrte Thor und Freia, die Göttin der Liebe und Fruchtbarkeit, zu sehen.

Fotomotiv
Djurgårdsbron

Mit ihren vier Statuen nordischer Götter ist die Brücke Djurgårdsbron ein wunderbares Fotomotiv. Von hier kann man auch die Spiegelungen der farbenfrohen Fassaden der Straße Strandvägen im Wasser einfangen.

Kommt man nach Djurgården, liegt links Blå Porten. Das schmiedeeiserne Tor erinnert an die Zeit im 17. Jahrhundert, als die Insel königliches Jagdrevier und nur durch blau bemalte, hölzerne Pforten zugänglich war.

5 Estoniaminnesvården

J5 Galärkyrkogården
67 Djurgårdsfärja

Am 28. September 1994 sank die Fähre *Estonia* in der Ostsee. 852 Menschen starben. Das Schiff befand sich auf der Fahrt von Tallinn nach Stockholm. Die Opfer kamen aus vielen Ländern, etwa aus Schweden, Finnland, Norwegen, Dänemark, Deutschland, Holland, Frankreich, England, Russland, Estland, Lettland, Litauen, Belarus, Ukraine, Marokko, Kanada und Nigeria. Ihre Namen und ihr Schicksal werden niemals vergessen werden – so besagt es die Inschrift der Gedenkstätte neben dem Friedhof von Galärkyrkogården. Sie wurde vom polnischen Künstler Miroslaw Balka (geb. 1958) entworfen, zusammen mit Landschaftsarchitekten realisiert und am 28. September 1997 eingeweiht.

Die Gedenkstätte ist in Granit gehauen und bildet einen offenen dreieckigen Raum mit elf Meter Seitenlänge und einer Höhe von 2,5 Metern. Inmitten dieses Dreiecks steht ein Baum, umgürtet von einem Metallring, auf dem die exakte Position, an der die *Estonia* sank, sowie die Namen der meisten Toten eingraviert sind.

←

Bäume und auf Säulen thronende Skulpturen säumen die Djurgårdsbron

Große Auswahl an Spirituosen im Spritmuseum

6

Junibacken

J5 Galärvarvsvägen +46 8 5872 3000 69 7 Djurgårdsfärja Sommer: tägl. 10–18; Winter: tägl. 10–17 junibacken.se

Hier kann man viele Helden der Kindheit treffen: Pippi Langstrumpf, Madita, Karlsson vom Dach, Ronja Räubertochter, Michel aus Lönneberga, die Brüder Löwenherz und zahlreiche andere beliebte Figuren aus Astrid Lindgrens Kinderbüchern. Doch die populäre Schriftstellerin wollte, dass Besucher hier auch die Figuren anderer schwedischer Kinderbuchautoren vorfinden sollen. Als sie von Staffan Götesams Projekt eines Kulturzentrums für Kinder hörte, bestand sie hartnäckig darauf, dass es nicht nur ein Astrid-Lindgren-Museum werden sollte.

Gleichwohl ist Junibacken eine Hommage an Lindgren. Das Zentrum wurde im Sommer 1996 offiziell von der königlichen Familie eröffnet. Eine Miniaturbahn startet vom Nachbau des Bahnhofs von Vimmerby (der Heimatstadt der Autorin), unterwegs begegnet man Lindgren-Helden und kommt schließlich zur Villa Villekulla (Villa Kunterbunt), ein buntes Spielparadies für Kinder. Es gibt auch einen gut sortierten Kinderbuchladen und ein Restaurant.

Astrid Lindgren und Pippi Langstrumpf

Die schwedische Autorin Astrid Lindgren (14. November 1907 – 28. Januar 2002) verfasste etwa 100 Kinderbücher, die in 74 Sprachen übersetzt wurden. Ihr erstes Pippi-Langstrumpf-Buch wurde zunächst von den Verlagen abgelehnt. Nachdem sie 1945, zwei Jahre später, einen Kinderbuchwettbewerb gewonnen hatte, eroberte ihre eigensinnige und starke Pippi bald die Herzen der Kinder in der ganzen Welt.

7

Spritmuseum

J5 Galärskjulen, Djurgårdsvägen 38 +46 8 1213 1300 67, 69 76 Sommer: tägl. 10–18 (Mi bis 21); Winter: tägl. 10–17 spritmuseum.se

Das faszinierende Spirituosenmuseum widmet sich dem nicht ganz unkomplizierten Verhältnis der Schweden zum Alkohol sowie seiner Bedeutung im Alltag.

Das Museum ist das einzige seiner Art im Land und präsentiert auf zwei Stockwerken eine beeindruckende Auswahl an Exponaten. Es ist in einem historischen Galärskjulen untergebracht, einem der Bootshäuser, die im 18. Jahrhundert nach venezianischem Vorbild für die Schiffe der königlichen Marine gebaut wurden.

Ein Highlight ist zweifellos die Ausstellung »Face It!«, die die Absolut-Kunstsammlung präsentiert. Rund 800 Arbeiten von Künstlern wie etwa Andy Warhol, Keith Haring, Damien Hirst und Louise Bourgeois entstanden im Zuge einer Anzeigenkampagne, die Absolut zu einer der bekanntesten Marken für Wodka und Spirituosen machte. Jetzt sind all diese Werke zum ersten Mal unter einem Dach vereint.

Im Museum kann man eine große Auswahl an schwedischen Biersorten vom Fass probieren. Besucher können im Restaurant direkt am Wasser speisen, die ausgezeichneten saisonalen Gerichte werden aus lokalen Bio-Produkten zubereitet, die Weinauswahl lässt keine Wünsche offen.

Das Leuchtschiff Finngrundet *dokumentiert maritime Geschichte*

8

Museifartygen

J5 Galärvarvet
+46 8 5195 4900 67
7 Djurgårdsfärja
Mitte Mai – Aug: tägl. 11 – 18 sjohistoriska.se

Die beiden Schiffsveteranen am Pier des Vasamuseet zeigen, welch unterschiedliche Aufgaben schwedische Schiffe im frühen 20. Jahrhundert zu erfüllen hatten. Das 1903 gebaute Leuchtschiff *Finngrundet* ankerte in der eisfreien Zeit auf den Finngrund-Bänken im südlichen Bottnischen Meerbusen. Erst um 1960 begann man, die Leuchtschiffe durch Leuchttürme zu ersetzen. Ihrer Aufgabe beraubt, wurde die *Finngrundet* zum Museumsschiff. Mit 31 Meter Länge, 6,85 Meter Breite und einem Tiefgang von 3,1 Metern war sie für eine Besatzung von acht Mann gebaut. Ihr Licht hatte eine Reichweite von elf Seemeilen.

1915 lief *Sankt Erik*, Schwedens erster hochseetüchtiger Eisbrecher, vom Stapel. Das klassische Ostseemodell sprengte das Eis, indem es auf die zugefrorene Fläche fuhr. Es konnte aber auch nach der Seite schaukeln, um das Eis zu lockern und so den schiffbaren Kanal zu erweitern. Der Eisbrecher ist 60 Meter lang, 17 Meter breit und benötigte eine Mannschaft von 30 Seeleuten.

9

Biologiska Museet

K5 Lejonslätten
+46 8 442 8215 67
7 wegen Renovierung

Nationalromantische Strömungen inspirierten den Architekten Agi Lindegren, als er in den 1890er Jahren den Auftrag erhielt, das Biologiemuseum zu entwerfen. Seine Pläne orientierten sich an den einfachen Linien einer mittelalterlichen Stabkirche in Norwegen.

Gustaf Kolthoff (1845 – 1913), Zoologe, Jäger und Denkmalspfleger, war Initiator der Idee. Er überzeugte 1892 den Industriellen C. F. Liljevalch, »ein Museum zu entwickeln, in dem präparierte Exponate aller skandinavischen Säugetiere und Vögel in natürlicher Umgebung versammelt sind«.

Das Ergebnis war weltweit eine Neuheit in der Museumsgeschichte. Über 300 Arten in Skandinavien heimischer Vögel und Landtiere wurden in ihrer arttypischen Umgebung arrangiert.

10

ABBA The Museum

K6 Djurgårdsvägen 68
+46 8 1213 2860 67
7 Djurgårdsfärja
Zeiten siehe Website
abbathemuseum.com

Das Museum widmet sich ABBA, Schwedens bekann-

ABBA The Museum: Terrasse des beliebten Cafés

tester Popgruppe. Hier kann man sich Bühnenkostüme und goldene Schallplatten ansehen und erfährt bei der Audio-Führung interessante Details über die Band.

Man kann sich aber auch in einem perfekten Nachbau des ABBA-Studios als ABBAs fünftes Mitglied bewerben und ein Musikvideo mit sich selbst aufzeichnen. Besonders interessant: Ein Klavier ist mit Benny Anderssons Klavier verbunden, sodass man simultan hört, wenn der Komponist eine Taste anschlägt.

Schon gewusst?

ABBA ist ein Akronym für die Vornamen der Bandmitglieder: Agnetha, Björn, Benny und Anni-Frid.

11

Liljevalchs Konsthall

K6 Djurgårdsvägen 60
+46 8 5083 1330 44, 47
7 Djurgårdsfärja
tägl. 11–17 (Di, Do bis 20)
liljevalchs.se

Das herrschaftliche Haus, eine Schenkung des Industriellen Carl Fredrik Liljevalch, gilt als eines der attraktivsten Kunstmuseen Nordeuropas. Es wurde von Carl G. Bergsten entworfen und 1913–16 im neoklassizistischen Stil erbaut.

Das Museum umfasst die Sammlungen Liljevalchs, schwedische, nordische und internationale Kunst sowie Kunsthandwerk des 20. Jahrhunderts. Jedes Jahr finden vier bis fünf große Ausstellungen statt, u. a. der bei Kunstliebhabern sehr beliebte »Frühlingssalon«.

In einem separaten Bereich können Kinder und Jugendliche mit einer Vielzahl von Materialien und Werkzeugen ihre eigenen Kunstwerke schaffen.

Restaurants

Blå Porten

Das Restaurant nahe der Liljevalchs Konsthall serviert schwedische Klassiker mit mediterranem Touch.

JK6
Djurgårdsvägen 64
blaporten.com

Kr

Villa Godthem

Die Villa Godthem, das ehemalige Wohnhaus (19. Jh.) des Opernsängers Carl Johan Uddman, ist heute ein Restaurant. Probieren Sie das schwedische *plankstek* (Steak mit Kartoffelpüree).

K5
Rosendalsvägen 9
villagodthem.se

Kr Kr

12 Gröna Lund

K6 Lilla Allmänna Gränd 9 +46 10 708 9100 67 7 Djurgårdsfärja Zeiten siehe Website gronalund.com

Im 18. Jahrhundert stand hier die Taverne Gröna Lund (Grüner Hain), eines der Stammlokale des Sängers Carl Michael Bellman *(siehe S. 123)*. Jakob Schultheis benannte nach ihr seinen 1883 eröffneten Rummelplatz, auf dem ein von Pferden gezogenes Karussell die Hauptattraktion bildete. Heute ist Gröna Lund Schwedens ältester Freizeitpark. Viele der rund 30 Fahrbetriebe sind für kleinere Kinder geeignet, doch es gibt auch Bahnen, die für einen Adrenalinschub sorgen.

In der nur gut 130 Tage dauernden Saison kommen etwa 1,7 Millionen Besucher. Zu den aufregenden Attraktionen gehören ein Spukhaus, eine Geisterbahn und ein 80 Meter hoher Freefall-Tower. Die Holzachterbahn soll zu den weltweit besten gehören.

In dem Park verteilen sich 13 Restaurants und Cafés, drei Bühnen, ein Varietérestaurant mit 600 sowie ein Theater mit 200 Plätzen. Auf der Hauptbühne traten schon Stars wie Bob Marley auf. Dessen Konzert 1980 erzielte mit 32 000 Zuhörern einen Besucherrekord.

13 The Viking Museum

JK5 Djurgårdsvägen 15 +46 8 4002 2990 67 7 Mo–Fr 11–17, Sa, So 10–17 thevikingmuseum.com

Schwedens einziges Wikingermuseum bietet einen spannenden Mix aus interaktiven Erlebnissen und historischen Ausstellungen. Zu den größten Attraktionen gehört Ragnfrids Saga, eine rasante, elf Minuten dauernde Fahrt durch die Zeit der Wikinger. Eine umfangreiche Ausstellung mit 30 Artefakten veranschaulicht sämtliche Aspekte des Wikingerlebens – von der Ausübung der Religion, über die Anwendung des Rechtswesens bis hin zum Essen. Das Restaurant Eld serviert traditionelle skandinavische Küche und bietet dazu einen atemberaubenden Blick auf den Hafen. Es werden auch Metverkostungen angeboten.

14 Vrak – Museum of Wrecks

K6 Djurgårdsstrand 17 +46 8 5195 4914 67 7 tägl. 10–18 (Mi bis 20) vrak.se

Das 2021 eröffnete Museum für Meeresarchäologie präsentiert Wracks und geborgene Objekte und widmet sich der reichen Geschichte der Ostsee.

Zu den spannendsten Objekten des Museums gehört *Resande Man* (»Reisender Mann«), ein schwedisches Kriegsschiff, das 1660 bei einem schweren Sturm vor der Küste Stockholms sank. Der einzige jemals aus dem Wrack

> **Zu den spannendsten Objekten gehört *Resande Man* (»Reisender Mann«), ein schwedisches Kriegsschiff, das 1660 bei einem Sturm vor der Küste Stockholms sank.**

Unsterblicher Troubadour

Carl Michael Bellman (1740–1795) war ein beliebter Komponist, Lyriker und Sänger. Seine Lieder wie *Fredmans Episteln* und *Fredmans Lieder* haben ihre Beliebtheit bis heute nicht eingebüßt und gehören zum musikalischen Erbe Schwedens.

geborgene Gegenstand war eine Kupfermünze.

Die Ausstellung »Divided Sea« nimmt Sie mit auf eine Reise durch die Geschichte der Seefahrt. Hier erlebt man u. a. eine gut erhaltene Siedlung aus der Steinzeit und erfährt Wissenswertes zum Schicksal der Fähre *Estland* *(siehe S. 118)*.

Ein Schiffswrack wird mit modernster VR-Technik erlebbar. Besucher genießen außerdem ein immersives Unterwassererlebnis. Für Personen unter 18 Jahren ist der Eintritt frei. Ein Kombiticket mit dem Vasamuseet *(siehe S. 114f)* ist zu einem ermäßigten Preis erhältlich.

15

Djurgårdsstaden und Beckholmen

K6–7 67 7
Djurgårdsfärja

Hinter Gröna Lund liegt das idyllische Djurgårdsstaden mit seinen hübschen Holzhäusern. Ursprünglich war das Viertel 1736 von den Stadtplanern um den Admiralskirchhof herum gebaut worden, um Wohnungen für die Arbeiter der Johan-Lampas-Werft zu schaffen.

Als die Werft von Djurgården 1768 die Anlage übernahm, durften die Arbeiter ihre Wohnungen kaufen. Dann errichtete die Firma an der Lilla Allmänna Gränd 15–17 das imposante zweistöckige Steingebäude mit Büros und Wohnungen.

An der Kreuzung Östra Varvsgränd und Breda Gatan steht das Haus des Schiffszimmermanns Sven Månsson. Nach einem Umbau 1749 ist es mit Kachelöfen und offenen Kaminen fast noch im Originalzustand. Das umfassend renovierte Haus wird vom Kulturverein Djurgården genutzt.

Südlich von Djurgårdsstaden liegt die Insel Beckholmen, die im 17. Jahrhundert als Umschlagplatz für Handelsgüter und Lagerstätte für Teer und Pech diente. Wegen des hohen Brandrisikos lagerte man diese gefährlichen Stoffe weitab vom Stadtzentrum.

1848 beschloss die Großhandelsgesellschaft, auf der Insel eine Schiffsausbesserungswerft zu bauen, und so wurden im Süden der Insel zwei Docks aus dem Felsen gesprengt. Später schuf man Platz für mehrere Kais, 1917 entstand ein weiteres Hafenbecken, das von der Marine sowie der Finnboda-Werft genutzt wurde. Die Flotte wurde 1969 auf die Insel Muskö verlegt, während Finnboda bis 1982 auf Beckholmen aktiv war. In dem ungewöhnlichen Industriegebiet sind einige Gebäude besonders gut erhalten.

Der Freizeitpark Gröna Lund bietet zahlreiche Attraktionen ↓

16

Rosendals Slott und Trädgårdar

M5 Rosendalsvägen
+46 8 402 6130 7, 67
Schloss: Zeiten siehe Website; Park: tägl. 11–16
kungligaslotten.se

Der Stil, der sonst als Empire bekannt ist, wird in Schweden nach König Karl XIV. Johan (1818–44) Karl-Johan-Stil genannt. Beispielhaft ist das in Rosendals Slott, das in den 1820er Jahren als königliche Sommerresidenz und Jagdschloss erbaut wurde. Der produktivste zeitgenössische Architekt Fredrik Blom entwarf es als eines der ersten Fertighäuser Schwedens. Seit 1913 ist es ein Museum, das sich dem Leben und der Epoche von Karl XIV. Johan widmet. Die damalige Restaurierung darf als Pionierleistung gewertet werden.

Die Innenausstattung prunkt mit in Schweden gefertigten Möbeln, Teppichen und Textilien (u. a. Vorhängen in wundervollen Farben). Das Speisezimmer ist mit Stoff ausgeschlagen, um den Eindruck eines Zelts zu erwecken. Überall stehen Kachelöfen, man entdeckt Kunstwerke und viele entzückende Details. Die Bibliothek bewahrt die Büchersammlung von Karl XIV. Johan, das Porphyrbecken vor dem Schloss wurde in den Werkstätten des Königs in Älvdalen (Mittelschweden) gefertigt.

Ganz in der Nähe liegt Rosendals Trädgårdar, eine Bio-Gärtnerei, die seit 1984 von einer Stiftung betrieben wird. Hier werden Kurse, Lesungen und Ausstellungen organisiert, man kann Pflanzen kaufen und sehr gut essen.

> Expertentipp
> **Rosendal per Rad**
> Mit einem Fahrrad kann man die Parklandschaft rund um Rosendal am besten erkunden. Am Djurgårdsboden (www.djurgardsboden.se) vor dem Haupteingang von Skansen kann man Räder stunden- oder tageweise mieten.

17

Waldemarsudde

LM7 Prins Eugens Väg 6 +46 8 458 3700
7, 67 Di–So 11–17 (Do bis 20)
waldemarsudde.se

Prinz Eugens Haus Waldemarsudde ging 1947, nach dem Tod des Prinzen, in Staatsbesitz über und ist eines der meistbesuchten Kunstmuseen Schwedens. Der Prinz musste zwar die Offizierslaufbahn erlernen, wurde aber dennoch ein erfolgreicher Künstler, der zu den führenden Landschaftsmalern seiner Zeit gerechnet wird. Er schuf monumentale Gemälde für Kungliga Operan, Kungliga Dramatiska Teatern und Stadshuset. Im früheren Wohnsitz des Prinzen sind drei seiner berühmtesten Bilder zu sehen: *Frühling* (1891), *Das alte Schloss* (1893) und *Die Wolke* (1896).

Zudem zeigt die Sammlung schwedische Kunst aus dem frühen 20. Jahrhundert, also von Zeitgenossen des Prinzen. Vertreten sind etwa Oscar Björck, Carl Fredrik Hill, Richard Bergh, Nils

↑ *Bio-Gärtnerei Rosendals Trädgårdar mit angegliedertem Restaurant*

Kreuger, Eugène Jansson, Bruno Liljefors und Anders Zorn.

Prinz Eugen machte sich als großzügiger Mäzen auch um die junge Künstlergeneration verdient – so um die Gruppe, die als »Die Jungen« bekannt wurde. Deshalb sind in der Sammlung auch jüngere Künstler wie Isaac Grünewald, Einar Jolin, Sigrig Hjertén und Leander Engström präsent. Ebenso sind Bildhauer vertreten, insbesondere Per Hasselberg, dessen Arbeiten in der Galerie und im Park stehen.

Zusammen mit Ferdinand Boberg entwarf Prinz Eugen das Haus, das 1905 bezugsfertig wurde. Derselbe Architekt wurde später mit der Planung der 1913 vollendeten Galerie beauftragt. Sie beherbergt einen großen Teil der 2000 Werke.

Die Gästezimmer des Hauses sind praktisch unverändert geblieben, die zwei oberen Geschosse mit dem Atelier werden für Wechselausstellungen genutzt.

18 Thielska Galleriet

M5 · Sjötullsbacken 6–8 · +46 8 6625 8814 · 67 · Di–So 12–17 (Mai–Sep: Do bis 20) · thielskagalleriet.se

Als die Räumlichkeiten des Bankiers Ernest Thiel (1860–1947) am Strandvägen für seine exzellente Sammlung zeitgenössischer Malerei zu klein wurden, betraute er den Architekten Ferdinand Boberg mit der Planung eines angemessenen Gebäudes auf Djurgården.

Während des Ersten Weltkriegs verlor Thiel jedoch sein Vermögen. Daraufhin kaufte der Staat 1924 die Sammlung nordischer Kunst aus dem späten 19. und frühen 20. Jahrhundert und eröffnete zwei Jahre später in der Villa die Thielska Galleriet.

Thiel wurde als ein Rebell angesehen und wollte durch die Förderung bestimmter Künstler dem Einfluss der Konstakadamien *(siehe S. 79)* entgegenwirken.

Ausgestellt sind Gemälde von allen wichtigen schwedischen Künstlern, die in Grez-sur-Loing südlich von Paris eine Künstlerkolonie gegründet hatten, darunter Carl Larsson, Bruno Liljefors, Karl Nordström und August Strindberg. Zudem gibt es Gemälde von Eugène Jansson und Anders Zorn sowie Holzfiguren von Axel Petersson und Skulpturen von Christian Eriksson. Thiel erwarb auch Werke von Künstlern aus anderen Ländern, nicht zuletzt seines Freundes Edvard Munch.

Schon gewusst?

Ernest Thiels Asche wurde neben Auguste Rodins Skulptur *The Shadow* beigesetzt.

→ *Traditionelle Windmühle auf dem Gelände von Waldemarsudde*

Spaziergang in Lejonslätten

Länge 1,5 km **Dauer** 20 Minuten
Fähre Djurgårdsfärja

Bis 1792 wurden dort, wo heute das Nordiska Museet steht, Löwen für die Hetzjagd gehalten – daher stammt auch der Name: Lejonslätten (Löwenebene). Natürlich kann man heute gefahrlos am Wasser entlangspazieren, die Schiffe beobachten und den Blick schweifen lassen, hinüber zum Nybroviken, nach Skeppsholmen und zu den Hügeln von Södermalm. Das Nordiska Museet zeigt fast 500 Jahre schwedische Kulturgeschichte. Das Vasamuseet beherbergt das großartig restaurierte Kriegsschiff *Vasa* aus dem 17. Jahrhundert, zwei weitere Schiffsveteranen liegen draußen vertäut. Ganz in der Nähe werden in Junibacken Pippi Langstrumpf und andere beliebte Kinderbuchfiguren lebendig.

Fotomotiv
Farbenpracht im Lusthusporten
Im Park der Villa Lusthusporten stehen die Blumen im Sommer in voller Blüte – ein Genuss.

0 Meter 100 N

Junibacken *(siehe S. 119)*, ein Museum für Kinder, ist eine Hommage an die Autorin Astrid Lindgren.

Das königliche Kriegsschiff *Vasa* wurde nach 300 Jahren aus dem Stockholmer Hafen geborgen und ist im **Vasamuseet** *(siehe S. 114f)* zu besichtigen.

Museifartygen *(siehe S. 120)* zeigt zwei alte Schiffe: den Eisbrecher *Sankt Erik* und das Leuchtschiff *Finngrundet.*

Die Gedenkstätte **Estoniaminnesvården** *(siehe S. 118)* wurde für die Opfer des Untergangs der Fähre *Estonia* errichtet.

↑ *Leuchtschiff* Finngrundet – *heute ein Museumsschiff*

Zur Orientierung
Siehe Stadtteilkarte S. 110f

↑ *Blick über die Djurgårdsbron mit dem Nordiska Museet als prachtvoller Kulisse*

Seit 1661 gibt es eine Brücke nach Djurgården. Die **Djurgårdsbron** wurde 1897 für den Verkehr freigegeben.

Blå Porten *(siehe S. 118)* ist ein Nachbau der vielen blau gestrichenen Tore, die einst an der 20 Kilometer langen Einfriedung Zutritt zum königlichen Jagdrevier verschafften.

Kaptensudden

Lejonslätten

Das **Nordiska Museet** *(siehe S. 112f)* dokumentiert Schwedens Kulturgeschichte von 1520 bis heute.

Die **Villa Lusthusporten** wurde in den 1880er Jahren gebaut.

Das **Reiterstandbild Karls XV.** von Charles Friberg wurde 1909 enthüllt.

Galärkyrkogården (Friedhof)

Spritmuseum *(siehe S. 119)*

Vrak – Museum of Wrecks *(siehe S. 122f)*

The Viking Museum *(siehe S. 122)*

Das **Biologiska Museet** *(siehe S. 120)* zeigt die schwedische Fauna lebensecht in natürlicher Umgebung.

Spaziergang auf Djurgården

Länge 8,5 km **Dauer** 2 Std. **Tram** 7 bzw. **Bus** 67
Rasten Restaurant Blå Porten, Djurgårdsvägen 64

Bei diesem Spaziergang erkundet man die ehemaligen königlichen Jagdgründe von Djurgården, einer Insel an der Nordseite des Stockholmer Hafens. Die dicht bewaldete und mit prachtvollen alten Häusern übersäte Insel bietet Idylle und einige der beeindruckendsten Museen und Attraktionen der Stadt, darunter das Freilichtmuseum Skansen und die Achterbahnen von Gröna Lund.

Am Wasser entlang führt die Route zum **Sjöhistoriska Museet** *(siehe S. 138)*.

In **Diplomatstaden** *(siehe S. 136f)* stehen Botschaftsgebäude und die Engelska Kyrkan.

Hinter dem Nobelparken endet die Route an der Straße **Strandvägen** *(siehe S. 118)*, die prachtvolle Häuser flankieren.

Das **Nordiska Museet** *(siehe S. 112f)* veranschaulicht schwedisches Alltagsleben seit 1520.

Die **Liljevalchs Konsthall** *(siehe S. 121)* bietet regelmäßig wechselnde Ausstellungen.

Im Freizeitpark **Gröna Lund** *(siehe S. 122)* locken viele Fahrgeschäfte.

Von der kleinen Bucht **Ryssviken** kommt man mit der Tram Nr. 7 zurück in die Stadt. Der Weg in südlicher Richtung führt zum Landvorsprung Waldemarsudde.

Das Kunstmuseum **Waldemarsudde** *(siehe S. 124f)* ist auf schwedische Kunst des frühen 20. Jahrhunderts spezialisiert.

Schon gewusst?

Auf Djurgården gibt es über 800 verschiedene Blumen- und rund 100 Vogelarten.

Zur Orientierung
Siehe Stadtteilkarte S. 110f

Blockhusudden am östlichen Ende von Djurgården

Die **Lilla Sjötullsbron** führt an einem Teich vorbei, der vor allem wegen seiner Vogelwelt unter Schutz steht.

Die **Thielska Galleriet** *(siehe S. 125)* zeigt skandinavische Kunst. Von hier nehmen Sie den Bus zurück in die Stadt.

Gehen Sie auf dem Biskopsvägen nach Osten. Dann nehmen Sie den Weg, der südlich der Kreuzung mit dem **Djurgårdsvägen** beginnt.

Blockhusudden am östlichen Ende von Djurgården bietet eine grandiose Aussicht. Hier steht eine Skulptur des Stockholmer Bildhauers Carl Milles *(siehe S. 82)*.

Von Waldemarsudde führt ein schöner Spaziergang entlang der Uferpromenade bis zum Landvorsprung **Biskopsudden**.

Blick auf Södermalm (siehe S. 162–171)

Abstecher

Als Stockholm zu wachsen begann, wurde Gamla Stan, das Herz der Stadt, schnell zu eng. Die Bautätigkeit verlagerte sich in umliegende Gebiete. Viele davon bilden das heutige Stockholm, darunter Södermalm südlich der Altstadt, das 1436 eingemeindet wurde.

Im 17. Jahrhundert erstreckte sich Stockholm nach Norden bis nach Norrmalm, wo ab den 1880er Jahren das Wohngebiet Vasastan entstand. Das einst ländliche Östermalm wurde erst im späten 19. Jahrhundert dichter bebaut und entwickelte sich zu einem wohlhabenden Wohngebiet mit schönen Museen und prächtigen Boulevards. Dadurch unterscheidet es sich bis heute vom benachbarten Gärdet, das seit den 1930er Jahren von einem klaren, sachlichen Stil geprägt wird.

In westlicher Richtung liegt Kungsholmen mit Stadshuset (Rathaus) und Rådhuset (Gerichtshof). Der schön gestaltete Königliche Nationalstadtpark (einst: Ekoparken) gilt weltweit als der einzige Park seiner Art. Er erstreckt sich bis ins Zentrum Stockholms hinein.

Sehenswürdigkeiten

1. Östermalm und Gärdet
2. Kungsholmen
3. Vasastan
4. Norrtull und Königlicher Nationalstadtpark
5. Södermalm und südlich von Söder

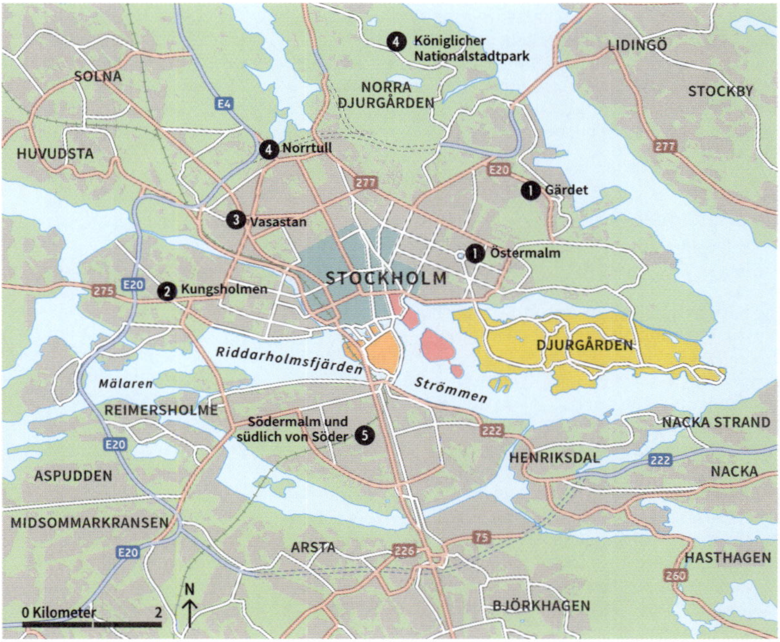

↑ *Historische Gebäude flankieren den Boulevard Strandvägen*

❶

Östermalm und Gärdet

3,5 km östlich des Zentrums Djurgårdsvägen, Strandvägen

Östermalm entwickelte sich um die 1880er Jahre zu einem der wohlhabendsten Stadtteile. Heute ist das grüne Areal Standort von Botschaftsgebäuden und der Schwedischen Radio- und Fernsehgesellschaft sowie von vier spannenden Museen. Am Strandvägen gibt es prächtige Herrenhäuser aus dem frühen 20. Jahrhundert sowie erstklassige Boutiquen und Restaurants. Gärdet, eines der größten Wohnviertel Stockholms, überzeugt mit vielfältiger Architektur aus mehreren Epochen.

①

Strandvägen

Östermalmstorg, Karlaplan 7 69, 76

Die palastartigen Häuser an diesem Boulevard wurden zu Beginn des 20. Jahrhunderts für die zehn reichsten Bürger Stockholms erbaut. Anlässlich der Ausstellung von 1897 wurde Strandgata, der Feldweg am Strand von Ladugårdsland, zu einer Prachtstraße ausgebaut, die in Europa ihresgleichen suchte. Dies dauerte allerdings seine Zeit, denn nach der Fertigstellung der Häuserzeile gab es im Gesamtbild immer noch einen Schandfleck: den um 1865 erbauten hölzernen Kai. Er wurde bis nach 1940 von Booten genutzt, die Feuerholz von den Inseln anlieferten.

Trotzdem wurde der Strandvägen mit seinen drei Lindenbaumreihen bald der wichtigste Boulevard – und ist es geblieben. Hier flaniert man, genießt die schönen Fassaden und Boote und will vor allem sehen und gesehen werden. Die Geldgeber, die die Prachtvillen erbauen ließen, konnten die besten Architekten engagieren, so I. G. Clason. Bei den Gebäuden Nr. 19 – 21 (Thaveniuska Huset) und Nr. 29 – 35 (Bünsowska Huset) ließ er sich von der italienischen und französischen Renaissance inspirieren. Haus Nr. 55 (Von Rosenska Palatset) stammt ebenfalls von ihm.

②

Karlavägen

Karlaplan, Stadion
1, 54, 67, 91

Die 42 Meter breite, von Lindenbäumen und Blumenbeeten gesäumte Straße hieß bis 1885 Esplanaden. Um 1900 wurden hier mächtige Bauten errichtet, viele im Stil der Neorenaissance. Trotz der vielen neueren Gebäude, Läden und Büros hat die Straße ihren Charakter bewahrt.

Eine wesentliche Veränderung erfolgte in den 1960er

Expertentipp
Sightseeing vom Wasser

Erkunden Sie die Inselwelt mit einem historischen Schiff von Stromma (www.stromma.com). Dazu gehören u. a. die *S/S Stockholm* sowie die ehemaligen Dampfschiffe *M/S Angantyr* und *M/S Östanå I.*

Jahren, als der Mittelstreifen nach und nach als Freilicht-Skulpturengarten genutzt wurde. Zu sehen sind: an der Kreuzung Engelbrektsgatan *Die Stadt* von Lars Erik Husberg, bei Villagatan eine Frauenfigur des französischen Bildhauers Paul Cornet, bei Floragatan Gunnar Nilssons *Mimi*, eine Figur, die auch auf anderen Plätzen der Stadt zu sehen ist, bei Sturegatan *Lebendes Erz* von Willy Gordon, ein Geschenk der LKAB-Minengesellschaft, die sich in den 1970er Jahren die Fassade ihrer Zentrale (Nr. 45) von Eric Grate gestalten ließ. Auf derselben Kreuzung steht auch *Scatola* des Italieners Arnoldo Pomodoro.

Am Nybroplan grüßt die Bronze *Mann – Pferd – Wagen* von Asmund Arle und bei der Sibyllegatan *Frau mit Handspiegel* von Ebba Ahlmark-Hughes. An der Kreuzung Grevgatan sieht man *Einlaufendes Meer* von Håkan Bonds, bei Karlaplan eine Marmorskulptur von Gert Marcus, an der Kreuzung Tysta Gatan *Jeanette* von Curt Thorsjö, an der Kreuzung Banérgatan *Urn* von Hedy Jolly-Dahlström. Vor dem Eingang Nr. 100 steht eine Skulpturengruppe von Gustav Kraitz. Der Brunnen am Karlaplan entstand 1929, *Der Flieger* (1931) stammt von Carl Milles.

↑ *Karlavägen: von Baumreihen gesäumte Straße mit Spazierweg*

Boote am Strandvägen

Bis nach 1940 war es üblich, dass Segelschiffe Feuerholz von Roslagen an der Ostseeküste zum Strandvägen lieferten. Als sich das erübrigte, kauften Liebhaber die Schiffe auf. Manche wurden restauriert und segelten bis in die Karibik, auf anderen entstanden illegale Spiel- und Trinkclubs. Eine neue Hafenverordnung ließ die Boote von zwei Gesellschaften verwalten. Heute existieren noch etwa 40 dieser alten Schiffe, die Eigentümer erhalten mit ihnen ein kulturelles Erbe Stockholms. Auf Tafeln kann man die Historie jedes einzelnen Bootes nachlesen.

Schaukästen der Abteilung Wikingerwelt mit vielfältigen Objekten ↑

③

Historiska Museet

Narvavägen 13 – 17 · +46 8 5195 5600 · Karlaplan, Östermalmstorg · Juni – Mitte Aug: tägl. 10 – 18; Mitte – Ende Aug: Di – So 10 – 18; Sep – Mai: Di – So 11 – 17 (Mi bis 20) · 24., 25., 31. Dez · historiska.se

Schwedens staatliches historisches Museum wurde 1943 eröffnet. Der Entwurf für den Bau stammt von Bengt Romare und Georg Sherman. Das Bronzeportal zeigt Szenen aus Schwedens Frühgeschichte. Vor allem die Goldkammer (Guldrummet) zählt zu den bedeutendsten Sehenswürdigkeiten Stockholms.

Das 1943 eröffnete Historiska Museet machte sich einen Namen mit seiner bedeutenden Sammlung aus der Wikingerzeit sowie seinen herausragenden Schätzen aus dem frühen Mittelalter.

Wikingerwelt

Dieser Ausstellungsbereich dokumentiert anhand von rund 2500 Artefakten viele Aspekte des Lebens in der Wikingerzeit – von der Seefahrt bis zu sozialen Strukturen. Mithilfe von modernster VR-Technik erleben Besucher auch eine Kirche aus dem 12. Jahrhundert.

Goldkammer

In der Goldkammer können Sie Schwedens erlesenste Gold- und Silberantiquitäten von der Bronzezeit bis zum Mittelalter bewundern. Zu den wertvollsten Beispielen erlesenster Handwerkskunst zählen vor allem die zwischen 1827 und 1864 entdeckten Goldcolliers: das mit drei Ringen in einem Steinbruch, das mit sieben Ringen in einer Scheune.

Ein weiterer Schatz von unschätzbarem Wert ist das Reliquiar der hl. Elisabeth (11. Jh.), eine ursprünglich mit Gold und Edelsteinen besetzte Trinkschale. Um 1230 wurde eine

Schon gewusst?

Das Museum zeigt die weltweit größte Sammlung von Objekten aus der Wikingerzeit.

silberne Abdeckung hinzugefügt, die den Schädel der Heiligen umschließt.

Münzkabinett

Das Königliche Münzkabinett im selben Gebäude (www.ekonomiskamuseet.se) birgt eine Sammlung, die die Geschichte des Geldes vom 10. Jahrhundert bis zur Gegenwart illustriert – von Schwedens frühesten Münzen bis zum Aufkommen von Bitcoins. Gezeigt werden traditionelle Porträtmedaillen und zeitgenössische Stücke – auch die Medaillen, die den Nobelpreisträgern verliehen werden.

Das Reliquiar der hl. Elisabeth ist mit zahlreichen Edelsteinen geschmückt ↑

← *Das Tor zum Museum dekorierte Bror Marklund*

④

Sveriges Radio och TV

Oxenstiernsgatan 20 u. 34
+46 8 784 5000
Karlaplan 4, 69, 76, 94
sverigesradio.se svt.se

Die Hauptsitze des Schwedischen Radios (SR) und Fernsehens (SVT) liegen auf einem zwölf Hektar großen Gelände neben Ladugårdsgärdet. Die Geschichte der Gegend als Truppenübungsplatz spiegelt sich in drei alten Gebäuden militärischer Herkunft wider: das Pulverlager von 1717, das steinerne Kutschenhaus von 1750 und das Karl-Johan-Lagerhaus von 1820. Heute beherbergt das Areal die modernen, nach Plänen von Erik Ahnborg und Sune Lindström gestalteten Radio- und TV-Studios. Die beiden Architekten entwarfen auch Berwaldhallen, einen Konzertsaal, der mit dem SR und dem SVT durch einen Tunnel verbunden ist.

Das Schwedische Radio sendete erstmals am 1. Januar 1925 von der Malmskillnadsgatan aus und zog 1961 in seine jetzigen Räumlichkeiten um.

⑤

Berwaldhallen

Dag Hammarskjölds Väg 3
+46 8 784 1800
Karlaplan 69, 76
Mo – Fr 12 – 18
berwaldhallen.se

Seit dem 30. November 1979 ist die Berwaldhallen der

Benannt ist der Konzertsaal nach Franz Berwald (1796 -1868), einem der bekanntesten Komponisten Schwedens.

↑ *Probe des Sveriges Radios Symfoniorkester im Konzertsaal Berwaldhallen*

Konzertsaal von Sveriges Radios Symfoniorkester (Schwedisches Radiosymphonieorchester) und Radiokören (Rundfunkchor). Inzwischen hat sich der Saal zu einem nationalen Forum für schwedische Musik entwickelt. Benannt ist er nach Franz Berwald (1796 –1868), einem der bekanntesten Komponisten Schwedens. Die Architekten Erik Ahnborg und Sune Lindström erhielten einen Preis für ihren »großartigen und einfühlsamen Entwurf«. Hans Viksten, Herta Hillfon und andere Künstler übernahmen die Gestaltung des Foyers. Und auch die Natur wurde einbezogen: Zwei Drittel des sechsseitigen Gebäudes nehmen einen Raum ein, der aus dem Fels gesprengt wurde.

Das Schwedische Radiosymphonieorchester und der Rundfunkchor geben auf der Konzertbühne von internationalem Rang pro Saison etwa 100 Konzerte vor jährlich 150 000 Besuchern. Auch Gastensembles spielen hier. Jedes Jahr Ende August ist die Berwaldhallen Veranstaltungsort für das Baltic Sea Festival mit internationalen Künstlern.

⑥

Diplomatstaden

Karlaplan 56, 69,76

Die eleganten Villen, denen Diplomatstaden seinen Namen verdankt, erstrecken sich entlang der Nobelgatan und dem östlichen Teil von Strandvägen (ab Nr. 74). An der Nobelgatan 7 wurde nach 1910 das erste Haus für einen ausländischen Diplomaten erbaut, den britischen Botschafter.

In der Nähe befindet sich Engelska Kyrkan (Englische Kirche), die nach 1860 im Stadtzentrum erbaut, 1913 jedoch ins Diplomatenviertel verlegt wurde. Die von Ragnar Östberg entworfene Villa Bonnier (Nobelgatan 13) war das Geschenk einer bekannten Verlegerfamilie an den Staat. Heute wird sie von der Regierung für offizielle Anlässe genutzt. Die Botschaften Deutschlands, Großbritanniens, Ungarns, der Türkei, Südkoreas und

→ *Ausstellungshalle im Tekniska Museet; interaktives Exponat* (Detail)

der USA befinden sich alle in der Nähe.

An die Botschaften grenzt der nach Alfred Nobel (1833–1896) benannte Nobelparken. Zu Beginn des 20. Jahrhunderts entwarf Ferdinand Boberg Pläne für ein Nobel-Palais im Park, das Projekt wurde jedoch nie verwirklicht. Am nördlichen Strandvägen befindet sich die Törner-Villa, ein herrschaftliches Holzgebäude von 1880. Die Villa wurde nach einem Sprengmeister in Nobels Munitionsfabrik benannt.

7

Tekniska Museet

Museivägen 7
+46 8 450 5600 69
Zeiten siehe Website
tekniskamuseet.se

Wer das Technische Museum besucht, sollte sich ausreichend Zeit dafür nehmen. Eine gewaltige Anzahl von Exponaten dokumentiert Schwedens technische und industrielle Geschichte im 20. Jahrhundert. Das Museum bietet auf einer Fläche von 12 000 Quadratmetern eine hervorragend aufbereitete Ausstellung, eine Bibliothek mit 50 000 Bänden und eine Sammlung technischer Zeitschriften. Hier ist auch Schwedens erstes Wissenschaftszentrum Teknorama beheimatet, das mit seinen vielen selbst durchführbaren Experimenten und interaktiven Exponaten vor allem bei Jugendlichen beliebt ist.

Die Maschinenhalle mit Motoren, Maschinen und Fahrzeugen aus den verschiedenen Epochen ist der größte Saal. Hier steht Schwedens erste Dampfmaschine, die 1832 gebaut und in einem südschwedischen Bergwerk eingesetzt wurde. Man sieht das klassische T-Modell von Ford sowie frühe schwedische Modelle von Volvo, Saab und Scania. Es gibt Abteilungen zu Elektrizität, Chemie, Buchdruck, Bautechnik und Forstwirtschaft. Zudem erfährt man hier, wie ein Erzbergwerk und ein Stahlhüttenwerk funktionieren.

Restaurants

Restaurang Oxenstiernan

Das Restaurant wurde von Michelin mit dem Grünen Stern für Nachhaltigkeit prämiert.

Storgatan 35B
So, Mo restaurangoxenstiernan.com

Kr Kr Kr

Coco & Carmen

Das Gourmetrestaurant ist in einem stimmungsvollen historischen Gebäude untergebracht.

Banérgatan 7 Mo
cococarmen.se

Kr Kr Kr

Persona

Das Spitzenrestaurant des französischen Kochs Louis Cespedes ist klein, aber stilvoll.

Torstenssonsgatan 11 So–Di
personasthlm.com

Kr Kr Kr

⑧

Sjöhistoriska Museet

Djurgårdsbrunnsvägen 24
+46 8 5195 4900 **69**
Di – So 10 –17
sjohistoriska.se

Das Seehistorische Museum entspricht mit Architektur und Lage der schwedischen Landschaft mit ihren langen Küsten, den zahlreichen Inselgruppen und Seen. Das Gebäude des 1938 eröffneten Museums wurde von Ragnar Östberg konzipiert.

Zu den rund 100 000 Ausstellungsstücken gehören mehr als 1500 Schiffsmodelle. Die Sammlung beherbergt jeden erdenklichen Schiffstyp – von Wikingerbooten über Küstenmotorschiffe, Schlauchboote und Segelschiffe bis hin zu Öltankern, Kohlefrachtern und U-Booten. Modelle im Maßstab 1:200 zeigen skandinavische Schiffe von der Eisenzeit bis in die Gegenwart.

Das Museum zeigt Wechselausstellungen zu Themen wie Piraterie und Schifffahrt sowie aus Schiffswracks geborgene Schätze.

Schauplätze in Originalgröße vermitteln eine Vorstellung vom Leben an Bord. Im Original erhalten sind das elegante Heck und die Kabine des königlichen Schoners *Amphion*. Das Schiff wurde vom führenden Schiffsbauer F. H. Chapman entworfen und in der Werft von Djurgården erbaut. 1788 – 90 war es Flaggschiff Gustavs III. im Krieg gegen Russland.

Das Museum besitzt allerlei bemerkenswertes Schiffszubehör aus dem späten 17. Jahrhundert. So wurden vom Heck der *Riksäpplet*, die 1676 bei Dalarö sank, Teile des Nationalwappens geborgen. Zu sehen ist auch ein Reliefporträt von Karl XI. zu Pferd vom Heck der *Carolus XI*, einem Schiff mit 82 Kanonen, das 1678 vom Stapel lief. Das Relief wurde wahrscheinlich entfernt, als das Schiff in *Sverige* umbenannt wurde, und befindet sich jetzt im Museum. Darüber hinaus sind viele Galionsfiguren zu sehen. Eine stellt Amphion dar, einen Sohn des Zeus, wie er Lyra spielt, sie stammt vom gleichnamigen Schoner. Das Museum zeigt häufig Wechselausstellungen zu Themen wie Piraterie und Schifffahrt sowie aus Schiffswracks geborgene Schätze.

Zum Museum gehört auch das Archiv der schwedischen Marine, das u. a. eine Liste aller Schiffbrüche von 1720 bis heute besitzt. Hier liegen Dokumente aus fast allen Epochen der Seefahrtsgeschichte. Die fotografische Sammlung umfasst rund 300 000 Bilder, die Bibliothek deckt alle Bereiche der Seefahrt und der Seekriege ab. Zudem gibt es eine Kinderabteilung, die samstags, sonntags und in den Schulferien geöffnet ist. Im Sommer können Kinder zwischen acht und 14 Jahren hier die Grundlagen des Segelns erlernen.

⑨

Gärdet

Rindögatan **T Gärdet**

Gärdet ist eines der größten Wohnviertel Stockholms, es entstand nach einem Architekturwettbewerb Ende der 1920er Jahre. Der Architekt Arvid Stille gewann diesen und entwarf ein Ensemble aus Wohnhäusern im Stil des Funktionalismus, ohne ganz auf Schmuckelemente zu verzichten – eine Architektur, die für Schweden typisch und mit dem Bauhausstil in Deutschland vergleichbar ist.

← *Boot vor der schneeweißen Fassade des Sjöhistoriska Museet*

Gebäude im Stil des Funktionalismus der 1930er Jahre in Gärdet

Zwischen 1935 und 1939 entstanden in Gärdet viele weitere Gebäude, die sich alle an Stilles Gesamtentwurf orientierten. Zu den verantwortlichen Architekten jener Zeit zählen Sture Frölén, Albin Stark, Ernst Grönwall, Wolter Gahn, Björn Hedvall und Sven Wallander.

⑩

Spårvägsmuseet

Tegelviksgatan 22 · +46 8 686 1760 · 6, 54, 75 · Di–Fr 10–17, Sa, So 11–16 · sparvagsmuseet.sl.se

Das Straßenbahnmuseum zeigt die Entwicklung der öffentlichen Verkehrsmittel Stockholms, von den Pferdewagen des 19. Jahrhunderts bis zur U-Bahn von heute. Besucher können alte und neue Transportmittel auf ihren Komfort testen und per Film den Stadtverkehr aus der Fahrerperspektive erleben.

⑪

Etnografiska Museet

Djurgårdsbrunnsvägen 34 · +46 10 456 1200 · 69 · Di–So 11–17 (Mi bis 20) · etnografiskamuseet.se

Das staatliche Ethnografiemuseum präsentiert Stücke aus der Zeit vom 18. Jahrhundert bis heute, die schwedische Forscher und Wissenschaftler von ihren Reisen aus aller Welt nach Hause mitbrachten. Die überaus einfallsreichen Arrangements wollen dem Besucher Fremdes und Ungewohntes aus fernen Ländern nahebringen. Darüber hinaus geht das Museum auf die vielfältigen multikulturellen Einflüsse ein, die Schweden durch die Einwanderungen im späten 20. Jahrhundert erfuhr.

Der Forscher Sven Hedin (1865–1952), der letzte Schwede, der 1902 in den Adelsstand erhoben wurde, steuerte zahlreiche Exponate zur Sammlung bei, darunter etwa auch Buddha-Figuren, chinesische Gewänder und mongolische Tempelzelte, Geschenke von westmongolischen Kalmücken an König Gustav V.

1990 wurde ein japanisches Teehaus eröffnet, das 15 japanische Handwerker nach einem Entwurf von Professor Masao Nakamura an Ort und Stelle bauten. Das Gebäude ist ein Kunstwerk für sich, das zur Meditation einlädt. In den Sommermonaten (Ende April bis Anfang Oktober) können Besucher hier an Teezeremonien teilnehmen, bei denen grüner Tee serviert wird. Außerhalb dieser Zeit ist das Teehaus jedoch nur von außen zu besichtigen.

Eine Abteilung des Etnografiska Museet widmet sich anhand von Masken, Textilien und Keramik verschiedener indigener Stämme sowie Totempfählen aus dem Westen Kanadas der Urbevölkerung Nordamerikas.

Eine ebenfalls spannende interdisziplinäre Ausstellung beschäftigt sich damit, was alle Menschen unabhängig von ihrem kulturellen Kontext gemeinsam haben und wie Mythen und Geschichten, die von Generation zu Generation weitergetragen werden, ein Weltbild prägen.

Das Museum hat einen umfassenden Bildungsanspruch, in diesem Sinn unterhält es eine umfangreiche Handbibliothek und organisiert regelmäßig Wechselausstellungen.

Im Museum findet man auch das empfehlenswerte Restaurant Matmekka. Es ist bekannt für die Verwendung hochwertiger Bio-Zutaten und saisonaler lokaler Produkte. Das asiatisch inspirierte Menü reicht von sri-lankischem Kottu Roti bis zu Chicken Pad Thai. Es gibt darüber hinaus eine Auswahl an vegetarischen und veganen Gerichten.

Entdeckertipp

Japanisches Teehaus

Das in einem idyllischen Garten nahe dem Etnografiska Museet gelegene japanische Teehaus Zui-Ki-Tei ist das einzige öffentlich zugängliche seiner Art in ganz Nordeuropa.

Vergoldete afrikanische Büste im Etnografiska Museet

⑫

Filmhuset

Borgvägen 1–5 · +46 8 651 100 · Karlaplan · 72, 76 · Zeiten siehe Website · filmhuset.se

Das schwedische Filminstitut fördert die Produktion hochwertiger Filme und bewahrt das filmische Erbe des Landes. 1971 wurden sämtliche Aktivitäten im Filmhuset gebündelt, einem modernen, vom schwedischen Architekt Peter Celsing entworfenen Gebäude.

Filmvorführungen gibt es an sechs Tagen pro Woche in zwei Kinos. Das Programm umfasst Stummfilme mit Musikbegleitung bis zu zeitgenössischen Arthouse-Filmen. Das Filmhuset beherbergt Schwedens größte öffentlich zugängliche Filmbibliothek. Das Restaurant und die Café-Bar sind unter der Woche beliebte Treffpunkte.

Schon gewusst?

Das Filmhuset hat die Gestalt einer Kamera und ähnelt von oben einer Filmrolle.

⑬

Ladugårdsgärde

1, 91

Im 15. Jahrhundert stand an der Stelle des heutigen Nobelparks ein königlicher Gutshof. Etwa 250 Jahre später nutzte man das Gelände als Truppenübungsplatz. Zwischen Kungliga Borgen (Königliche Festung) und Hakberget befindet sich die Ruine der Festung Karls XI. von 1672, die vor der Weltmeisterschaft im Reitsport 1990 großteils wieder aufgebaut wurde. Anfang des 20. Jahrhunderts verlor Ladugårdsgärdet seine Bedeutung für das Militär. Nach 1900 fanden hier die Umzüge zum 1. Mai statt, um 1920 Autorennen.

Die Kungliga Borgen ist ein Relikt aus der Zeit der militärischen Nutzung. Von hier beobachtete Karl XIV. Johan seine Truppen beim Manöver, um dann über eine Pontonbrücke in der Nähe des heutigen Meereskundemuseums zum Schloss Rosendal auf Djurgården *(siehe S. 124)* zu reiten. Die Festung wurde im Oktober 1977 durch einen Brand schwer beschädigt und originalgetreu wiederaufgebaut.

Irgendetwas ist in Ladugårdsgärdet immer los. Hier ist der Start der großen Volksläufe, hier lässt man Drachen um die Wette steigen, und hier starten die Ballonfahrten. Auch zum Reiten und Hundetrainieren ist die Anlage sehr beliebt.

⑭

Tessinparken und Nedre Gärdet

Karlaplan, Gärdet · 1, 54, 91

Drei Generationen der Architektenfamilie Tessin *(siehe*

←

Moderne Fassade des Filmhuset, Schwedens Filminstitut

S. 28) haben diesem 1931 im unteren Gärdet eröffneten Park ihren Namen gegeben. Der Tessinparken erstreckt sich in Nord-Süd-Richtung mit Rasenflächen, Spielplätzen, Wegen und Teichen. Die umliegenden Häuser von 1932–37 fügen sich mit ihren Gärten derart ein, dass sie fast wie ein Teil des Parks wirken.

Die Gebäude in der Nähe des Valhallavägen wurden in den 1920er Jahren erbaut und haben noch einen neoklassizistischen Einschlag, obwohl Gärdets prägende Stilrichtung eigentlich der Funktionalismus ist. Die niedrigeren weißen Gebäude entlang der Askrikegatan, die die nördliche Grenze des Parks markiert, heben sich davon umso mehr ab. Nicht weniger als 60 Architekten waren an der Planung von Gärdet beteiligt, darunter auch Sture Frölén.

In dem Teil des Tessinparken, der an den Valhallavägen grenzt, befindet sich eine Granitstatue von Olof Thorwald Ohlsson aus den 1970er Jahren: *Ferien einer Hausfrau*. Am anderen Parkende ist eine farbenprächtige Betonplastik von Egon Möller-Nielsen zu sehen: *Das Ei*.

⑮

Försvarshögskolan

Valhallavägen 117
Stadion 61
für Besucher

Zwei dekorative Kanonen, ein Flugzeugpropeller und ein Anker aus dem 18. Jahrhundert säumen den Eingang der Försvarshögskolan (Militärakademie). Der stattliche Bau wurde mit großer Sorgfalt renoviert und wirkt niedriger, als er in Wirklichkeit ist, da er von den Häusern am Valhallavägen überragt wird.

Das Gebäude gehört zu den zahlreichen bemerkenswerten Militärbauten des Architekten Ernst Jacobsson und diente ursprünglich dem Svea-Artillerieregiment als Hauptquartier. Nachdem die Nybrogatan unterirdisch in den Tyskbagarbergen verlegt wurde, bildet das Regimentsgebäude den Hintergrund für die neuerlich erweiterte Straße.

Das Regiment zog jedoch im Jahr 1949 aus, um zunächst dem schwedischen Radio und später der Militärakademie Platz zu machen. Von der heutigen Turnhalle aus wurde am 24. Oktober 1954 das erste schwedische Fernsehprogramm ausgestrahlt.

Brauerei

Stockholm Brewing Company
Die Brauerei mit angegliederter Bar und Restaurants liegt direkt am Wasser und serviert ausgezeichnetes Bier vom Fass.

Frihamnsgatan 26A
stockholmbrewing.com

←

Mit Bäumen und Blumenbeeten geschmückter Tessinparken

⑯ Stadion

Lidingövägen 1–3
+47 7 3921 9007
Stadion 4, 6, 72, 94
Mitte Apr – Mitte Okt

Für die Olympischen Spiele 1912 in Stockholm wurde ein neues Stadion errichtet, beim Bau folgte Torben Grut (1871–1945) nationalromantischen Vorstellungen. Das Stadion ist ein erstklassiger Ort für Sportveranstaltungen, jedes Jahr gibt es Leichtathletikwettbewerbe, 1990 fanden hier die Weltreiterspiele statt.

Zum Uhrenturm gehören zwei Figuren von Carl Fagerberg, *Ask* und *Embla*, die in der nordischen Mythologie Adam und Eva entsprechen. Büsten erinnern an Victor Balck, Mitinitiator der Olympischen Spiele, und P. H. Ling, den Vater der schwedischen Gymnastik.

Vier Skulpturen kamen in den 1930er Jahren hinzu. Bruno Liljefors schuf *Spiel* am Haupteingang, von Carl Eldh sind *Die Läufer*, von Carl Fagerberg *Die Staffelläufer* und *Der Kugelstoßer*.

⑰ Tekniska Högskolan

Valhallavägen 79
Tekniska Högskolan
4, 6, 67, 72, 94

Die auch international renommierte Technische Hochschule bildet rund ein Drittel aller schwedischen Ingenieure auf Universitätsniveau aus und ist gleichzeitig ein bedeutendes Forschungszentrum. Sie hat rund 15 000 Studierende, 1000 Forschungsstudierende und 2500 Dozierende.

Die Hochschule wurde 1827 gegründet und ist seit 1917 in den denkmalgeschützten Gebäuden am Valhallavägen untergebracht. Weitere Institute befinden sich in den Vororten Haninge und Kista sowie – außerhalb Stockholms – in Södertälje, Gävle und Visby.

Das Hauptgebäude am Valhallavägen wurde von Erik Lallerstedt entworfen, die Eröffnung der Hochschule im Oktober 1917 war ein Meilenstein in Schwedens technologischer Entwicklung. Im Auftrag des Architekten machten sich zeitgenössische schwedische Künstler daran, das strenge Gesamtbild des Gebäudes aufzulockern. Beteiligt waren Berühmtheiten wie etwa Einar Forseth, Olle Hjortzberg, Georg Pauli, Ivar Johnsson, Axel Törneman, Hilding Linnquist und Carl Milles. Von Milles stammt die Brunnenskulptur *Das Industrie-*

Arena der Rekorde

Wenn es um Weltrekorde geht, kann keine Leichtathletikarena mit Stockholms Stadion konkurrieren. Die elf Weltrekorde, die man bei den Olympischen Spielen 1912 verzeichnete, markierten den Auftakt zu einer herausragenden Statistik. Die Zeit des Goldmedaillengewinners Ted Meredith (USA) betrug 1 Minute 51,9 Sekunden über 800 Meter. Insgesamt wurden hier 83 neue Weltrekorde aufgestellt, London hält den zweiten Platz mit 68 Rekorden, Los Angeles den dritten mit 66. Allein Gunder Hägg, der schwedische Spitzenläufer der 1940er Jahre, brachte es hier auf sieben Weltrekorde, der Finne Paavo Nurmi in den 1920er Jahren auf sechs.

← *Backsteinfassade der Tekniska Högskolan und ihre Bibliothek* (Detail)

denkmal, die auf einem Marmorsockel im Hof zum Valhallavägen steht.

Das Hauptgebäude wurde im frühen 20. Jahrhundert einer Renovierung unterzogen. Gleichzeitig brachte man den Park in den Originalzustand.

(18)

Engelbrektskyrkan und Lärkstaden

Östermalmsgatan 20
Tekniska Högskolan 67 Kirche +46 8 406 9800
Di–So 11–16

Die Engelbrechtskirche wurde von Lars Israel Wahlman, einem der führenden schwedischen Jugendstil-Architekten und Gewinner des Architekturwettbewerbs 1906, entworfen. In Anwesenheit von König Gustav V. weihte man die Kirche am 25. Januar 1917.

Der Bau scheint wie aus einem Fels gehauen und prägt mit seinem schlanken Turm die Umgebung. Die monumentalen Gemälde im Altarraum stammen von Olle Hjortzberg. Mit den Stuckreliefs im Altarraum und über dem Haupteingang wurde der Bildhauer Tore Strindberg beauftragt, Filip Månsson schuf viele Fresken, vor allem die im westlichen Säulengang. Die Kirche verfügt über das höchste Schiff Skandinaviens, ihr Deckengewölbe wird von acht Granitsäulen getragen.

Die Engelbrektskyrkan befindet sich in Lärkstaden, einem Wohnviertel mit dunkelroten Fassaden und Ziegeldächern, das zwischen 1907 und 1917 entstand und sehr schön mit der Kirche harmoniert. Hier winden sich kurvige Straßen durch das hügelige Gelände.

← *Engelbrektskyrkan mit hohem Schiff und schlank aufragendem Turm*

Hotels

Ett Hem
Die drei stilvollen Privathäuser bieten luxuriöse Betten und wunderschöne Innenhöfe.
Sköldungagatan 2
etthem.se
Kr Kr Kr

Clarion Collection Hotel Tapto
Das komfortable Hotel liegt in einer ruhigen Ecke unweit des Olympiastadions.
Jungfrugatan 57
+46 8 664 5000
Kr Kr Kr

Scandic Park
Das familienfreundliche Hotel ganz in der Nähe vieler Sehenswürdigkeiten bietet herrliche Ausblicke auf einen Park.
Karlavägen 43
scandichotels.se
Kr Kr Kr

2

Kungsholmen

2,5 km westlich des Zentrums · Klara Mälarstrand

Früher war Kungsholmen für sein Kunsthandwerk und seine kleinen Handwerksbetriebe berühmt. Doch Ende des 19. Jahrhunderts baute man hier Wohnblocks und Verwaltungsgebäude, bald bekam die Gegend ein neues Image. Das Gebiet erregte durch den Bau des Stadshuset (Rathaus) und des Rådhuset (Gerichtshof) sowie der Uferhäuser am Norr Mälarstrand Aufmerksamkeit. Heute ist Kungsholmen auch für sein Nachtleben bekannt.

①

Rådhuset

Scheelegatan 7
Rådhuset · 54, 61

Im frühen 20. Jahrhundert wollte man das Rathaus und den Gerichtshof in einem Gebäude unterbringen. Doch nach zwei unabhängig voneinander durchgeführten Architekturwettbewerben entschied man sich für zwei Gebäude. Der siegreiche Entwurf für das Rådhuset stammt von Carl Westman, der neben Ragnar Östberg, dem Architekten des Stadshuset, einer der führenden Vertreter der nationalromantischen Schule war. 1911 wurde mit dem Bau begonnen, 1915 war er vollendet. Beim Entwurf ließ sich Westman von der Wasa-Renaissance des 16. Jahrhunderts, wahrscheinlich aber auch von der Burg Vadstena in Südschweden inspirieren. Das Rådhuset ist mit seinem markanten Turm eines der besten Beispiele für den nationalromantischen Stil.

Die Bildhauer Christian Eriksson und die Brüder Aron und Gustaf Sandberg waren für die Ausgestaltung zuständig, die Gemälde stammen von Olle Hjortzberg und Filip Månsson. Im fünften Stock steht eine Kopie von *Koppar-matte*, dem Pranger, der einst am Stortorget stand. Der Originalpranger ist im Stadsmuseum *(siehe S. 162f)* zu sehen.

②

Norr Mälarstrand

Rådhuset, Fridhemsplan
61

Als Textilindustrie und Färbereien im frühen 20. Jahrhun-

Schöne Aussicht
Turm des Stadshuset

Mit einer Höhe von 106 Metern bietet der Turm des Stadshuset *(siehe S. 146f)* einen Panoramablick. Entdecken Sie Gebäude der Skyline und aus dem Wasser ragende Inseln.

dert den Norr Mälarstrand verließen, begann man, die attraktive Lage am Riddarfjärden kommerziell zu verwerten. Allmählich entstand dort eine exklusive Wohngegend. Während des Zweiten Weltkriegs wurde am Ufer, an dem heute Ausflugsboote und betagte Schiffe liegen, ein Skulpturenpark angelegt. Weiden, Pappeln, Erlen und Birken säumen das Ufer. Ein Pavillon, der im Sommer als Café genutzt wird, steht auf Pfählen im Wasser. Er wurde von Erik Glemme entworfen, dem Assistenten des Landschaftsarchitekten Holger Blom.

Der aus Stockholm stammende Architekt Ragnar Östberg entwarf das Haus Norr Mälarstrand 76. Cyrillus Johansson, Sven Wallander und J. Norberg sind die Baumeister von Nr. 26, 28 und 30. Die Giebelfiguren stammen vom Kunstschmied Ragnar Myrsmeden. Auch in den schmalen Seitenstraßen gibt es Sehenswertes, so etwa die Fassade von Jakob Westinsgatan 5 (Architekt Harald Wadsjö) und Skillinggränd 9. Das ursprüngliche Mietshaus John Ericssonsgatan 6 wurde von Sven Markelius entworfen, der dazu vom Ministerehepaar Gunnar und Alva Myrdal angeregt wurde. Es ist das erste Wohnhaus im funktionalistischen, für die 1930er Jahre typischen Stil und steht unter Denkmalschutz.

Café

Café Eldkvarn

Gönnen Sie sich nach einer Besichtigung des Rådhuset in diesem Café am Ufer des Riddarfjärden eine Erfrischungspause.

Norr Mälarstrand 1

←

Vor der Prachtstraße Norr Mälarstrand sind viele Schiffe vertäut

③

Stadshuset

Hantverkargatan 1 · +46 8 5082 9058 · Rådhuset · 3, 62
nur Führungen: 6. Jun – 23. Aug: tägl. 10 –15 (stündlich auf Englisch)
Turm: Mai, Sep: tägl. 9 –16; Juni – Aug: tägl. 9 –17 (alle 40 Min.)
1. Jan, 9., 10., 24., 25., 26. Dez · stadshuset.stockholm

Das Rathaus mit dem 106 Meter hohen Turm thront über der Uferpromenade und ist bei einer Bootstour gut zu erkennen. Das riesige Backsteingebäude ist immer noch Sitz der Stadtverwaltung, bei den glanzvollen Nobelpreisbanketts trifft sich hier die Prominenz.

Das Rathaus war eines der größten Bauprojekte Schwedens im frühen 20. Jahrhundert. Es wurde 1923 fertiggestellt und ist ein Wahrzeichen der Stadt. Der Architekt Ragnar Östberg konzipierte den Bau im nationalromantischen Stil, dennoch sind sowohl Züge nordischer Gotik als auch Stilmittel der norditalienischen Schulen zu erkennen. Das Gebäude umfasst den Ratssaal und die 250 Büros der Stadtverwaltung. Die jährlichen Feierlichkeiten anlässlich der Nobelpreisverleihung finden im Blauen und im Goldenen Saal statt.

Die byzantinisch inspirierten **Wandmosaiken** von Einar Forseth im Goldenen Saal bestehen aus 18,6 Millionen Glas- und Goldstücken.

Norra Trapptornet, der Nordturm, wird von einer Sonne gekrönt.

Der **Blaue Saal** ist mit handgefertigten Ziegeln verkleidet. Der Name geht auf den ursprünglichen Plan zurück, blaue Ziegel zu verwenden.

→

Illustration des Stadshuset mit seinen zahlreichen Räumlichkeiten

Restaurant

Stadshuskällaren
Genießen Sie in dem eleganten Restaurant ein Menü wie bei Banketts zur Verleihung eines Nobelpreises.

Hantverkargatan 1
stadshuskallarensthlm.se

Kr Kr Kr

Highlight

↑ *Je nach Sonnenstand ergeben sich im Blauen Saal schöne Lichtspiele*

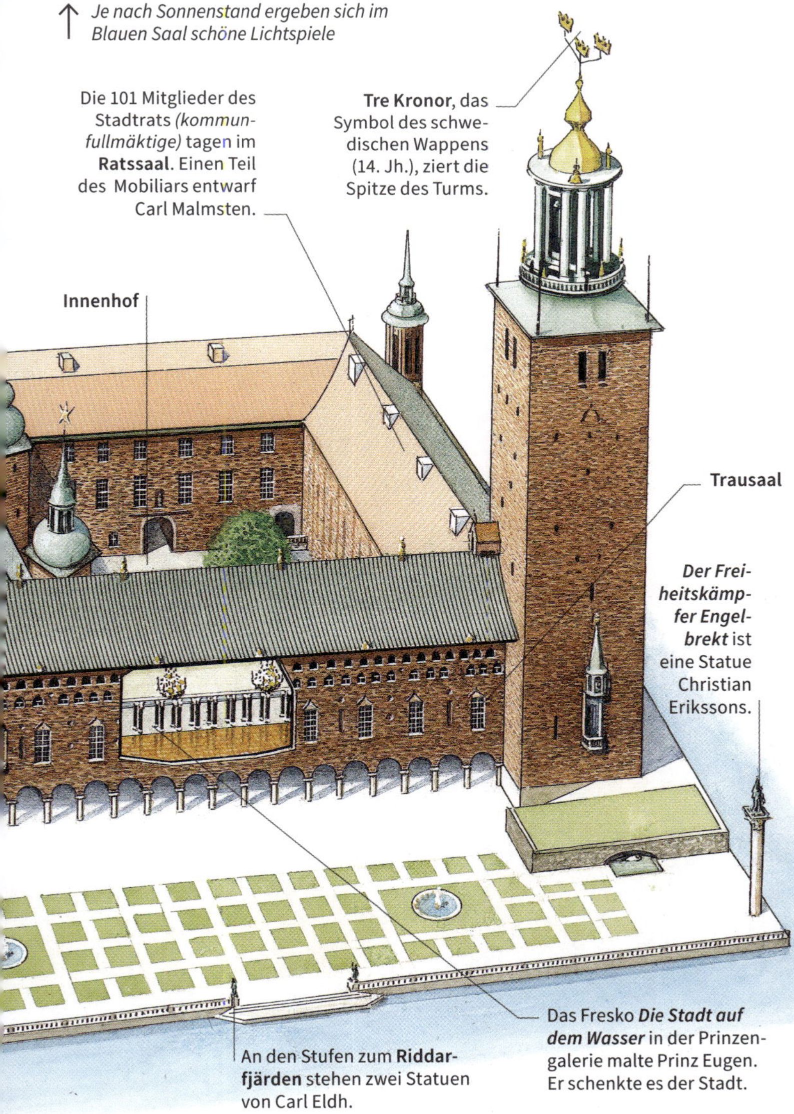

④

Rålambshovsparken

Ⓣ Fridhemsplan
🚌 1, 4, 40, 56, 57, 62, 74

Der Rålambshovsparken wurde im Jahr 1935 angelegt, nachdem die Västerbron-Brücke gebaut worden war. Der Park liegt auf der Insel Kungsholmen und grenzt an andere Grünflächen, darunter auch die Parkanlagen Smedsudden, Marieberg und Fredhäll. Die freien Flächen ziehen Jogger und je nach Wetter auch Sonnenanbeter an. Im Sommer kann man am Strand von Smedsudden oder bei den Felsen von Fredhäll schwimmen. Der Park verfügt zudem über ausgewiesene Grillplätze. Darüber hinaus finden das ganze Jahr über Festivals, Konzerte und andere Veranstaltungen statt.

Zum 700-jährigen Stadtjubiläum 1953 erhielt der Park ein Amphitheater mit 5000 Plätzen. Außerdem wurden ein Planschbecken und Spielplätze angelegt. Auch vier Skulpturen kamen dazu: *Schmetterling* (Elli Hemberg), *Monument für einen Henker* (Eric Grate), *Das Gerichtsurteil* (Egon Möller-Nielsen) und *Farbturm* (Lars Erik Falk).

Schöne Aussicht
Västerbron

Bei einem Spaziergang durch Västerbron genießt man spektakuläre Ausblicke auf die Skyline von Stockholm – u. a. auf Gamla Stan und die City im Osten sowie auf die Inseln im Mälarsee im Südwesten.

⑤

Västerbron

Als Stockholm immer stärker ins Umland expandierte und der Autoverkehr in den 1920er Jahren kontinuierlich zunahm, wurde eine weitere Brücke über den Mälarsee erforderlich. So schrieb man 1930 einen Wettbewerb aus, den deutsche Architekten gewannen. Schwedische Ingenieure führten deren Pläne aus, 1935 wurde die Brücke fertiggestellt. Sie wird von zwei Bogen mit Spannweiten von 168 und 204 Metern getragen und erhebt sich 26 Meter hoch über das Wasser.

Rund 12 000 Fahrzeuge passieren die Brücke täglich. Die Västerbron passt sich gut in die Landschaft ein. Wer auf ihr spazieren geht, wird mit einem schönen Blick auf Stockholm belohnt.

⑥

Marieberg

Ⓣ Thorildsplan 🚌 1, 56, 61, 91

Der Stadtteil war früher für seine Porzellanmanufaktur und die militärischen Anlagen bekannt. Um 1960 wurde er zum Presseviertel, denn drei der vier Stockholmer Tageszeitungen haben hier ihre Büros.

Das 98,6 Meter hohe, von Paul Hedqvist entworfene

↑ *Västerbron: Die 600 Meter lange Brücke erstreckt sich über den Mälaren*

Gebäude, in dem *Dagens Nyheter* und *Expressen* sitzen, ist ein Wahrzeichen der Stadt. Das Neonlicht auf dem Bau der Gjörwellsgatan 30 sowie das Relief am Eingang stammen von P. O. Ultvedt, die Wände aus poliertem Steingut mit dem Titel *Tag und Nacht* von Lennart Rodhe, die Plastik *Nova* schuf Arne Jones. Ältere Werke wie die Kupferskulptur (1951) von Stig Blomberg wurden aus dem ehemaligen Zeitungsgebäude im Bezirk Klara hierher mitgebracht.

Die Architektur des Sitzes von *Svenska Dagbladet* ist ebenfalls ambitioniert. Der Architekt Tengbom, der das Haus 1960 – 62 erbaute, ließ sich dafür vom Pirelli-Hochhaus in Mailand inspirieren.

Das dritte interessante Gebäude in Marieberg ist das Riksarkivet (Staatsarchiv). Es wurde 1968 von Åke Ahlström und Kjell Åström erbaut. Die Tradition des Riksarkivet reicht bis ins Mittelalter. Am Eingang steht Elli Hembergs Skulptur *Der Reichsapfel.*

Der Hauptsaal mit 56 Plätzen und 18 kleinen Studierräumen wird von Lennart Rodhes Wandbehang *Zeichen im Archiv* dominiert. In einem angrenzenden Raum sind Dokumente als Mikrofilme öffentlich zugänglich. Das Archiv besitzt eines der größten Bücher der Welt – die Buchführungskladde der Provinz Östergötland (1813). Das Werk umfasst 12 390 Seiten. Führungen durch das Riksarkivet finden nach Vereinbarung statt.

Schon gewusst?

Die Porzellanfliesen vieler Öfen schwedischer Villen wurden im 18. Jahrhundert in Marieberg produziert.

← *Skater unter der Västerbron am Rand des Rålambshovsparken*

Shopping

Studio 95 Vintage
Der gut sortierte Vintage-Laden führt qualitativ gute Secondhand-Kleidung für Männer und Frauen. Vor allem das Label Levi's ist stark vertreten.

Hantverkargatan 37
+46 8 653 4949

Bye Buy Concept
In dem Kinderladen gibt es Kleidung in großer Auswahl. Das Sortiment variiert je nach Saison und wird täglich mit neuen Artikeln in verschiedenen Größen ergänzt. Auch Spielzeug gehört zum Angebot des Stores.

Sankt Eriksgatan 60
byebuy.se

3

Vasastan

2 km nördlich des Zentrums · Odenplan

In Vasastan stehen viele Häuser, die um 1900 für Arbeiter und Handwerker gebaut wurden. Dank seiner vielen Bars und Restaurants ist das Wohnviertel aber auch ein sehr lebendiger Stadtteil. In Vasastan liegen einige der schönsten Parks Stockholms. Neben architektonisch interessanten Kirchen befindet sich hier auch die Stadsbiblioteket.

①

Schefflerska Palatset

Drottninggatan 116
Rådmansgatan · 52

Bis 1900 war der nördliche Teil der Drottninggatan die Hauptstraße, die von Norden her in die Stadt führte. Hier steht der prachtvoll erbaute Schefflerska Palatset (»Spukpalast«), der während der Zeit Schwedens als Großmacht – vermutlich um 1700 – erbaut wurde. Manche schreiben den Entwurf Tessin d. Ä. zu, wahrscheinlicher ist jedoch, dass er von seinem Stiefsohn Abraham Winantz stammt, der 1693 für seine Verdienste als Architekt geadelt wurde.

Das Anwesen wurde 1925 von einer Hochschule, der späteren Universität Stockholms, erworben, die es im Jahr 1960 dem Staat übergab. Im Palais sind 370 Gemälde (16. – 19. Jh.) aus der Sammlung der Universität ausgestellt. Abgesehen von Pehr Hilleströms Bild *Mit der Wahrsagerin* handelt es sich vor allem um Werke berühmter ausländischer Künstler. *Der Anschlag* (1567) wird Pieter Brueghel d. Ä. zugeschrieben, *Danaes Bankett* sowie *Kleopatras Bankett* stammen von Tiepolo.

Darüber hinaus beherbergt das Palais rund 700 Exponate aus der Sammlung Hellner aus der schwedischen Glashütte Orrefors.

②

Observatoriemuseet

Drottninggatan 120
Odenplan/Rådmansgatan
2, 4, 40, 42, 65, 72
für Besucher
Café Himlavalvet · Mo – Fr 11 – 16, Sa, So 11 – 17

Auf dem Brunkeberg befinden sich mehrere wissenschaftliche Institute. Das älteste davon ist das frühere Observatorium, das von Carl Hårleman für die königliche wissenschaftliche Akademie entworfen und 1753 eröffnet wurde. 1931 verlegte man die Forschungsabteilung nach Saltsjöbaden, eine der

↑ *Das Observatoriemuseet liegt auf einem grünen Hügel*

←

Sigrid Fridmans Statue Der Centaur *auf dem Brunkeberg*

> Schöne Aussicht
> **Blick vom Hügel**
> Das Observatorium ist zwar für Besucher geschlossen, doch vom Hügel hat man eine wunderbare Aussicht über Vasastan mit der Stadsbiblioteket. Hier kann man auch sehr gut picknicken.

Inseln im Archipel, dann diente das alte Gebäude als Observatoriumsmuseum.

Das Wäldchen um das alte Observatorium wurde im 18. Jahrhundert gepflanzt und ist eine Idylle, die erst im 20. Jahrhundert der Öffentlichkeit zugänglich gemacht wurde. Oben auf dem Brunkeberg steht Sigrid Fridmans Statue *Der Zentaur*. Ein Park erstreckt sich bis zum Sveavägen und endet mit einem großen Teich. Die Statue *Tanzende Jugend* (1937) schuf Ivar Johnsson, am südlichen Parkzugang steht die Skulptur *Jugend* von Nils Möllerberg.

Obwohl das Observatorium derzeit geschlossen ist, hat das Café Himlavalvet geöffnet.

③

Handelshögskolan

Sveavägen 65
+46 8 736 9000
Rådmansgatan 59

Der schwedische Architekt Ivar Tengbom ließ sich bei seinem ambitionierten Entwurf der Stockholmer Handelshochschule (Stockholm School of Economics, SSE) maßgeblich von den Stilepochen Renaissance und Klassizismus inspirieren. Tengbom übernahm die Bauleitung, 1926 wurde das Gebäude im Beisein von König Gustav V. offiziell eröffnet. Die Reliefs an der Fassade, der vergoldete Merkur wie auch das Stuckrelief mit dem Löwentor, eine überaus eindrucksvolle Reminiszenz an das antike Mykene, stammen von Ansgar Almquist.

Die SSE gehört zu den führenden Hochschulen Nordeuropas. Seit mehr als 100 Jahren werden hier Führungskräfte für die Wirtschaft und den öffentlichen Sektor ausgebildet.

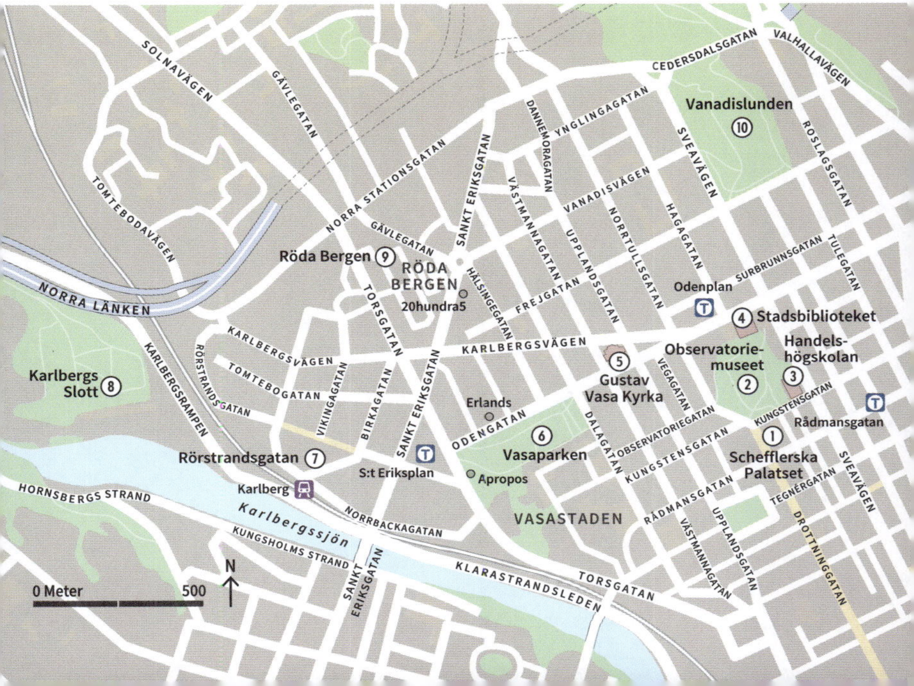

Gunnar Asplund

Gunnar Asplund (1885–1940) war zwischen den beiden Weltkriegen die dominierende Figur der schwedischen Architekturszene. Sein erster großer Auftrag war die Kapelle auf dem Friedhof Skogskyrkogården, seine letzte Arbeit das Krematorium der Heliga Korsets Kapell (1935–40). Es ist ein Meisterwerk des Funktionalismus und hat seinen Platz als Welterbestätte *(siehe S. 171)* auf der Liste der UNESCO verdient. Asplund hat auch die Stadsbiblioteket, die zwischen 1920 und 1928 gebaut wurde, entworfen. Als leitender Architekt der Stockholmer Ausstellung von 1930 leistete er wesentliche Pionierarbeit für den Funktionalismus.

④

Stadsbiblioteket

Sveavägen 73 +46 8 5083 1060 Rådmansgatan 4, 6, 57, 61, 94, 507 Mitte Juni – Mitte Aug: Mo – Fr 9 –19, Sa 12 –16; Mitte Aug – Mitte Juni: Mo – Do 9 – 21, Fr 9 –19, Sa, So 12 –16 beta.biblioteket.stockholm.se

Gunnar Asplunds Meisterwerk Stadsbiblioteket (Stadtbibliothek) zählt zweifellos zu den architektonisch bedeutendsten Gebäuden der Hauptstadt. Als Stararchitekt des Funktionalismus, der in den 1930er Jahren aktuellen Stilrichtung, entwarf Asplund eine Bibliothek, die vor allem von klassischen Idealen beseelt war. Der Entwurf war auch vom Gebäude Rotonde de la Villette in Paris inspiriert. Die Bibliothek wurde 1928 eröffnet und 1932 um den Westflügel erweitert.

Die Möbel im Inneren und viele der Beleuchtungskörper wurden von Asplund selbst gestaltet. Auch andere schwedische Künstler wirkten bei der Gestaltung maßgeblich mit: Die Stuckreliefs in der Eingangshalle – Themen aus Homers *Ilias* – stammen von Ivar Johnsson. Nils Dardel schuf in der Kinderabteilung das Wandgemälde *John Blund* und Ulf Munthe stellte die Sterne am Himmel dar. Von Nils Sjögren stammen Türstürze, Türklinken und die Trinkbrunnen. Hilding Linnqvist war für den Wandteppich und die vier wunderschönen Wandgemälde verantwortlich, die nach alten Freskentechniken geschaffen wurden.

Die Bibliothek verleiht jedes Jahr über eine Million Bücher und veranstaltet Lesungen. Zudem gibt es eine internationale Abteilung mit Werken in mehr als 100 Sprachen.

Schon gewusst?

Mit rund 1000 Sitzplätzen zählt die Gustav Vasa Kyrka zu den größten Pfarrkirchen in Stockholm.

↓ *Lesesaal der Stadsbiblioteket mit deckenhohen Bücherregalen*

←
Gustav Vasa Kyrka mit ihrer hoch aufragenden Kuppel und dem reich verzierten Altar (Detail)

⑤ ♿

Gustav Vasa Kyrka

Odenplan ☎ +46 8 5088 8600 Ⓣ Odenplan
4, 6, 57, 61, 94, 507
Zeiten siehe Website
svenskakyrkan.se

Schwedens größte Barockskulptur gehört zum Altar dieser Kirche, die 1906 geweiht wurde. Der Altar wurde vom Hofbildhauer Burchardt Precht für die Kathedrale von Uppsala gefertigt. Als er dort im späten 19. Jahrhundert entfernt wurde, kaufte ihn die Gustav-Vasa-Gemeinde für ihre neue Kirche.

Agi Lindegren entwarf die Kirche mit einer 60 Meter hohen Kuppel im Stil des italienischen Neobarock. Die Taufkapelle birgt das Gemälde eines unbekannten niederländischen Künstlers aus dem 15. Jahrhundert. Die Deckengemälde in der Kuppel und die Evangelisten im Querschiff stammen von Vicke Andrén. Die Orgel wurde mithilfe des Komponisten Olle Olsson gebaut, der hier 50 Jahre als Organist und Kantor tätig war. Unter der Kirche ist eine Krypta, die früher als Grabkapelle diente.

← *Spaziergang auf einem baumbestandenen Weg im Vasaparken*

⑥

Vasaparken

Ⓣ S:t Eriksplan
🚌 3, 4, 77

Der Vasaparken wurde im frühen 20. Jahrhundert angelegt. 1911 kam ein Spielplatz dazu, im Ersten Weltkrieg wurden auf der Rasenfläche Kartoffeln angebaut.

Der Vasaparken ist ein Ort zum Entspannen. Die meisten alten Bäume wurden gepflanzt, als man den Park anlegte. Von einer Linde, die die Form eines Leuchters hat, heißt es, sie sei über 200 Jahre alt.

Bei einer Verschönerungsaktion in den 1940er Jahren wurde der Park entlang der Torsgatan verändert. Es entstanden drei in Stufen angelegte Gärten. Seit 1917 steht in diesem Teil des Parks Gottfrid Larssons Bronzestatue *Die Arbeiter*, ihr gegenüber Olof Thorwald Ohlssons Granitskulptur *Romeo und Julia*.

← *Terrasse eines der zahlreichen Cafés entlang der Rörstrandsgatan*

⑦

Rörstrandsgatan

Ⓣ S:t Eriksplan
🚌 3, 4, 77, 94

Die Straße ist nach dem Rörstrand-Palais benannt, das um 1630 erbaut wurde und nicht mehr existiert. 1726 begann man, in dem Gebäude Delfter Porzellan herzustellen. 200 Jahre später zog die Porzellanfabrik Rörstrand in die Nähe von Göteborg, dann nach Lidköping in Südwestschweden.

In der Rörstrandsgatan eröffnete eines der ersten chinesischen Restaurants der Stadt. Im Sommer herrscht in den vielen Straßencafés ein buntes Treiben. In der Gegend um die Rörstrandsgatan und den Odenplan findet man einige hübsche Läden, Restaurants und Bars.

Schon gewusst?

Astrid Lindgren lebte 60 Jahre in Vasastan, ihre Wohnung befand sich in der Dalagatan 46.

⑧

Karlbergs Slott

⌂ Karlbergs Slottväg ☎ +46 8 5143 9800 🚌 3, 4, 77, 94, 72 bis zur Haltestelle Karlberg, dann 15 Min. zu Fuß

Um 1630, mitten im Dreißigjährigen Krieg, begann Admiral Karl Karlsson Gyllenhielm mit dem Bau von Schloss Karlberg. Ab 1670 wurde es von Magnus Gabriel de la Gardie und seinem Architekten Jean de la Vallée erweitert und umgebaut. Als Karlberg 1688 in königlichen Besitz überging, war es eines der majestätischsten Schlösser Schwedens. Der »Heldenkönig« Karl XII. (1682–1718) wuchs hier auf und wurde nach seinem Tod in der Schlacht von Fredrikshald hier aufgebahrt.

1792 wandelte der Architekt C. C. Gjörwell das Schloss in eine königliche Kriegsakademie um. Später wurde es die Militärschule Karlberg, seit 1999 ist es eine der Militärakademien des Landes.

Kadettenbälle auf Schloss Karlberg machen nicht zuletzt wegen der prunkvollen Räume Eindruck. Bemerkenswert sind die Stuckarbeiten Carlo Caroves im großen Saal. In der Schlosskirche sind noch die originalen Lampen aus dem 17. Jahrhundert erhalten. Heute ist das Schloss für die Öffentlichkeit geschlossen, aber der Park bleibt geöffnet.

⑨

Röda Bergen

Ⓣ S:t Eriksplan 🚌 42

Der Bezirk Röda Bergen (»Rote Berge«) beginnt am Vanadisplan. Hier steht *Transformation* (1984), eine Skulptur von Chris Gibson. In Röda Bergen wichen die Architekten von der üblichen geradlinigen Straßenführung ab und richteten sich nach dem Geländeprofil.

Zu den bemerkenswertesten Bauwerken gehört die Matteus Kyrka (1902/03). Die Kirche wurde von Erik Lallerstedt entworfen, der auch für die Renovierung 20 Jahre später verantwortlich war. Die Figur des heiligen Martin am Eingang sowie die Altarfiguren stammen von Ivar Johnsson, die Wandgemälde von Olle Hjortzberg.

Geht man durch die Rosengärten zwischen den Parks Hedemora und Sätertäppan, stößt man auf die Rödabergsgatan mit einer Stahlplastik: Björn Selders *1½ Sphären* (1979). Am Ende der Straße steht Bo Englunds Statue *Genesis* (1984).

⑩

Vanadislunden

🚌 50, 57 🕒 Mitte Mai – Sep: Mo – Fr 6:30 – 20, Sa 8 – 18

Viele Stätten in Vasastan tragen den Namen Vanadis, der aus der altnordischen Mythologie stammt und ein anderer Name für die Göttin Freya ist.

Ende des 19. Jahrhunderts begannen Bauarbeiten im Norden des Sveavägen. Um 1885 legte man auf einer ehemaligen Müllkippe einen Park an. 1904 wurde die Stefanskyrkan fertig, eine Kapelle im südlichen Bereich des Parks. Sie ist ein Entwurf des Architekten Carl Möller, von dem auch die Johannes Kyrka stammt. 1925 / 26 erhielt die Kapelle einen Altar von Einar Forseth, der mit Szenen aus der Passionsgeschichte bemalt ist.

Es dauerte fast ein halbes Jahrhundert, Vanadislunden fertigzustellen. 1938 wurde das Freibad Vanadisbadet eröffnet. Über dem Becken befindet sich Anders Jönssons Skulptur *Mädchen in der Abendsonne*, die nach Vasastaden blickt, dem höchsten Punkt von Vanadislunden.

Die umliegenden Straßen sind mit schwarzen und weißen Steinen gepflastert. Früher gab es hier hübsche Vorstadtvillen. Eine davon, Cederdals Malmgård, steht noch im Norden des Parks.

Bars

20hundra5

In der gemütlichen Bar genießt man neben klassischen Cocktails auch unkonventionelle Drinks. Eine von Gästen gerne genutzte Besonderheit sind die Retro-Automaten mit Videospielen.

S:t Eriksgatan 102
noll5.se

Erlands

Hier genießt man traditionelle Drinks und dazu Livemusik.

Gästrikegatan 1
erlandsbar.se

Apropos

Die Bar am Sankt Eriksplan bietet gute Cocktails und Fingerfood in einer entspannten Atmosphäre.

Sankt Eriksplan 5
apropsbar.se

↓ *Stefanskyrkan im südlichen Teil des Parks Vanadislunden*

❹

Norrtull und Königlicher Nationalstadtpark

Nördlich von Stockholm · Norrtull

Norrtull ist das Tor zu vielen grandiosen Sehenswürdigkeiten, darunter auch zu großen Teilen des einzigartigen Königlichen Nationalstadtparks *(siehe S. 157)*, der auch als Ekoparken bekannt ist. Diese grüne Oase beherbergt zudem den idyllischen Hagaparken *(siehe S. 158f)*, einen Park im englischen Stil mit vielen eindrucksvollen Gebäuden aus dem 18. Jahrhundert. Im Norden liegt das majestätische Ulriksdals Slot.

①

Wenner-Gren Center

Sveavägen 166 · 57

Der Industrielle Axel Wenner-Gren (1881–1961) lebte in strengem Glauben an die Wissenschaft. »Lasst uns die Wissenschaft nutzen, um die Probleme der Menschheit zu lösen« ist ein Ausspruch, der ihm zugeschrieben wird. Schon in den 1920er Jahren brachte seine 1919 gegründete Firma Electrolux Staubsauger und Kühlschränke auf den Markt. Drei Stiftungen sowie das Wenner-Gren Center, dessen 24-stöckiger Hauptsitz wie ein schon von Weitem sichtbares Ausrufezeichen am nördlichen Ende des Sveavägen steht, erinnern an den bekannten Unternehmer.

Das Zentrum wurde 1962 eröffnet, doch Wenner-Gren konnte nur noch das Richtfest erleben. Der halbkreisförmige Bau umfasst 155 Apartments, die ausländische Forscher sehr günstig mieten können.

Die Wenner-Gren-Stiftung, die auch internationale Symposien veranstaltet, wurde ins Leben gerufen, um den wissenschaftlichen Austausch zwischen Schweden und anderen Ländern zu fördern. Rund 250 Wissenschaftler nutzen jährlich diesen Austausch.

②

Bellevueparken

Südl. des Brunnsviken
+46 8 612 6560 · 2, 57
Carl Eldhs Ateljémuseum: Lögbodavägen 10, Bellevueparken · Mai–Aug: Di–So 12–16; Sep, Okt: Sa, So 11–16

Bellevueparken ist Teil des Königlichen Nationalstadtparks *(siehe Kasten)*. Konzipiert wurde dieser Teil des Parks von Fredrik Magnus Piper, der auch Hagaparken *(siehe S.158f)* entwarf. Durch den Park winden sich Fußwege, es gibt Wäldchen, 200 Jahre alte Linden, Alleen und weite Grünflächen.

↑ *Blick auf den malerischen See Brunnsviken im Ekoparken*

Kungliga Nationalstadsparken (Ekoparken)

Er ist der einzige Nationalpark der Welt, der auch Stadtpark ist. Das Projekt wurde 1995 vom schwedischen Parlament ins Leben gerufen. Mit 27 Quadratkilometern ist der Park die »grüne Lunge« der Stadt. Die Grünflächen mit ihren vielen Fußwegen erstrecken sich vom zentralen Stadtteil Skeppsholmen und dem südlichen und nordwestlichen Teil von Djurgården über Hagaparken und Brunnsviken bis Ulriksdal. Der Schärengürtel hat mit Fjäderholmarna einen Anteil. Früher war ein großer Teil des Parks königliches Jagdrevier. In jener Zeit wurden hier Palais gebaut, später entstanden Anlagen, die heute unter Denkmalschutz stehen.

Man kann den Park an vielen Stellen betreten. Auf dem Brunnsviken finden geführte Bootstouren statt.

Den Namen »Bellevue« bekam der Park von Baron Carl Sparre, der hier 1782 eine Villa kaufte. Das Haus auf dem Hügel wurde 1757 für den Hofmaler John Pasch gebaut und wird heute als Konferenzzentrum genutzt.

Auf demselben Hügel ist der Aussichtspunkt Lögebodavägen. Es ist nicht einfach, die Stelle zu finden, doch die Mühe lohnt sich: Von hier hat man einen grandiosen Blick auf den Brunnsviken. Diese Aussicht begeisterte auch den Bildhauer Carl Eldh. Sein Denkmal *Der junge Strindberg auf dem Archipel* und das ehemalige Atelier des Künstlers, das heute zum Carl Eldhs Ateljémuseum gehört, befinden sich gleich neben dem Aussichtspunkt. Der Panoramablick auf Brunnsviken und Haga waren wichtige Faktoren für Eldh, sein Atelier hier anzusiedeln. Der zum Atelier gehörende Garten ermöglichte es Eldh, unter freiem Himmel zu arbeiten. Heute strahlt die Gegend Ruhe aus.

Carl Eldh war einer der produktivsten Bildhauer Schwedens. Wie sein Zeitgenosse Carl Milles lebte auch er zeitweise in Paris und war stark von Rodins impressionistischem Stil beeinflusst, auch wenn seine Arbeiten mit zunehmendem Alter wieder realistischer wurden. In Stockholm stehen auf 30 öffentlichen Plätzen Skulpturen und Plastiken von Carl Eldh. Gipsmodelle vieler dieser Arbeiten sind im Atelier zu sehen, so die Vorlage für das *Branting-Monument* (1927), das am Norra Bantorget steht, das Modell für die Statue Strindbergs mit dem Titel *Der Titan* (1942) im Tegnérparken sowie das Modell für *Die Läufer* (1937) am Stadion *(siehe S. 142)*.

Im Museum sind auch viele persönliche Gegenstände Eldhs ausgestellt. Das Holzgebäude wurde 1919 von Ragnar Östberg, dem Architekten des Stockholmer Rathauses, entworfen.

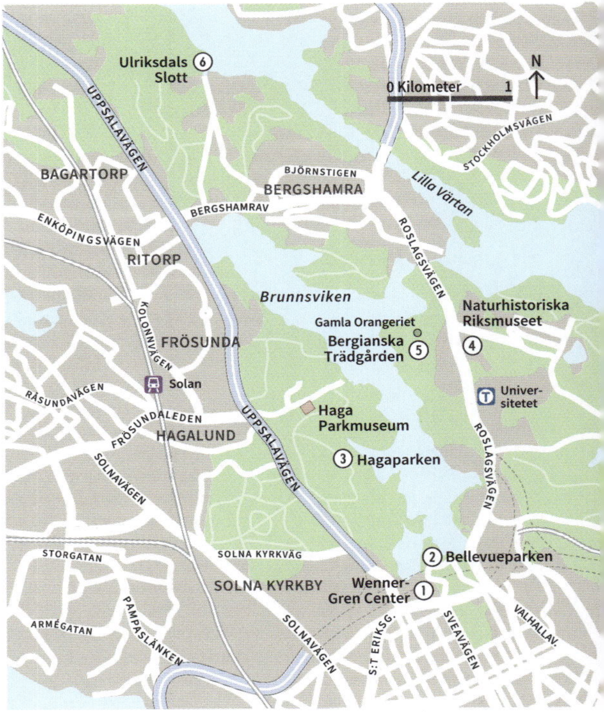

3

Hagaparken

3 km nördlich von Stockholm · Odenplan, dann Bus 515 · Royal Haga (im Sommer)

Der Hagaparken ist eine der beliebtesten Grünanlagen Stockholms, hier kann man zwischen hohen Bäumen und gepflegten Grünflächen spazieren. Das Areal ist Teil des Nationalstadtparks *(siehe S. 157)*, einer ausgedehnten Parklandschaft nordwestlich der Stadt.

Mitte des 18. Jahrhunderts beschloss Gustav III., auf dem beliebten Haga-Gelände einen königlichen Park anzulegen. Seine Vorstellungen realisierte er mit dem Modearchitekten Magnus Piper (1746–1824) und führenden Fachleuten. So entstand ein Park nach englischem Muster. Geplant war zudem ein Schloss nach dem Vorbild von Versailles. Doch nach dem Tod des Königs wurden die Arbeiten eingestellt, der Bau blieb unvollendet. Heute ist Hagaparken eine gelungene Mischung aus Natur und Kultur.

Haga Parkmuseum

Das in der Nordwestecke des Hagaparken gelegene Museum widmet sich der Geschichte des Parks und präsentiert Exponate zu seiner ursprünglichen Gestaltung und seinen ungewöhnlichen Bauwerken.

Das Museumsgebäude wurde 1953 durch einen Brand zerstört. Die zeltartige Fassade wurde in den 1960er Jahren restauriert, die dahinter liegenden Ställe aber erst in den 1970er Jahren wieder aufgebaut.

Haga Slott wurde 1802–24 erbaut, König Carl XVI. Gustaf wuchs hier auf. Heute ist es Residenz von Kronprinzessin Victoria und Prinz Daniel.

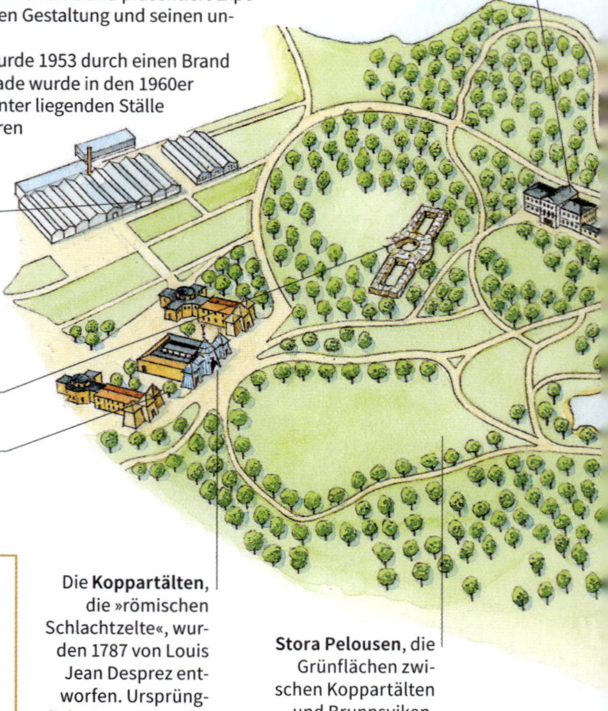

Hunderte Schmetterlinge und Vögel flattern in den Glashäusern von **Fjärilshuset** frei umher. Der tropische Regenwald mit Wasserfällen gedeiht bei konstant 25 °C.

Haga Parkmuseum

Ruinen sind das Einzige, was vom unvollendeten Schloss Gustavs III. übrig blieb.

Die **Koppartälten**, die »römischen Schlachtzelte«, wurden 1787 von Louis Jean Desprez entworfen. Ursprünglich waren es Ställe, heute sind hier ein Restaurant, ein Café und das Haga Parkmuseum untergebracht.

Stora Pelousen, die Grünflächen zwischen Koppartälten und Brunnsviken, werden im Sommer zum Sonnenbaden und Picknicken, im Winter zum Skifahren genutzt.

Expertentipp
Spaziergänge

Laden Sie die kostenlose Royal Walks App herunter. Sie präsentiert auf Englisch und Schwedisch zwei Spaziergänge durch den Norden und Süden des Hagaparken. Dabei erfährt man viel über die einzelnen Gebäude.

1 Der gepflegte Rasen mit Wegen eignet sich wunderbar für einen Spaziergang oder ein Picknick.

2 Die Glashäuser von Fjärilshuset bieten einen idealen Lebensraum u. a. für Schmetterlinge, Spinnen und Frösche.

3 Die von Louis Jean Desprez entworfenen Kupferzelte sollten den Eindruck eines Sultanslagers erwecken.

Olof Tempelman entwarf den **Pavillon Gustavs III.**, Louis Masreliez war für die Innenausstattung verantwortlich. Der Spiegelsaal ist besonders sehenswert.

←

Hagaparken, eine der beliebtesten Grünanlagen im Raum Stockholm

Im 18. Jahrhundert fand man alles schick, was aus China kam – ein Bauwerk wie die **Kinesiska Pagoden** war also fast ein Muss für den Architekten Piper.

Edvard Andersons Växthus: Gewächshaus im Bergianska Trädgården

④ Naturhistoriska Riksmuseet

4 km nördl. von Stockholm · +46 8 5195 4000 · Universitetet · 50, 540 · Sommer: tägl. 11–17; Winter: Di–Fr 11–17, Sa, So 10–18 · nrm.se

Das Naturhistoriska Riksmuseet wurde von Axel Anderberg entworfen und von Carl Fagerberg künstlerisch gestaltet. Carl von Linné (1707–1778) hatte das Museum 1739 als Teil der Vetenskapsakademien (Akademie der Wissenschaften) gegründet, heute ist es mit rund 17 Millionen Exponaten weltweit eines der zehn größten Museen dieser Art.

In der Abteilung »Fossilien und Evolution« lernt man die Dinosaurier und die frühesten Menschen kennen, »Leben und Wasser« zeigt Wasserlebewesen aller Art, in den »Polarregionen« sind Pinguine und Eisbären zu sehen.

Um 1980 erhielten Museumsrestaurant und -hof durch die Künstler Nils Stenqvist, Gunnar Larsson und Pål Svensson neuen Pfiff.

Nach 1990 wurde in größerem Umfang angebaut. In dieser Zeit wurde auch Cosmonova eröffnet, das Planetarium und IMAX-Kino zugleich ist. Die kuppelförmige Leinwand ist 25-mal so groß wie eine normale Kinoleinwand.

Das *Vega-Monument* wurde 1930 vor dem Museum errichtet. Der schwarze Granitblock mit dem kupfernen Schiff stammte vom Bildhauer Ivar Johnsson und sollte an den 50. Jahrestag der Rückkehr des Forschers Adolf Erik Nordenskiöld erinnern, der mit der *Vega* erstmals die Nordost-Passage durchfuhr.

Schon gewusst?

Das Naturhistoriska Riksmuseet ist mit mehr als 20 000 m² Schwedens größtes Museum.

⑤ Bergianska Trädgården

4 km nördl. von Stockholm · +46 8 163 500 · Universitetet · 50, 540 · Zeiten siehe Website · bergianska.se

Im Bergianska Trädgården, dem Botanischen Garten der Stadt, wachsen Pflanzen aus aller Welt. Er unterteilt sich in verschiedene Bereiche, etwa den japanischen Teich, Obstgärten und Feuchtgebiete. Es gibt auch einen Küchengarten mit Kräutern und Heilpflanzen.

Die italienische Terrasse (19. Jh.) ist ein hübscher Aussichtspunkt. Von Ende Mai bis Mitte Juni können Besucher die Rhododendron-Blüte (ca. 70 Arten) in einem Tal, das zum Brunnsviken führt, bewundern.

Das Victoriahus (1900) beherbergt tropische Wasserpflanzen, Nutzpflanzen und Epiphyten, im Edvard

Fassade des Ulriksdals Slott; Weißwangengans im Schlossgarten (Detail)

Restaurant

Gamla Orangeriet
Das charmante Café serviert Gerichte aus lokal produzierten Zutaten. Probieren Sie frisch gebackenes Brot, Kuchen und anderes Gebäck.

Veit Wittrocks väg 7
gamlaorangeriet.se

Andersons Växthus (1995) gedeihen vor allem Pflanzen aus den Tropen und dem Mittelmeerraum.

6

Ulriksdals Slott

7 km nördl. von Stockholm +46 8 402 6280 503 Royal Haga (im Sommer) Zeiten siehe Website kungligaslotten.se

Schloss Ulriksdal und das Areal mit seinem reichen Baumbestand sind einen Besuch wert. An der Schlossauffahrt befindet sich Ulriksdals Wärdshus, eines der berühmtesten Restaurants Stockholms, in dem man gern Hochzeiten feiert.

Das um 1645 erbaute Renaissance-Schloss weist deutsche und niederländische Stilelemente auf. Der Eigentümer, der königliche Marschall Jakob de la Gardie, nannte es Jakobsdal. 1669 kaufte die Königinwitwe Hedvig Eleonora das Schloss. 15 Jahre später vermachte sie es ihrem Enkel Ulrik, worauf es umbenannt wurde.

Um diese Zeit schlug Tessin d. Ä. einen Umbau vor, aber nur wenige seiner Vorschläge wurden umgesetzt. Die Stuckarbeiten von Carlo Carove im Südflügel existieren noch. Im 18. Jahrhundert erhielt das Schloss sein barockes Erscheinungsbild. Unter König Gustav III. (1746–92) war es Ort vieler Festlichkeiten, doch dann geriet es in Vergessenheit und wurde einige Zeit sogar als Heim für Kriegsinvaliden genutzt.

Erst unter Karl XV. (1826–1872) erwachte das Interesse an dem Schloss neu. In dem Raum, der dem Monarchen gewidmet ist, werden Möbel und kunsthandwerkliche Arbeiten ausgestellt. Im ehemaligen Rittersaal ist das Wohnzimmer von Gustav VI. Adolf (1882–1973) mit Möbeln von Carl Malmsten. Das Zimmer war 1923 ein Hochzeitsgeschenk des schwedischen Volks an den Kronprinzen und seine künftige Gattin Louise Mountbatten. Zu der Zeit wurde ein neuer Treppenaufgang gebaut, wie ihn Tessin d. Ä. schon 250 Jahre früher vorgeschlagen hatte.

Mitte des 17. Jahrhunderts wurde der Park angelegt. Die Linden sind 300 Jahre alt. Am Schlossteich stehen zwei Wildschwein-Skulpturen von Carl Milles, über den Teichzufluss führt eine Brücke, die auf einer Skulptur von Per Lundgren ruht. Die Orangerie, die um 1665 von Tessin d. Ä. entworfen und 1705 umgebaut wurde, beherbergt jetzt ein Skulpturenmuseum.

Die Schlosskapelle (1865), ein Bau im Stil der niederländischen Neorenaissance mit schönen mittelalterlichen Kirchenfenstern, wurde von F. W. Scholander entworfen.

1650 setzte sich der Umzug anlässlich der Krönung von Königin Kristina von Ulriksdal aus in Bewegung. Die Letzten sollen noch vor dem Schloss auf ihren Abmarsch gewartet haben, als die Ersten bereits die Stadt erreichten. Die 1671 errichtete Reitschule wurde um 1750 von Carl Hårleman und C. F. Adelcrantz in ein Theater mit Namen Confidencen umgewandelt. Im Sommer gibt es hier Theateraufführungen.

❺

Södermalm und südlich von Söder

2,5 km südlich von Stockholm Ⓣ Slussen

Södermalm – meist nur Söder genannt – erhebt sich steil aus dem Wasser. Die Hänge sind mit Holzhäusern bebaut und bieten einen unvergleichlichen Anlick. In Söder gibt es viele Läden, Bars und Restaurants und ein reges Nachtleben, aber auch moderne Architektur. Beispiele dafür sind die Avicii Arena im Süden sowie der Friedhof Skogskyrkogården, der von der UNESCO zur Welterbestätte erklärt wurde.

①

Slussen

Ⓣ Slussen 53, 55
Djurgårdsfärja

Durch den stark wachsenden Verkehr im frühen 20. Jahrhundert wurde die Straße zwischen Södermalm und Gamla Stan zum Engpass. Auch alle Schiffe zwischen Mälarsee und Ostsee mussten hier die Schleusen passieren. Der Verkehr an Land staute sich auf der engen Brücke. Auch als 1928 ein Teil des Schiffsverkehrs über einen neuen Kanal geleitet wurde, entschärfte sich die Lage kaum. Die zündende Idee kam von Tage William-Olsson und Gösta Lundborg. Sie entwarfen einen kleeblattförmigen Kreisverkehr. Er wurde 1935 eröffnet, der Entwurf war so gut, dass er 1967 sogar der Umstellung auf Rechtsverkehr standhielt.

Am Slussplan steht Bengt Fogelbergs Bronzestatue, die Karl XIV. zeigt. Karl blickt auf Södermalm und auf die nach ihm benannte Schleuse. Etwa zur selben Zeit wurden die Schleusen umgebaut, denn Nils Ericsson hatte einen neuen Schleusenmechanismus erfunden. Heute werden die Schleusen fast nur noch von Freizeitbooten benutzt, über deren oft ungeschickte Manöver sich die Zuschauer amüsieren.

②

Stockholms Stadsmuseum

Ⓣ Slussen +46 8 5083 1600 55, 57, 71, 191, 192 Di – So 11 – 17
stadsmuseet.stockholm

Stockholms Stadtmuseum liegt eingezwängt zwischen

↑ *Farbenprächtige Fassaden prägen das Flair von Södermalm*

dem Kreisverkehr von Slussen und dem jäh ansteigenden Hügel, der zum Mosebacke Torg hinaufführt. Das Museum ist in einem Gebäude aus dem späten 17. Jahrhundert untergebracht, das von Tessin d. Ä. ursprünglich als Södra Stadshuset (Südliches Rathaus) entworfen

Schon gewusst?

Die Millennium-Reihe von Stieg Larsson (1954–2004) wurde erst nach seinem Tod veröffentlicht.

wurde. Nach einem Brand stellte Tessin d. J. den Bau im Jahr 1685 fertig. Im Lauf der Jahrhunderte wurde er als Gerichtshof, Gefängnis, Schule, Rathauskeller, Theater und Kirche genutzt, seit den 1930er Jahren beherbergt er Stockholms Stadtmuseum.

Das Museum dokumentiert die Geschichte Stockholms und seiner Einwohner – von den ersten Siedlern über das Stockholmer Blutbad von 1520 bis in die Gegenwart. Zudem werden regelmäßig Wechselausstellungen angeboten.

Zum Museum gehören eine Bibliothek und ein Bildarchiv. Alles, was die Stadt betrifft, kann man hier an Computern nachlesen. Es finden auch Veranstaltungen für Kinder, Konzerte und Vorträge statt.

Das Museum organisiert Führungen und Spaziergänge durch Stadtviertel. Zum Angebot gehören auch selbst geführte Touren. Bei einer davon erkundet man Schauplätze der Millennium-Reihe des Autors Stieg Larsson, deren Kriminalromane in Södermalm spielen. Eine auch in Deutsch beschriftete Karte dazu ist im Museumsshop erhältlich.

↑ *Ölgemälde von Alexander Lauréus in Stockholms Stadsmuseum*

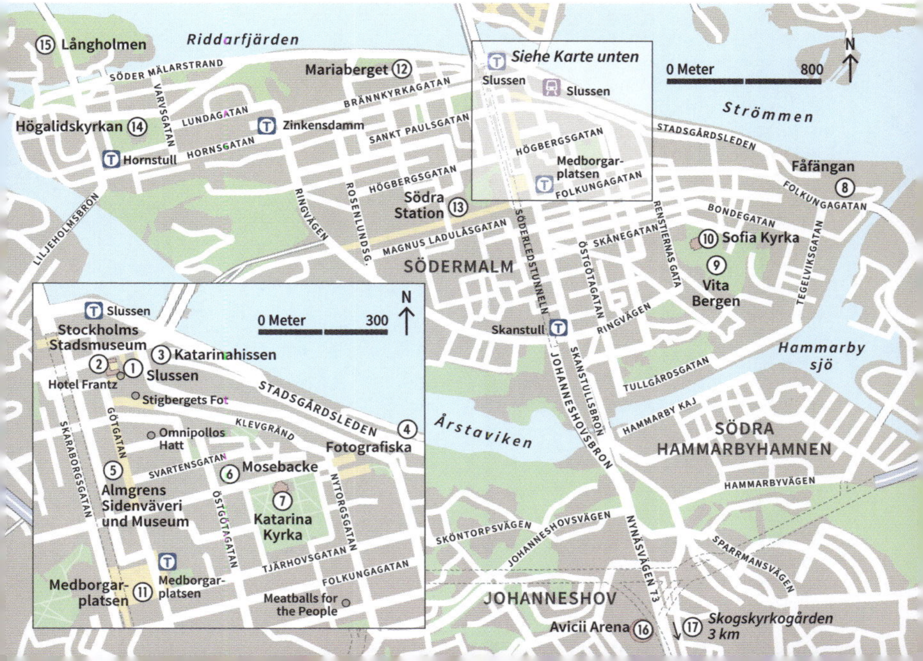

Entdeckertipp
Gondolen

Das 2023 wiedereröffnete Gourmet-Restaurant Gondolen (www.gondolen.se) auf dem Katarinahissen serviert köstliche Cocktails und bietet einen atemberaubenden Blick auf die Skyline von Stockholm.

③

Katarinahissen

Stadsgården Ⓣ Slussen
2, 55, 57, 71, 191, 192

Katarinahissen ist der älteste Aussichtsturm der schwedischen Metropole und prägt die Söder-Skyline maßgeblich. Der 38 Meter hohe Aufzug wurde im März 1883 eröffnet und befördert Fahrgäste von Slussen auf die Höhe von Mosebacke Torg. Im Jahr 1909 erstrahlte oben Schwedens erste Neonreklame – eine legendäre Werbung für die Zahnpasta Stomatol, die später auf einem Dach in der Nähe installiert wurde.

Der Aufzug war ursprünglich dampfbetrieben, 1915 stellte man auf Elektrizität um. Vollständig erneuert wurde er in den 1930er Jahren, als der genossenschaftliche Verband KF in Slussen seinen großen Bürokomplex baute. Im ersten Jahr wurde der Lift von einer Million Passanten genutzt, das Rekordjahr war 1945 mit mehr als 1,8 Millionen Benutzern.

Nach mehr als einem Jahrzehnt der Renovierung wurde der Aufzug Ende 2023 wiedereröffnet, das beliebte Restaurant und die Veranda oben im Gebäude sind nun wieder für Besucher zugänglich.

④

Fotografiska

Stadsgårdshamnen 22
+46 8 5090 0500
2, 3, 53, 76 Ⓣ Slussen
tägl. 10–23 stockholm.fotografiska.com

Fotografiska ist in einem ehemaligen Industriegebäude untergebracht und eines der weltweit größten Zentren für zeitgenössische Fotografie. Bekannte Namen wie Annie Leibovitz und David LaChapelle sind ebenso vertreten wie weniger bekannte Fotografen. Jedes Jahr gibt es vier große und rund zwanzig kleinere Ausstellungen. Das Restaurant serviert saisonale Gerichte, das Café in der obersten Etage bietet eine tolle Aussicht.

⑤

Almgrens Sidenväveri und Museum

Repslagargatan 15A
+46 8 642 5616 Mo–Sa 12–16 kasiden.se

Karl August Almgren gründete 1833 die Seidenweberei, die heute ein Museum ist. Bei einer Studienfahrt durch Frankreich lernte Almgren 1825 in Lyon und Tours das Lochkartensystem kennen, das ausschlaggebend war für Frankreichs führende Rolle im Seidengeschäft. Mit Plänen für moderne Webstühle kehrte er nach Schweden zurück und eröffnete seine Weberei. Bald dominierte er den Markt, der im 18. Jahrhundert 30 Stockholmer Seidenwebereien aufwies.

Die Weberei blieb bis zur Schließung 1974 im Besitz der Familie. Als 1991 aus der Weberei ein Museum entstand, beließ man die Einrichtung. Im ehemaligen Webraum, heute ein Shop, kann man Stoffe kaufen.

⑥

Mosebacke

Ⓣ Medborgatplatsen
59, dann zu Fuß

Von Slussen hügelaufwärts kommt man in den Stadtteil Mosebacke. Der Name beruht auf Moses Israelsson, Schwiegersohn von Johan Hansson Hök, der im 17. Jahrhundert auf dem Hügel zwei Mühlen betrieb.

→ *Fotografiska – berühmtes Museum für Fotografie in einem Backsteingebäude*

Mitte des 19. Jahrhunderts wurde Mosebacke ein Vergnügungsviertel. 1852 baute man ein Theater, das kurz danach abbrannte. 1859 wurde an gleicher Stelle nach Plänen von Johan Fredrik Åbom das Södra Teatern errichtet. Das Tor zur Aussichtsplattform mit Blick auf die Stadt stammt auch aus dieser Zeit.

Das Södra Teatern ist ein Klassiker unter Stockholms Bühnen. Um 1900 bemalte Vicke Andrén die Decke des Zuschauerraums, in den 1930er Jahren gestalteten verschiedene Künstler die Wände.

Nils Sjögrens Statue *Die Schwestern* steht am Mosebacke Torg. Stufen führen zur Fiskargatan, an der Brandmauer von Haus Nr. 12 überrascht das Bild *Morgenlicht*.

⑦

Katarina Kyrka

Högbergsgatan 13 · +46 8 743 6840 · Medborgarplatsen · 2, 3, 53, 66, 71, 76 · Mo – Sa 10 –17, So 8:30 –17 (Okt – März: Di – So)

Die Gebäude auf Katarinaberget stammen teils aus dem 18. Jahrhundert. Sie umgeben den Gipfel, auf dem seit Ende des 14. Jahrhunderts mehrere kleine Kirchen standen. Im 17. Jahrhundert wurden sie durch die Katarina Kyrka von Jean de la Vallée ersetzt. Karl X. Gustav bestand darauf, dass die Kirche ein zentrales Schiff, einen mittigen Altar und eine mittige Kanzel erhielt.

↑ *Die Katarina Kyrka wird von einer gepflegten Grünanlage umgeben*

Mit dem Bau begann man 1656, erst 1695 waren die Arbeiten abgeschlossen. Durch einen Brand 1723 wurde die Kirche schwer beschädigt, aber in den folgenden Jahrzehnten wiederaufgebaut. Eine größere Restaurierung fand 1988 statt. Nur zwei Jahre später brach ein Feuer aus, bei dem – abgesehen von den Außenmauern – alles niederbrannte und das ganze Viertel in Mitleidenschaft gezogen wurde.

Das Architekturbüro Ove Hidemark wurde beauftragt, die Kirche wieder aufzubauen. Sie sollte nicht nur äußerlich dem Original gleichen, man wollte auch die verbliebenen Mauerreste in den Bau integrieren. Das machte es erforderlich, auch Bautechniken des 17. Jahrhunderts anzuwenden. So errichtete man das für die große Kuppel nötige schwere Holzgerüst auf traditionelle Weise. Für das Mittelschiff wurden Ziegel gebrannt, die denen aus dem 17. Jahrhundert vergleichbar sind.

1995 wurde die Kirche erneut geweiht – viele vertreten die Meinung, sie sei schöner als zuvor. Die Rekonstruktion kostete 270 Millionen Kronen, etwa die Hälfte davon finanzierte man durch Spenden.

Hotel

Hotel Frantz

Das Boutique-Hotel in einem Backsteingebäude aus dem 17. Jahrhundert war einst das Wohnhaus des Schneidermeisters Frantz Bock. Die Zimmer sind gemütlich, es gibt ein elegantes Restaurant und eine Bar.

Peter Myndes Backe 5

hotelfrantz.com

Kr Kr Kr

⑧

Fåfängan

53, 55, 71, 93, 402

An Södermalms östlichstem Punkt blickt man auf die vielen Segelboote hinab. Um 1655 nutzte Feldmarschall Erik Dahlberg die strategische Lage des Hügels für eine Festung. An sie erinnern noch Reste.

Hügel und Park erhielten in den 1770er Jahren den Namen »Fåfängan«. Zu dieser Zeit gehörte das ganze Areal dem Großhandelskaufmann Fredrik Lundin. Der ließ auf dem Hügel einen Pavillon erbauen, der noch heute inmitten eines viereckigen Blumengartens steht. Das Wort »Fåfängan« (Nichtigkeit) bezeichnete eigentlich ein wertloses Stück Land, doch in Stockholm hat es eine andere Bedeutung: »Pavillon auf dem Hügel mit schönem Blick«.

⑨

Vita Bergen

2, 3, 66, 76

Vita Bergen kennt man von den Open-Air-Theateraufführungen, die vom schwedischen Fernsehen übertragen werden, vor allem als Park. Doch das Areal ist mehr als ein Park: Es ist auch ein historischer Ort, an dem Häuser erhalten sind, die ursprünglich für Arbeiter in den Häfen und Fabriken von Söder errichtet wurden. Diese Häuser wurden im 18. Jahrhundert auf und um den Hügel herum gebaut. Es waren einfache Holzhäuser mit kleinen Gärten. 1736 gab es wegen des Brandrisikos zwar ein Verbot, weitere Holzhäuser zu bauen, doch dieses Viertel blieb davon ausgenommen. So konnten Straßen wie Bergsprängargränd ihren einstigen Charakter bewahren und vermitteln einen Eindruck, wie man früher gelebt hat.

Als um 1900 die Sofia Kyrka gebaut wurde, verwandelte sich die Gegend in einen grünen Hügel. Im Osten liegt eine Schrebergartensiedlung, Richtung Malmgårdsvägen steht das 300 Jahre alte Herrenhaus Werner Groen Malmgård. Im Park selbst sieht man die Bronzestatue *Elsa Borg* (1972) von Astrid Bergman-Taube, der Ehefrau von Evert Taube *(siehe S. 66)*.

↑ *Magnolien in voller Blüte im Park Vita Bergen*

Schöne Aussicht
Vita Bergen

Vita Bergen (Vitabergsparken) ist ein beliebter Picknickplatz. Seine Hügellage macht ihn zu einem der schönsten Aussichtspunkte von Södermalm. Kommen Sie möglichst an einem sonnigen Tag hierher.

⑩

Sofia Kyrka

Vitabergsparken **+46 8 641 3100** **3, 4, 76** **tägl. 11–17** **svenskakyrkan.se**

Inmitten eines hübschen Parks, oben auf Vita Bergen, erhebt sich die zwischen 1902 und 1906 erbaute Sofia Kyrka, die nach der Gemahlin Oscars II. benannt ist.

Der Architekt Gustaf Hermansson, der zuvor schon die Oscarskyrkan in Östermalm entworfen hatte, ließ sich von Nationalromantik und Gotik beeinflussen und schuf ein monumentales Gebäude mit spitzen Türmen, die bis zu 78 Meter hoch sind.

Alles, was von der ursprünglichen Innenausstattung ge-

← *Die monumentale Sofia Kyrka überragt ihre dicht bebaute Umgebung*

blieben ist, sind drei Fenster von Olle Hjortzberg. In den frühen 1950er Jahren malte Hilding Linnquist das große Altarfresko mit biblischen Szenen. Der Innenraum wurde bei der Renovierung in den 1980er Jahren radikal umgestaltet.

⑪

Medborgarplatsen

Ⓣ Medborgarplatsen
🚌 59, 66

Södermalms natürliches Zentrum ist der Medborgarplatsen (Bürgerplatz). Er macht seinem Namen alle Ehre und bietet eine Vielzahl von Aktivitäten. Im Sommer sind die Terrassen der Bars und Restaurants beliebte Treffpunkte, im Winter gibt es eine Eislaufbahn.

Der Platz hieß früher Södra Bantorget und wurde 1939 in Anlehnung an das neu erbaute Medborgarhuset in Medborgarplatsen umbenannt. Das von Martin Westerberg im funktionalistischen und neoklassizistischen Stil entworfene Bürgerhaus beherbergt neben einem Veranstaltungssaal auch eine Turnhalle, ein Schwimmbad und eine Bibliothek.

Im Westen des Platzes liegt Söderhallarna, ein Komplex mit Restaurants, Feinkostläden und einem Kino. 1984 bauten die Architekten Claes Mellin und Willy Hermansson im Nordwesten das Göta-Ark-Bürogebäude.

Neben der Treppe zum Südbahnhof (Södra Station) steht das Södertorn-Apartmenthaus des Architekten Henning Larssen, davor *Nanas Brunnen* von Niki de Saint Phalle. Eine weitere Skulpturengruppe der französisch-schweizerischen Bildhauerin befindet sich am Moderna Museet *(siehe S. 98f)*. An der westlichen Ecke des Medborgarhuset erreicht man ein Tor (17. Jh.), weiter Richtung Götgatan steht Gustaf Nordahls *Quelle des Lebens* (1983).

Göran Strååts Skulptur *Kasper* steht beim Lillienhoffska Palatset (17. Jh.), ebenso Stefan Thoréns *Dämmerung*.

Restaurant

Meatballs for the People
Fleischbällchen sind aus der schwedischen Küche nicht wegzudenken. In diesem Restaurant gibt es sie in 14 verschiedenen Variationen.

⌂ Nytorgsgatan 30
W meatball.se

Kr Kr Kr

↑ *Gourmet-Foodhall im Shopping-Center Söderhallarna am Medborgarplatsen*

↑ *Blick von der Promenade Monteliusvägen auf die Insel Riddarholmen*

⑫

Mariaberget

Ⓣ Mariatorget 🚌 405

Ein Brand zerstörte 1759 die alten Häuser von Mariaberget. Beim Wiederaufbau des Viertels musste man sich an das Gesetz von 1736 halten, das den Bau von Holzhäusern in diesem Teil von Söder verbot. Das Resultat der stadtplanerischen Auflagen existiert heute noch. Es sind die Steinhäuser von Mariaberget, die entlang den steilen, gewundenen Straßen zum Riddarfjärden stehen und unverwechselbar zum Stadtbild Stockholms gehören.

Gegen Ende des 20. Jahrhunderts beschloss die Stadt, die Gegend unter Denkmalschutz zu stellen. In der Nähe der Bastugatan wurde die Promenade Monteliusvägen an die Felsen gebaut. Eine neue Treppe führt hinunter zum Ufer des Mälarsees.

Der Schriftsteller Ivar Lo-Johansson (1901–1990) lebte mehr als ein halbes Jahrhundert in dieser Gegend. Ein kleiner Park ist nach ihm benannt, dort steht auch seine Büste. Der Lyriker und Komponist C. M. Bellman *(siehe S. 123)* wurde in Mariaberget geboren, obwohl man ihn eher mit Haga und Djurgården in Verbindung bringt.

Das ruhige Mariaberget ist ein angenehmer Kontrast zur geschäftigen, verkehrsreichen Hornsgatan. Als die Straße 1901 erweitert und ein wenig eingeebnet wurde, kamen einige Häuser aus dem 18. Jahrhundert besser zur Geltung. Heute haben sich in der Gegend Galerien und Antiquitätenläden niedergelassen. Gegenüber der Hornsgatan steht die Maria Magdalena Kyrka von 1763.

Schöne Aussicht
Monteliusvägen

Folgen Sie der Promenada Monteliusvägen, um das historische Stadtviertel Mariaberget zu erreichen. Der Aussichtspunkt am Wasser bietet einen fantastischen Blick auf Teile der Stadt.

⑬

Södra Station

Ⓣ Medborgarplatsen oder Mariatorget, dann zu Fuß
🚌 3, 57, 66, 76, 96

Mitte des 19. Jahrhunderts befand sich westlich des Medborgarplatsen noch der Fatburen-See. Er wurde aufgeschüttet, um 1865 entstand direkt daneben Stockholms Södra oder Södra Station (Südbahnhof). In den 1980er Jahren wurde auf den alten Gleisanlagen ein Wohngebiet mit 3000 Wohnungen errichtet.

Das Viertel wurde zum Prüfstein für die Stadtplanungskonzepte der 1980er Jahre, in denen sich Architekten um eine Erneuerung Stockholms bemühten. Am interessantesten ist hier wohl die Arbeit des spanischen Architekten Ricardo Bofill. Von ihm stammen die Hochhäuser und der Wohnkomplex neben Fatburs Parken – die beeindruckendste neoklassizistische Fassade in der Gegend.

Fatburs Parken liegt gleich hinter Bofills Bau, der Parkweg verbindet den Medborgarplatsen mit Södermalmsallén und dem Bahnhof. Ein weiterer, 200 Meter langer Weg mit 16 Skulpturen kreuzt den Park. In der Mitte steht ein Springbrunnen. Der Blumengarten im nördlichen Teil des Parks ist nach dem schwedischen Komponisten Johan Helmich Roman (1694–1758) benannt.

⑭ ♿

Högalidskyrkan

Högalids Kyrkväg
+46 8 168 800
Hornstull **4, 66, 74**
tägl. 9–17

Die achteckigen Zwillingstürme der Högalidskyrkan sind so prägnant, dass man die Kirche von vielen Stellen der Stadt aus erkennt. Der nationalromantische Ziegelbau von 1923 wurde von Ivar Tengbom entworfen. Er zeichnet auch für die Innenausstattung verantwortlich, an der führende Künstler und Kunsthandwerker Schwedens beteiligt waren.

Von Gunnar Torhamn stammen das Kreuz – das größte Skandinaviens –, die Fresken in der Taufkapelle und die Ornamentik an Kanzel und Orgelempore. Erik Jerke schuf den Altaraufsatz in byzantinischem Stil. Für die Friedhofskapelle unterhalb des Altarraums entwarf Einar Forseth ein Apsismosaik, für das er die gleiche Technik verwendete, die er schon im Gyllene Salen (Goldener Saal) des Stadshuset *(siehe S. 146f)* eingesetzt hatte.

Trotz wiederholter Umgestaltungen ist nicht alles in dieser Kirche neu. Der Taufstein stammt aus dem 16. Jahrhundert, der siebenarmige Altarleuchter aus dem 18. Jahrhundert.

Bars

Omnipollos Hatt
Probieren Sie in dieser schwedischen Mikrobrauerei preisgekrönte Biere, die Auswahl ist groß. Zum Biergenuss passt eine hier gebackene köstliche Holzofenpizza.

Hökens gata 1A
omnipollos hatt.com

Stigbergets Fot
Diese gemütliche Stockholmer Bar ist ein beliebter Treffpunkt für Craftbeer-Enthusiasten. Entdecken Sie hier die neuesten Trends.

Götgatan 5
stigbergetsfot.se

←

Achteckige Zwillingstürme der 1923 fertiggestellten Högalidskyrkan

Schon gewusst?

Eine Skulptur von Thomas Qvarsebo erinnert an den 1993 erfolgten Absturz eines Kampfflugzeugs auf Långholmen.

⑮

Långholmen

Ⓣ Hornstull 🚌 66

Unterhalb der Brücke Västerbron *(siehe S. 148)* liegt die Insel Långholmen, die durch zwei Brücken mit Södermalm verbunden ist. Långholmen ist seit 1724 als Gefängnisinsel bekannt. Das letzte Gefängnis für 620 Insassen – das größte Schwedens im 20. Jahrhundert – wurde 1975 geschlossen. Danach entwickelte sich die Insel zum Freizeitgelände.

Die neueren Gefängnisgebäude wurden 1982 abgerissen, aber das alte königliche Gefängnis von 1835 ließ man stehen. Die einstigen Zellen gehören jetzt teils zu einem Hotel, andere bilden ein Gefängnismuseum. Es gibt eine Jugendherberge, ein gutes Restaurant und ein kleines, dem Nationaldichter Carl Michael Bellman *(siehe S. 123)* gewidmetes Museum.

Der Park von Långholmen verfügt über ein Open-Air-Theater und bietet hervorragende Bademöglichkeiten an Stränden und auf Felsen.

⑯

Avicii Arena

3 km südl. von Stockholm
+46 8 5083 5300 Ⓣ Globen
für Veranstaltungen
aviciiarena.se

Die Avicii Arena ist ein Wahrzeichen Stockholms. Das ungewöhnliche Bauwerk wurde 1989 nach rund zweieinhalbjähriger Bauzeit unter dem Namen »Globen« fertiggestellt. Es ist das zweitgrößte halbkugelförmige Gebäude der Welt und bietet Platz für bis zu 16 000 Zuschauer.

Die Arena wird hauptsächlich für Eishockeyspiele (auch des schwedischen Nationalteams) genutzt. Außerdem hielt Johannes Paul II. hier die erste päpstliche Messe in Schweden. Viele internationale Stars gaben hier schon Konzerte, darunter The Rolling Stones, Bruce Springsteen, U2 und Beyoncé.

Vom **SkyView**, einem Schrägaufzug an der Fassade des Gebäudes, genießt man einen atemberaubenden Blick auf Stockholm. Zwei speziell konstruierte Glasgondeln mit einer Kapazität von jeweils 16 Personen befördern Besucher in eine Höhe von 130 Metern. Vor allem an Wochenenden und in den Schulferien kommt es häufig zu langen Warteschlangen. Daher ist es empfehlenswert, rechtzeitig im Voraus zu buchen.

←

Avicii Arena – das zweitgrößte halbkugelförmige Gebäude der Welt

SkyView
Arenatorget 2
Zeiten siehe Website
aviciiarena.se

(17)

Skogskyrkogården

6 km südl. von Stockholm
+46 8 5083 1730
Skogskyrkogården
183 (nur Wochenenden)
Zeiten siehe Website
skogskyrkogarden.stockholm

Skogskyrkogården, ein Waldfriedhof, auf dem sich wunderschöne Natur und imposante Bauwerke zu einem harmonischen Ganzen verbinden, ist UNESCO-Welterbe. Der Friedhof liegt inmitten von Kiefern, die Kapellen und Krematorium einen fast düsteren Rahmen geben.

1914 wurde ein Wettbewerb für die Friedhofsgestaltung ausgeschrieben. Gewinner waren Gunnar Asplund *(siehe S. 152)* und Sigurd Lewerentz, die mit ihren Vorschlägen versuchten, den besonderen Charakter der Gegend zu erhalten. Asplunds erster bedeutender Bau, die Skogskapellet (Waldkapelle), wurde 1920 gleichzeitig mit dem Friedhof geweiht und von Carl Milles ausgeschmückt. Fünf Jahre später folgte die Uppståndelsekapellet (Auferstehungskapelle) von Lewerentz.

1940 wurde Asplunds letztes Werk, das Skogskrematoriet (Waldkrematorium), fertig, zusammen mit seinen drei Kapellen, die für Glaube, Hoffnung und das heilige Kreuz stehen. John Lundqvists *Auferstehung* ist in der Säulenhalle der Heliga Korsets Kapell zu sehen, daneben steht Asplunds Granitkreuz. 1961 wurde ein Gedenkpark nordwestlich der Kapelle angelegt, der Meditationshügel liegt im Westen. An der Gestaltung der Kapelle arbeiteten Carl Milles, Sven Erixson und Gunnar Torhamn.

In Skogskyrkogården findet man die Gräber einiger Berühmtheiten, darunter das Urnengrab von Greta Garbo. Von Juli bis September werden Führungen angeboten.

←

Nach Långholmen kommt man u. a. zum Schwimmen und zum Kajakfahren

Greta Garbo

Die legendäre Garbo wurde 1905 in einem ärmlichen Viertel von Södermalm geboren. Mit 17 Jahren trat sie in die Akademie des Dramatiska Teatern ein und hatte ihr Filmdebüt in *Peter, der Tramp*. Den Durchbruch erlebte sie 1924 mit Mauritz Stillers *Gösta Berling*. »Die Göttliche« trat in 24 Filmen auf, u. a. *Anna Karenina* (1935) und *Die Kameliendame* (1936). Bis zu ihrem Tod 1990 lebte Greta Garbo zurückgezogen in New York. Ihre Urne wurde 1999 auf dem Friedhof Skogskyrkogården beigesetzt.

Spaziergang auf der Fjällgatan

Länge 1 km **Dauer** 15 Minuten
U-Bahn Medborgarplatsen

Per Anders Fogelström (1917–1998), Söders bekanntester Schriftsteller, schrieb: »Fjällgatan ist die schönste Straße der Stadt. Ganz altmodisch zieht sie sich über den Hügel, mit ihrem gut erhaltenen Kopfsteinpflaster und den Straßenlaternen an den Häusern. Und dann, ganz plötzlich, öffnet sich die Straße und gibt einen fantastischen Blick auf Stadt und Wasser frei.« In der Fjällgatan kann man bis heute die einzigartige Atmosphäre des ursprünglichen Söder spüren.

Expertentipp
Eisdiele
Holen Sie sich ein Eis vom »Glaskiosk« Kalasglass (www.kalasglass.se) Ecke Fjällgatan und Lilla Erstagatan und genießen Sie es auf einer der Bänke gegenüber.

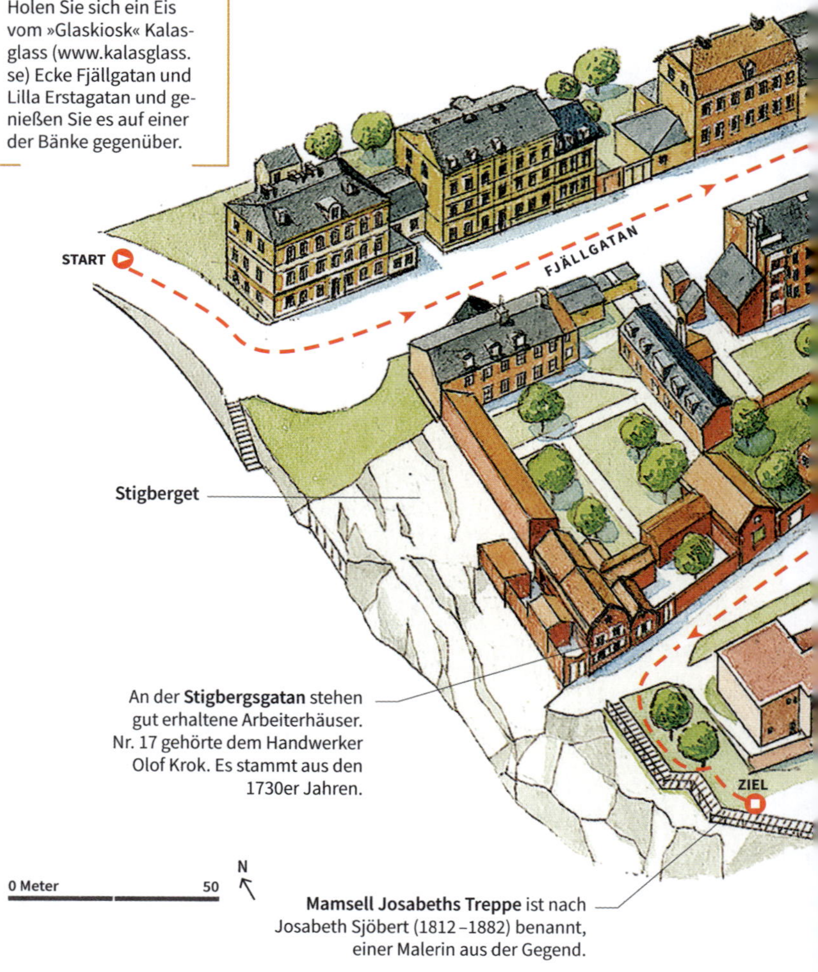

↑ *Von dem Aussichtspunkt an der Fjällgatan genießt man eine herrliche Sicht*

Zur Orientierung
Siehe Karte S. 163

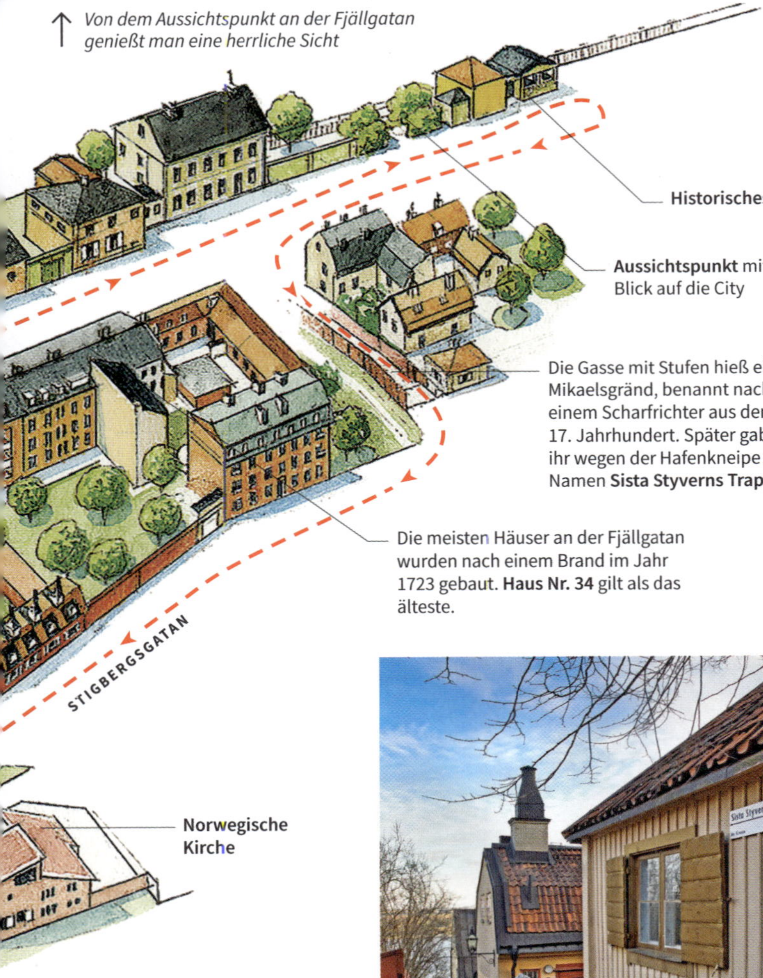

→ *Die berühmte Holztreppe Sista Styverns Trappor in Södermalm*

Spaziergang durch Södermalm

Länge 2,5 km **Dauer** 40 Min.
U-Bahn Slussen

Dieser Spaziergang, auf dem Sie auch die Aussicht auf das Zentrum genießen können, führt durch edle Wohnstraßen und kleine Grünanlagen mit rot-weißen Holzhäusern. Außerdem kommen Sie in diesem wenig touristischen Teil Stockholms an hübschen kleinen Läden vorbei. Machen Sie Pause in einem der vielen Straßencafés.

Zur Orientierung
Siehe Karte S. 163

Von **Blecktornsgränd** hat man einen Blick über Riddarholmen, Gamla Stan und das Zentrum Stockholms.

Die kopfsteingepflasterte **Bastugatan** *(siehe S. 168)* ist voller schöner Häuser (18. Jh.)

Södermalms torg im Zentrum von Slussen ist einer der ältesten Plätze Stockholms.

Einige der **Hausboote am Mälarstrand** wurden zu schwimmenden Hotels umgebaut.

Die **Monteliusvägen** *(siehe S. 168)* bietet tolle Ausblicke.

Über die Stufen der **Pipmakartrappan** kommen Sie zurück zur Hornsgatan.

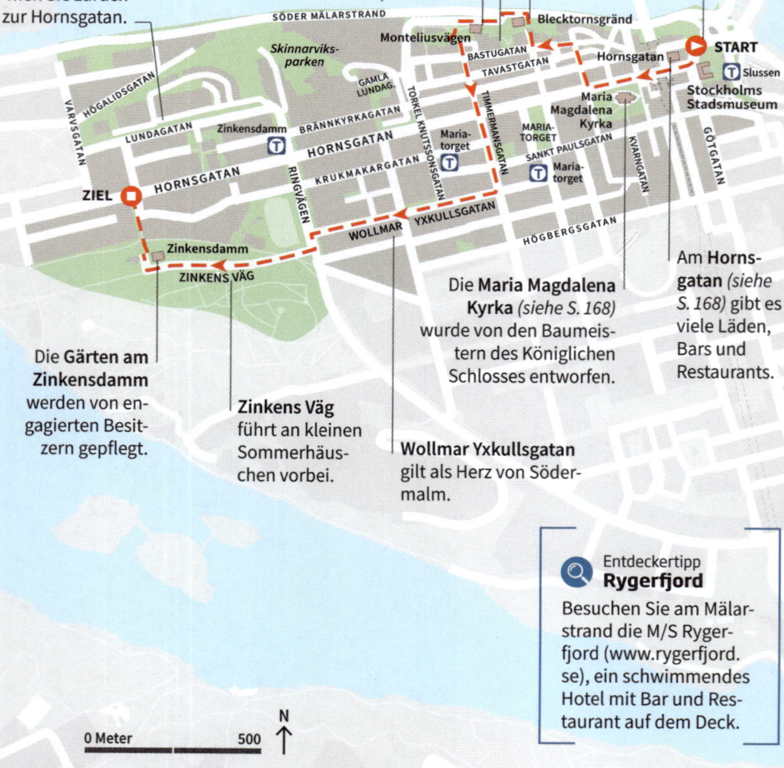

Die **Gärten am Zinkensdamm** werden von engagierten Besitzern gepflegt.

Zinkens Väg führt an kleinen Sommerhäuschen vorbei.

Wollmar Yxkullsgatan gilt als Herz von Södermalm.

Die **Maria Magdalena Kyrka** *(siehe S. 168)* wurde von den Baumeistern des Königlichen Schlosses entworfen.

Am **Hornsgatan** *(siehe S. 168)* gibt es viele Läden, Bars und Restaurants.

Entdeckertipp
Rygerfjord

Besuchen Sie am Mälarstrand die M/S Rygerfjord (www.rygerfjord.se), ein schwimmendes Hotel mit Bar und Restaurant auf dem Deck.

Die Aussicht vom Blecktornsgränd ist kaum zu überbieten

Skulpturen in Schloss Drottningholm (siehe 180–183)

Ausflüge

Mit seiner Lage zwischen Ostsee und Mälarsee eignet sich Stockholm ideal als Ausgangspunkt für Ausflüge, bei denen man Natur, Kultur und Geschichte der Umgebung kennenlernt.

Das Gebiet im Westen ist altes Siedlungsland der Wikinger, dort wurde im 8. Jahrhundert auf der Insel Björkö mit Birka die erste Stadt Schwedens gegründet. Spuren aus jener Zeit sind dort bis heute zu finden. Auch das Königshaus schätzte die Ruhe auf dem Land, Königin Hedvig Eleonora ließ im 17. Jahrhundert Schloss Drottningholm errichten. Wegen seiner kulturhistorischen Bedeutung wurde es – wie auch Birka – von der UNESCO zum Welterbe erklärt.

Östlich von Stockholm erstreckt sich ein Archipel mit mehr als 24 000 Inseln (Schären) und Felsen, die zum größten Teil unbewohnt sind. Dieses Gebiet diente oft als Bollwerk gegen feindliche Angriffe, deshalb fehlen hier herausragende kulturelle Schätze. Stattdessen kann man auf den kleinen Eilanden Natur erleben. Inselhüpfer genießen die kurze Bootsfahrt von Nybrokajen oder Slussen zu den Fjäderholmarna-Inseln oder die längere Fahrt nach Grinda und Sandhamn, wo Angler und Radfahrer viele Optionen finden.

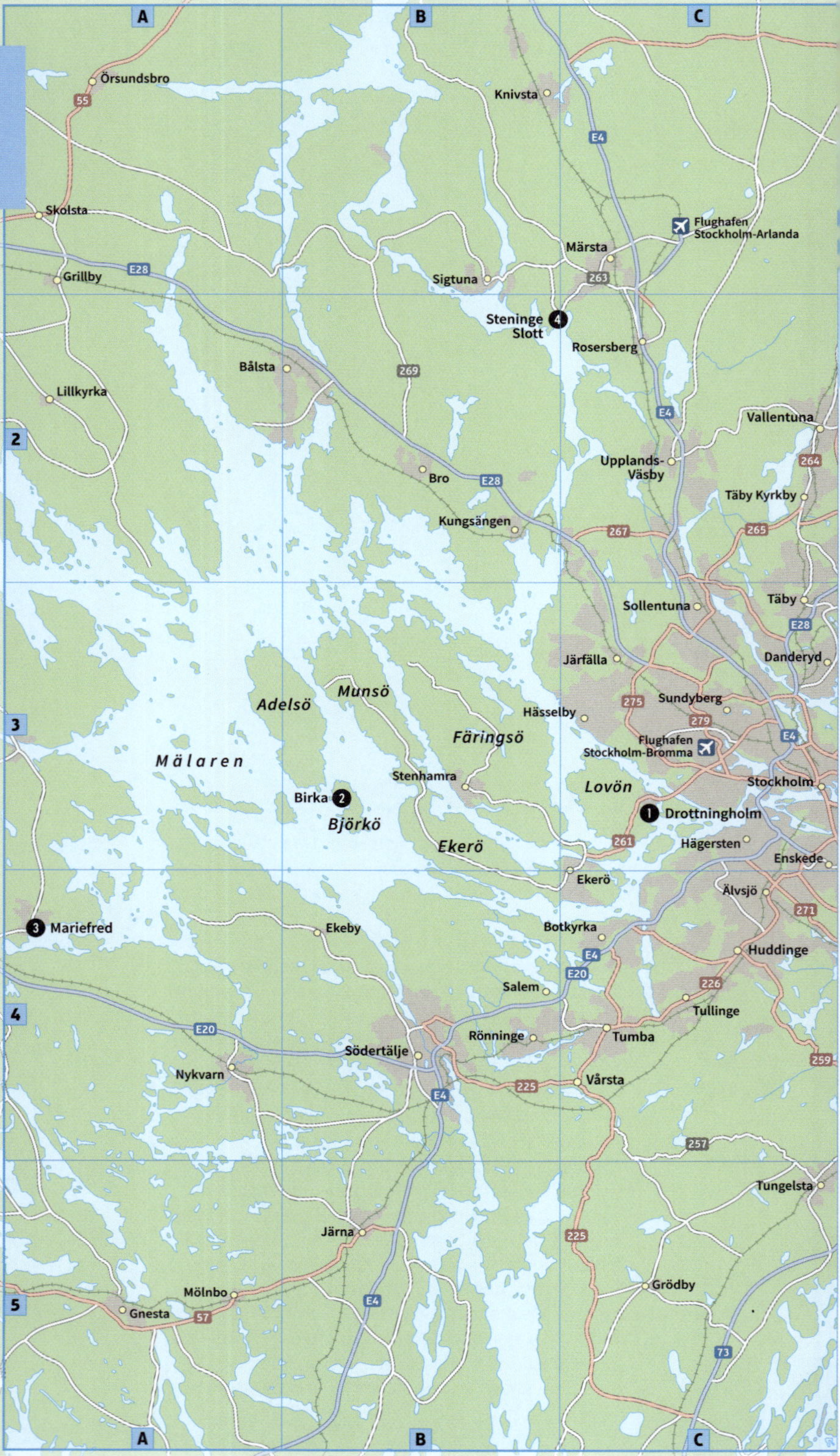
A
B
C
Örsundsbro
55
Knivsta
E4
Skolsta
Flughafen Stockholm-Arlanda
Märsta
Grillby
E28
Sigtuna
263
Steninge Slott
4
Rosersberg
Bålsta
269
Lillkyrka
E4
Vallentuna
2
Upplands-Väsby
264
Bro
E28
Täby Kyrkby
Kungsängen
267
265
Sollentuna
Täby
E28
Järfälla
Danderyd
Munsö
Adelsö
275
Sundyberg
3
Hässelby
279
Färingsö
Flughafen Stockholm-Bromma
E4
Mälaren
Stenhamra
Stockholm
Lovön
Birka
2
1
Drottningholm
Björkö
Ekerö
261
Hägersten
Enskede
Ekerö
Älvsjö
271
3
Mariefred
Ekeby
Botkyrka
Huddinge
E4
E20
Salem
226
4
E20
Tullinge
Rönninge
Tumba
Södertälje
259
Nykvarn
225
Vårsta
E4
257
Tungelsta
Järna
225
Grödby
Mölnbo
5
Gnesta
57
E4
73
A
B
C

Ausflüge

Highlights

1. Drottningholm
2. Birka

Sehenswürdigkeiten

3. Mariefred
4. Steninge Slott
5. Millesgården
6. Fjäderholmarna
7. Vaxholm
8. Grinda
9. Finnhamn
10. Sandhamn
11. Utö

1

Drottningholm

C3 · 10 km westlich von Stockholm · +46 8 402 6100 · Brommaplan, dann Bus 301, 323 · Mai – Sep von Stadshusbron · Zeiten siehe Website · Feiertage · kungligaslotten.se

1991 wurde Drottningholm von der UNESCO zum Welterbe erklärt. Das einzigartige Barock- und Rokoko-Ensemble – Schloss, Theater, Park und Chinesischer Pavillon – ist perfekt erhalten. Teile des Schlosses dienen seit 1982 der schwedischen Königsfamilie als Wohnstatt.

Das Schloss entstand in seiner heutigen Form gegen Ende des 17. Jahrhunderts. Es ist eines der prächtigsten Bauwerke jener Zeit. Tessin d. Ä. ließ sich in seiner Ambition, die Monarchie zu verherrlichen, von italienischer und französischer Architektur inspirieren. Das Schloss wurde von Tessin d. J. vollendet. Herausragende Baumeister des 18. Jahrhunderts wie Carl Hårleman und Jean Eric Rehn waren an der Gestaltung der Innenräume beteiligt.

Das zum Schloss gehörende Theater ist das älteste noch bespielte Theater der Welt. Der Chinesische Pavillon (Kina Slott) besitzt eines der schönsten Rokoko-Interieurs in Europa. Drottningholm liegt am Mälarsee (Mälaren), inmitten von Barock- und Rokoko-Gärten und einem Landschaftsgarten englischen Stils. Im Sommer werden in dem Theater Opern- und Ballettaufführungen geboten.

Im **Zimmer der Königin** steht ein Schreibtisch von Georg Haupt. Das wunderschöne Werk des Kunsttischlers schenkte König Adolf Fredrik seiner Frau Lovisa Ulrika.

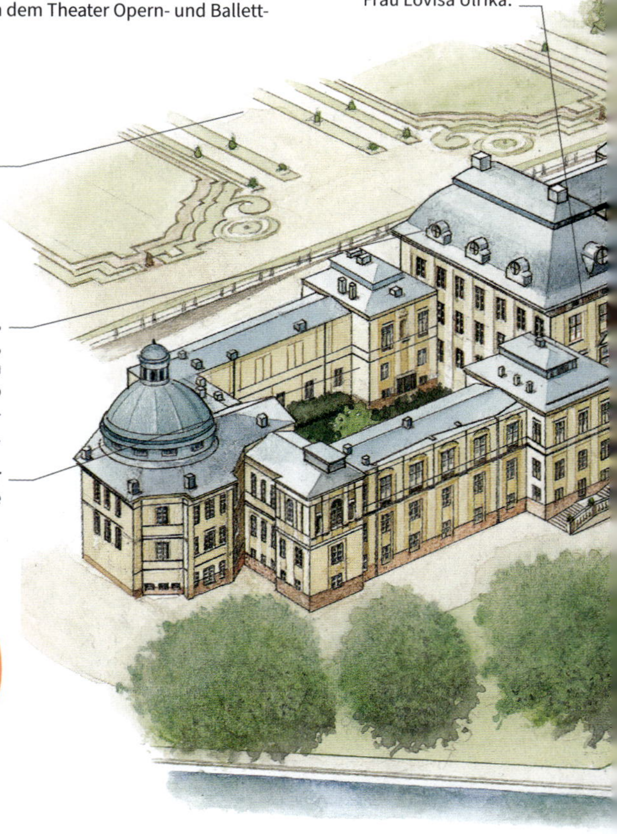

Die **Bronzestatue *Herkules*** (um 1625) des niederländischen Renaissance-Bildhauers Adrian de Vries ziert den unteren Teil des Schlossgartens.

Den **oberen Wachraum**, Vorraum des Staatssaals, schmücken Stuckarbeiten von Giovanni und Carlo Carove sowie Deckengemälde von Johan Sylvius.

Wohnräume der königlichen Familie

Schon gewusst?

Drottningholm war die erste schwedische Sehenswürdigkeit, die von der UNESCO zum Welterbe erklärt wurde.

Fassade des Schlosses; einer der reich mit Kunstwerken ausgestatteten Salons (Detail) ↑

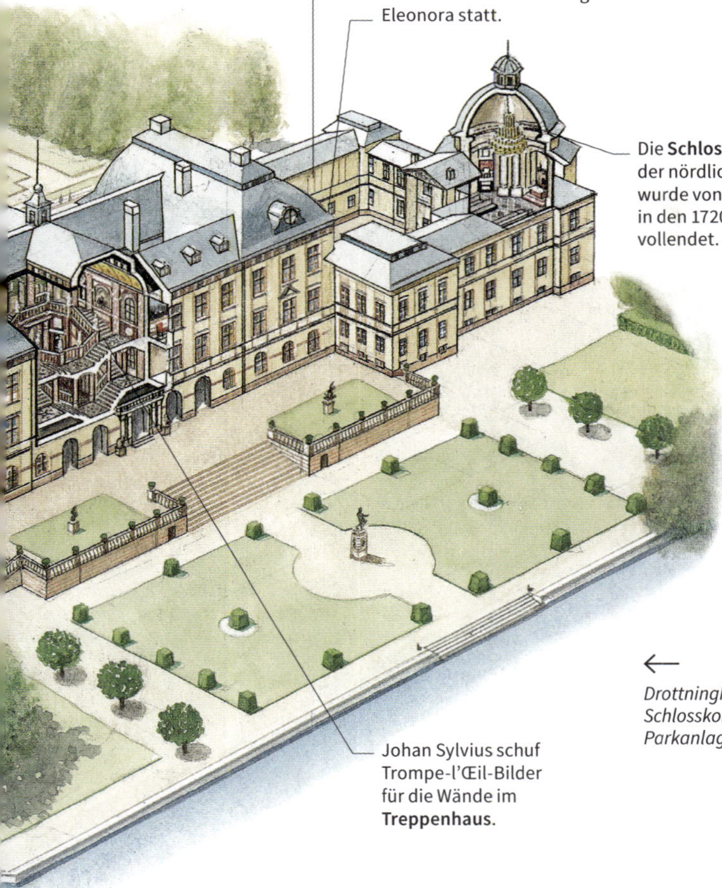

Königin Lovisa Ulrika beauftragte Jean Eric Rehn (1717–1793) mit der Gestaltung der **Bibliothek.**

Morgendliche Empfänge *(levées)* fanden im **Paradeschlafzimmer** von Hedvig Eleonora statt.

Die **Schlosskirche** in der nördlichen Kuppel wurde von Hårleman in den 1720er Jahren vollendet.

Johan Sylvius schuf Trompe-l'Œil-Bilder für die Wände im **Treppenhaus.**

←

Drottningholm mit Schlosskomplex und Parkanlage

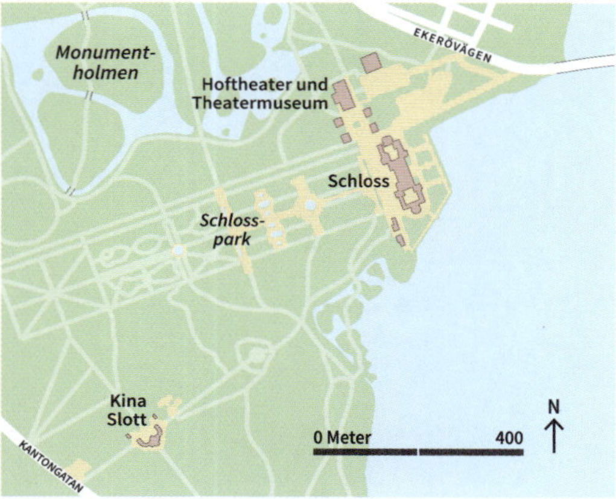

Überblick: Schlosskomplex

Wohnräume

Wenn man die königlichen Wohnräume betritt, fällt zuerst der barocke Korridor ins Auge, von dem man einen schönen Blick auf die Gartenanlagen hat. Im Treppenhaus stechen ein Lüster und Deckengemälde von David Klöcker Ehrenstrahl hervor. Marmorstatuen der neun Musen mit ihrem Beschützer Apoll stehen in den Ecken der Balustraden.

Den Grünen Salon erreicht man aus dem unteren Vestibül über ein Vorzimmer, das für die Wachen vorgesehen war. Königin Hedvig Eleonora (1636–1715) hielt ihre Audienzen im Ehrenstrahlsalon ab, der nach dem Künstler benannt wurde. Prominentere Gäste wurden im Paradeschlafzimmer empfangen, das erst zur Zeit der Königin Lovisa Ulrika tatsächlich zum Schlafen genutzt wurde.

Den Chinesischen Salon nutzte König Adolf Fredrik als privates Schlafzimmer. Der Salon liegt direkt über dem Schlafzimmer der Königin, eine Geheimtreppe verbindet beide Räume.

Weiter geht es mit Generalsraum, Galerie Karls XI., Goldenem Salon und Salon der Königin, in dem Porträts europäischer Königinnen hängen. Der obere Wachraum, Vorraum zum Staatssaal, wurde von Giovanni und Carlo Carove sowie Johan Sylvius ausgestaltet.

Kina Slott

Zu ihrem 33. Geburtstag 1753 bekam Königin Lovisa Ulrika von ihrem Mann Adolf Fredrik einen Chinesischen Pavillon geschenkt. Die Teile waren in Stockholm gefertigt, in der Nacht per Schiff nach Drottningholm gebracht und dort zusammengesetzt worden. Allerdings musste der Bau zehn Jahre später abgerissen werden, da er faulte. Man ersetzte ihn durch den Chinesischen Pavillon (Kina Slott), der zu den Hauptattraktionen von Drottningholm gehört.

Die Gestaltung von Kina Slott entspricht dem, was man vor rund 250 Jahren für typisch chinesisch hielt. Heute bemüht man sich, die Inneneinrichtung so original wie möglich zu halten, wobei eine Inventarliste von 1777 hilfreich ist.

Vier kleinere Pavillons gehören zum Bau. Im nordöstlichen hatte der König eine Werkstatt. Im Confidencen-Pavillon nahm man die Mahlzeiten ein, wenn man ungestört sein wollte. Die Speisen wurden eine Etage tiefer zu-

Expertentipp
Führungen

Für Führungen durch Kita Slott empfiehlt sich ein Besuch werktags zwischen Mai und September. Die beliebten Foto-Schnitzeljagden für Besucher von vier bis zwölf Jahren sind im Preis inbegriffen.

bereitet und auf dem gedeckten Tisch mit einem Lift durch den Fußboden hinauftransportiert. Im »Wachzelt« im türkischen Stil hielten sich die Dragoner Gustavs III. auf.

Schlosspark

Die drei Schlossgärten sind alle in einem vollkommen anderen Stil angelegt, passen aber dennoch zusammen. Mit dem symmetrischen Teil, der sich bei der Schlossterrasse bis zum *Herkules* erstreckt, wurde 1640 begonnen. Diese Anlage sollte alle Sinne anregen – durch die Optik, die Klänge und die Düfte. Es gibt Brunnen mit kleinen Wasserfällen und Kaskaden, die Bäume und Sträucher sind kunstvoll beschnitten. Die Skulpturen stammen hauptsächlich von dem flämischen Bildhauer Adrian de Vries (1560–1626) und wurden als Kriegsbeute 1648 aus Prag und 1659 von Schloss Fredriksborg in Dänemark nach Schweden gebracht.

Die Nussbaumalleen wurden nach dem Bau des Chinesischen Pavillons angelegt, ebenso der Rokoko-Garten, der den französischen Garten mit dem englischen Teil verbindet. In diesem Park gibt es »natürlich« angelegte Wege und ein Flüsschen mit kleinen Inseln. Die Bäume und Sträucher wirken wie zufällig platziert.

Gustav III. soll an der Planung des Parks und am Entwurf einiger Gebäude beteiligt gewesen sein. Nicht alle Pläne des Königs wurden realisiert, aber auf jeden Fall stellte man die vier Statuen auf, die er während seiner Italienreisen erworben hatte. Die ersten 300 der insgesamt 846 Linden wurden bereits im Jahr 1684 gepflanzt.

Hoftheater und Theatermuseum

Carl Fredrik Adelcrantz, der Architekt des Chinesischen Pavillons, war 1766 für das Hoftheater (Slottsteatern) von Drottningholm verantwortlich. Königin Lovisa Ulrika gab den Bau in Auftrag, doch Adelcrantz bekam dafür nur geringe Mittel. So wurde es ein einfaches Holzgebäude mit Stuckfassade. Die Innenausstattung ist ein Meisterwerk schlichter Funktionalität, mit Pfeilern aus Gips und Säulen aus Pappmaché. Die Bühnenmaschinerie ist aus Holz – sie funktioniert bis heute.

Highlight

↑ *Schlosspark – ein Beispiel für symmetrische Gartengestaltung*

Nach dem Tod Gustavs III. 1792 blieb das Theater bis in die 1920er Jahre ungenutzt. Danach wurden lediglich die Seile der Bühnenzüge erneuert, man installierte elektrisches Licht und restaurierte die Seitenbühnen.

Die Bühne ist für Stücke des 18. Jahrhunderts konzipiert. Innerhalb weniger Sekunden kann die Szenerie mithilfe von 30 verschiedenen Prospektzügen vollkommen verändert werden. Die Toneffekte sind simpel, aber sehr authentisch: Eine Holzkiste mit Steinen macht realistischen Donner, ein Holzzylinder in einem Zelttuch darüber schafft den Eindruck von heulendem Wind.

Jeden Sommer finden im Slottsteatern rund 30 Vorstellungen statt, meist Opern und Ballette aus dem 18. Jahrhundert. Auch für Besichtigungen ist das Theater geöffnet.

In dem nach 1780 erbauten Pavillon von Herzog Karl sind das Theatermuseum und ein Laden untergebracht. Das Museum zeigt Bühnenbildentwürfe aus dem 18. Jahrhundert. Der Commedia-dell'Arte-Raum enthält Bilder von Pehr Hilleström und Skizzen von Louis Jean Desprez für die Theateraufführungen Gustavs III.

← *Grüner Salon mit Stilmöbeln und Porträts europäischer Monarchen*

Blick über Birka und seine grüne Umgebung auf der Insel Björkö ↑

2

Birka

B3 · 30 km westlich von Stockholm · +46 8 5191 8125
Mai – Sep von Klara Mälarstrand · Zeiten siehe Website
raa.se/birka

Schon gewusst?

In Birka entdeckte Artefakte belegen Handelsbeziehungen der Wikinger mit dem Nahen Osten und China.

In dieser gut erhaltenen Siedlung begibt man sich anhand von archäologischen Funden auf eine faszinierende Zeitreise in die Epoche der Wikinger. Birka wurde wegen seiner Einzigartigkeit von der UNESCO zur Welterbestätte erklärt.

Birka auf der Insel Björkö im Mälarsee wurde im 8. Jahrhundert vom König des Svealands gegründet, der damals über das heutige Mittelschweden regierte. Der Ort war nicht groß. Nur ungefähr 700 Personen lebten hier, aber darunter waren Handwerker, deren Produkte Händler aus fernen Ländern anzogen.

Der Stadtplan war schlicht: Die Menschen lebten in einfachen Häusern, die in Reihen nebeneinanderstanden und auf den Schiffsanleger ausgerichtet waren. Die Schiffe wurden von den Wikingern, den Soldaten des Königs, für ihre Raubzüge genutzt. Im Jahr 830 kam der Mönch Ansgar, der Schweden christianisierte, auch nach Birka. Im 10. Jahrhundert verließ man Birka und siedelte etwa 15 Kilometer weiter nördlich in Sigtuna, der ältesten erhaltenen Stadt.

Heute ist Björkö ein beliebtes Ausflugsziel, dessen Museum und archäologische Ausgrabungen Besucher anziehen. Während der frühen 1990er Jahre gewann man durch die Grabungen neue Erkenntnisse bezüglich Birka und der Wikingerzeit, Funde bei der alten Festung vermitteln Einblicke in die Methoden der Stadtverteidigung sowie in das Leben der damaligen Einwohner. Das Museum zeigt, wie Birka wahrscheinlich ausgesehen hat. Da die Ausgrabungen weitergehen, kann man auch ganz neue Funde in Augenschein nehmen.

Highlight

1 *Holzhäuser der Wikingerzeit in einem rekonstruierten Wikingerdorf*

2 *An einem kleinen Anleger vertäute Boote bei Birka*

3 *Das Ansgarkreuz wurde zum Gedenken an Mönch Ansgar errichtet, der das Christentum nach Birka brachte.*

3

Mariefred

A4 65 km westl. von Stockholm 4000 +46 1592 9790 von Centralstationen nach Läggesta, dann Bus

Nach Mariefred fährt man am besten mit dem Schiff, denn vom Wasser aus hat man den besten Blick auf **Gripsholms Slott**. Die erste Burg an diesem Platz wurde um 1385 von Lordkanzler Bo Jonsson Grip erbaut, nach dem das Schloss benannt ist. Gustav I. Wasa begann 1537 mit der Arbeit am heutigen Schloss, doch viele Teile wurden erneuert oder angebaut – das meiste im späten 18. Jahrhundert während der Regierungszeit Gustavs III.

Gripsholms Slott hat eine prächtige Innenausstattung und eine große Sammlung von Möbeln und Kunstwerken. Es gibt rund 60 Räume: Die berühmtesten sind das Theater Gustavs III. sowie der Weiße Salon (beide spätes 18. Jh.).

Mariefred, 1605 zur Stadt erklärt, steht im Schatten des Schlosses. Benannt wurde es nach dem Kloster Pacis Mariae (15. Jh.). Schon im frühen 17. Jahrhundert stand neben dem Kloster eine Gastwirtschaft, die heute – schön restauriert – viele Gäste anzieht.

Besucher können die Kirche aus dem 17. und das Rådhus (Gerichtsgebäude) aus dem 18. Jahrhundert besichtigen. Im Rådhus ist das Informationsbüro.

Kunstinteressierte sollten zum Grafikens Hus hinaufsteigen. Die Ausstellungsräume liegen in den Ställen und Scheunen des ehemaligen königlichen Gutshofs auf einem Hügel.

Man kann den Ausflug auch als abwechslungsreiche Rundreise gestalten. Die Strecke Stockholm – Mariefred fährt man dann mit Schwedens ältester Dampfschifffahrtsgesellschaft, die 1832 gegründet wurde. Der Dampfer *Mariefred* braucht für die Fahrt ungefähr dreieinhalb Stunden. Für den Rückweg bietet sich die historische Dampfeisenbahn an, die einen gemütlich in 40 Minuten von Mariefred nach Läggesta bringt. Von dort ist man per Schnellzug in 30 Minuten in Stockholm.

Gripsholms Slott
südwestl. des Zentrums
gripsholmsslott.se

Restaurant

Rakstugan Kök och Bar
Das gemütliche Restaurant bietet typische schwedische Gerichte.

A4 Munkhagsgatan 10, Mariefred
rakstugan.se

Kr Kr Kr

4

Steninge Slott

BC2 40 km nördl. von Stockholm +46 8 5925 9500 von Stadshusbron nach Rosersberg, dann Bus
Park: tägl. 12–16:30
Schloss: für Besucher
steningeslottsby.se

Südöstlich von Sigtuna, der ältesten Stadt Schwedens, und nur zehn Minuten vom Flughafen Arlanda entfernt liegt Schloss Steninge, eine der Perlen des Mälarsees. Das Schloss zählt zu den gelungensten Arbeiten Tessins d. J. *(siehe S. 28)*. Das Dach entspricht dem tradi-

Blick in den Innenhof von Gripsholms Slott in Mariefred

→ *Terrasse vor einer Mikrobrauerei, Fjäderholmarna*

tioneller schwedischer Herrenhäuser, alles andere ist von Tessins italienischen und französischen Studien beeinflusst. Das Ergebnis ist ein italienisch wirkender Palazzo in schwedisch-ländlicher Umgebung. Carl Gyllenstierna machte Schloss Steninge 1706 seiner Gattin Anna Soop zum Hochzeitsgeschenk.

Seither gab es viele Besitzer. Einer der berühmtesten war Graf Axel von Fersen, dem man eine Liebschaft mit der französischen Königin Marie Antoinette (1755–1793) nachsagt. Im Park erinnert ein Denkmal an den Grafen.

Der Aufgang zum Steninge Slott ähnelt dem des Kungliga Slottet *(siehe S. 56–59)*, überall sieht man Details, die man aus dem Tessinska Palatset *(siehe S. 62)* kennt. Der ovale Saal des italienischen Stukkateurs Giuseppe Marchi ist ein Meisterwerk des schwedischen Barock. Anfang des 20. Jahrhunderts wurde er von I. G. Clason restauriert.

In der aus Naturstein erbauten Scheune (19. Jh.) sind die Slottsgalleria (Ausstellungen), der Laden Orrefors Kosta Boda (Glaswaren) und das Restaurant Steninge Kök & Skafferi untergebracht.

5 ♿

Millesgården

D3 · Herserudsvägen 30, Lidingö · +46 8 446 7590 · Ropsten, dann Bus zum Torsvik Torg (ab da beschildert) · Mai–Sep: Di–So 11–17; Okt–Apr: Di–So 12–17 · millesgarden.se

Carl Milles war einer der bedeutendsten schwedischen Bildhauer im 20. Jahrhundert. Ab 1931 lebte er 20 Jahre lang in den USA, wo er sich mit Werken wie dem Brunnen *Zusammenfluss der Wasser* in St. Louis und *Auferstehung* im National Memorial Park in Washington einen Namen machte. In Stockholm stehen 15 seiner Werke, u. a. der Brunnen *Orpheus* vor dem Konserthuset *(siehe S. 82)*.

1906 erwarb Milles auf der Insel Lidingö Grund und baute darauf ein Haus, das 1908 fertig wurde. Hier lebte er mit seiner Frau bis 1931 sowie nach seiner Rückkehr aus den USA. 1936 vermachte er den Besitz dem Staat.

Millesgården erstreckt sich in Terrassen über eine Fläche von 18 000 Quadratmetern. Auf dem Gelände kann man die Ateliers von Milles besichtigen sowie Originale und viele Repliken seiner Werke sehen. Vom kunstvoll gestalteten Garten blickt man aufs Wasser.

6

Fjäderholmarna

D3 · 6 km östl. von Stockholm · 53 · Strandvägen (Mai–Sep)

Mit der Eingliederung der Fjäderholmarna-Inseln in den Königlichen Nationalstadtpark *(siehe S. 156–161)* hat sich Stockholms »grüne Lunge« auf den Archipel ausgedehnt. Stora Fjäderholmen, die größte Insel, erreicht man in 25 Minuten per Schiff.

Schon im 17. Jahrhundert stand auf der Insel ein Wirtshaus, in dem Inselbewohner einkehrten, wenn sie in die Stadt fuhren, um Waren zu verkaufen. Im Zweiten Weltkrieg übernahm das Militär das Gebiet, das Wirtshaus musste schließen.

Erst Mitte der 1980er Jahre wurden die Inseln wieder öffentlich zugänglich. Heute ist Stora Fjäderholmen im Sommer ein beliebtes Ausflugsziel der Stockholmer. Die Hauptinsel hat einen schönen Hafen, drei Restaurants, eine Eisdiele und die Mackmyra Distillery, in der Whiskey produziert wird. Auch drei kleine Museen stehen hier. Zwei davon zeigen Exponate zu alten Schiffen und Sportbooten, das dritte widmet sich dem Thema »Wodka in Schweden«.

Einige Kunsthandwerksbetriebe sind ebenfalls auf Stora Fjäderholmen ansässig, darunter eine metallverarbeitende Werkstatt, eine Weberei, Textildrucker, Schnitzer, Töpfer und ein Glasbläser. Es gibt eine Kunstgalerie und im Sommer Straßentheater sowie die Theaterwochen für Kinder.

Auf den kleineren drei Inseln leben viele Vogelarten. Auf Libertas steht Schwedens letzter mit Gas betriebener Leuchtturm.

↑ *Eine Jacht passiert die Festung Vaxholm; Objekte im Festungsmuseum* (Detail)

7 Vaxholm

D3 25 km nordöstl. von Stockholm +46 8 5413 1110 670 Strandvägen Juni: tägl. 12–16; Juli, Aug: tägl. 12–17 vaxholm.se

Die größte Gemeinde auf den Schäreninseln ist Vaxholm, seit dem 19. Jahrhundert ein strategisch wichtiger Punkt für die Schifffahrt. In einer Stunde ist es mit dem Schiff vom Zentrum aus erreichbar.

Seit dem 16. Jahrhundert ist Vaxholm bewohnt. Im Jahr 1548 befahl Gustav I. Wasa, dass die Insel befestigt werden müsse. 300 Jahre später wurde hier eine neue Festung errichtet, die jedoch schon nach kurzer Zeit ihre militärische Bedeutung verlor und als Gefängnis genutzt wurde. Heute residiert in dem imposanten Bau ein Militärmuseum.

Zwei der bekanntesten Architekten Stockholms haben markante Spuren in Vaxholm hinterlassen. Das rund 100 Jahre alte Gerichtsgebäude wurde 1925 von Cyrillus Johansson neu gestaltet, auf der Landzunge beim Hafen steht ein stattlicher Hotelbau, der 1899 von Erik Lallerstedt entworfen wurde. Von den hübschen Jugendstil-Ornamenten sind noch Reste vorhanden.

Souvenirläden in Holzhäusern am Hauptplatz und in der Hamngatan laden zum Bummeln ein.

Hotel

Waxholms Hotell

Das Hotel befindet sich in einem markanten Gebäude am Wasser. Gäste haben kostenfreien Zugang zu einer Sauna und genießen den Meerblick.

D3 Hamngatan 2, Vaxholm
waxholmshotell.se

Kr Kr Kr

8 Grinda

E3 30 km östl. von Stockholm +46 8 5424 9491 670 vom Bahnhof Östra nach Vaxholm, dann mit dem Schiff Strandvägen grinda.se

Grinda ist eine grüne Insel und typisch für die inneren Schären. Hier sind sehr schöne Strände und Felsen, von denen aus man schwimmen oder angeln kann. Es gibt Boote und Fahrräder zu mieten, mit dem Schiff erreicht man Grinda in 90 Minuten von Stockholm.

Der schwedische Architekt Ernst Stenhammar, der auch das Grand Hôtel *(siehe S. 104)* entwarf, hat hier eine große Jugendstil-Villa erbaut, die ein Restaurant und Gästezimmer beherbergt. Zum Übernachten gibt es auch Chalets, einen Campingplatz und eine Jugendherberge in einer ehemaligen Kaserne. Boote kann man mieten.

9 Finnhamn

F2 · 40 km nordöstl. von Stockholm · +46 8 5424 6212 · Strandvägen

Früher legten hier finnische Schiffe auf ihrem Weg nach Stockholm an. Die attraktive Inselgruppe Finnhamn liegt zweieinhalb Bootsstunden von Stockholm entfernt. Auf den äußeren Schären weicht das sanfte Landschaftsbild des inneren Archipels einer raueren Szenerie. Auf der Hauptinsel steht eine 1912 von Ernst Stenhammar entworfene Holzvilla, Sitz der größten Jugendherberge des Archipels. Zudem findet man Chalets, einen Campingplatz und ein Restaurant vor. Die kleineren Inseln erreicht man mit Ruderbooten.

10 Sandhamn

F3 · 50 km östl. von Stockholm · +46 8 5704 7000 · 433, 434 von Slussen nach Stavsnäs, dann mit dem Schiff · Strandvägen · destinationsandhamn.se

Schon 200 Jahre lang ist Sandhamn auf Sandön ein Treffpunkt für Segler. Die Königlich-Schwedische Segelgesellschaft hat ihren Sitz seit mehr als 100 Jahren im Seglarrestaurangen. Alljährlich Anfang Juli trifft sich hier die Elite der Jachtsegler zur Regatta Gotland Runt.

Sandhamn ist ein bezaubernder Ort mit schmalen Straßen und schönen Holzhäusern, die Schnitzereien aufweisen. Rund 100 Menschen leben hier, das Zollgebäude von 1752 steht unter Denkmalschutz. Einer der Zollinspektoren, die hier arbeiteten, war Elias Sehlstedt (1808–1874), der sich als Dichter und Maler einen Namen machte.

In Sandhamn gibt es einige Läden, Kunsthandwerkszentren und ein Schwimmbad. Camping ist hier nicht gestattet, man kann im Hotel oder in privaten Pensionen übernachten oder ein Chalet mieten.

Sandhamn ist ein bezaubernder Ort mit schmalen Straßen und schönen Holzhäusern, die Schnitzereien aufweisen.

11 Utö

D5 · 50 km südöstl. von Stockholm · +46 8 5015 7410 · im Sommer von Strömkajen · uto.se

Keine andere Insel im Archipel hat eine so lange Historie. Das Eiland Utö war schon vor den Wikingern bewohnt. Vom 12. Jahrhundert bis zum Jahr 1879 wurde hier Eisenerz abgebaut. Wie das ablief, kann man im Minenmuseum neben dem Hotel verfolgen. Heute sind die Ferienhäuser an der Lurgatan wie die Hütten der Bergarbeiter im 18. Jahrhundert gestaltet. Von der 1791 erbauten Windmühle aus genießt man einen schönen Blick.

Utö hat sich zum Ferienort entwickelt. Die Insel ist ideal, um das Wochenende zu verbringen, auch ein Tagesausflug lohnt sich. Man findet alles, was man braucht. Man kann Fahrräder, Ruderboote oder Kanus mieten oder mit dem Boot zum Angeln fahren.

Holzhäuser prägen den Charme von Sandhamn, Zentrum des Segelsports ↓

REISE-INFOS

Ausflugsboote im Hafen Nybroviken

STOCKHOLM REISEPLANUNG

Mit etwas Planung sind die Vorbereitungen für die Reise schnell zu erledigen. Die folgenden Seiten bieten Ihnen Tipps und Hinweise für Anreise und Aufenthalt.

Auf einen Blick

Währung

Schwedische Krone (SEK)

Ausgaben pro Tag

Sparsam	Preisbewusst	Luxus
700 SEK	1200 SEK	2500+ SEK

Mineralwasser	Kaffee	Bier	Essen für zwei
30 SEK	35 SEK	80 SEK	600 SEK

Nützliche Ausdrücke

Hallo	Hej
Auf Wiedersehen	Hej då
Danke	Tack
Sprechen Sie Deutsch?	Talar du tyska?
Ich verstehe nicht.	Jag förstår inte.
Wie viel kostet das?	Vad kostar den?

Strom

Die Netzspannung in Schweden beträgt 230 V/50 Hz. Es werden die Steckertypen C und F verwendet – man benötigt keinen Adapter.

Einreise

Zur Einreise benötigen Bürger aus EU-Staaten und der Schweiz einen für die Dauer des Aufenthalts gültigen Reisepass oder Personalausweis. Da viele Behörden und Banken Personalausweise nicht anerkennen, empfiehlt sich der Reisepass. Jedes mitreisende Kind braucht ein eigenes Ausweisdokument. In Schweden wurden vorübergehend Grenzkontrollen wiedereingeführt. Für einen Aufenthalt von bis zu 90 Tagen ist kein Visum nötig.

Sicherheitshinweise

Aufgrund unvorhersehbarer Entwicklungen kann es zu Änderungen und Einschränkungen kommen. Aktuelle Informationen zur Einreise sowie Sicherheitshinweise finden Sie beim deutschen Auswärtigen Amt, beim österreichischen Bundesministerium für europäische und internationale Angelegenheiten und beim Eidgenössischen Departement für auswärtige Angelegenheiten der Schweiz.

Deutschland
W auswaertiges-amt.de
Österreich
W bmeia.gv.at
Schweiz
W eda.admin.ch

Zoll

Besucher aus EU-Mitgliedsstaaten dürfen folgende Waren für den persönlichen Gebrauch zollfrei einführen:
Tabakwaren: 800 Zigaretten, 400 Zigarillos, 200 Zigarren oder 1 kg Tabak.
Alkohol: 10 Liter alkoholische Getränke mit mehr als 22 Volumenprozent, 90 Liter Wein oder 110 Liter Bier.
Bargeld: Eine Bargeldmenge über 10 000 Euro (ca. 115 000 SEK) muss bei Ein- und Ausreise deklariert werden.

Personen unter 20 Jahren dürfen keinen Alkohol, Personen unter 18 Jahren keinen Tabak nach Schweden einführen.

Die schwedische Zollbehörde **Tullverket** bietet aktuelle Informationen.
Tullverket
W tullverket.se

Versicherungen
Besuchern steht bei einem medizinischen Notfall eine kostenlose Behandlung zu, vorausgesetzt, der Patient ist nicht zum Zweck der Behandlung eingereist. Gesetzlich versicherte EU-Bürger erhalten aufgrund der **Europäischen Krankenversicherungskarte (EHIC)** die notwendige ambulante oder stationäre medizinische Versorgung. Private Krankenversicherungen ersetzen ebenfalls Arztkosten im Ausland.

Es empfiehlt sich, vor der Reise Versicherungen abzuschließen, die sämtliche Eventualitäten abdecken: etwa Rechtsschutz, Diebstahl, Reisegepäck, Unfälle, Verspätungen von Flügen etc.

EHIC
W ec.europa.eu

Hotels
In Stockholm gibt es eine große Auswahl an Unterkünften für jeden Geschmack und jedes Budget – von Hostels über familiengeführte Pensionen und Boutique-Hotels bis hin zu luxuriösen Fünf-Sterne-Hotels. Die Nachfrage ist das ganze Jahr über sehr groß, weshalb die Unterkünfte nicht nur in der Hauptsaison schnell ausgebucht sind.

Beachten Sie: Das Frühstück muss oft extra bezahlt werden, in einigen Hotels wird auch der Parkplatz gesondert berechnet. Getränke aus der Minibar können teuer sein.

Bezahlen
In Schweden wird vorwiegend bargeldlos bezahlt. Kredit- und Debitkarten werden überall akzeptiert – auch in kleinen Cafés und Läden. Bargeld ist mittlerweile fast vollständig aus dem Alltag verschwunden und wird nur selten gebraucht. Geldautomaten findet man nahezu überall.

Bei Verlust Ihrer Kredit- oder Debitkarte lassen Sie diese sofort sperren.

Allgemeine Notrufnummer
+49 116 116
W sperr-notruf.de

Reisende mit Behinderung
Mit Ausnahme der kopfsteingepflasterten Gassen im Zentrum, vor allem in Gamla Stan, kommen Menschen mit eingeschränkter Mobilität in Stockholm im Allgemeinen recht gut voran. Viele Hotels, Restaurants und Museen sind sehr gut auf Reisende mit Behinderung eingestellt und verfügen über entsprechende Einrichtungen. Dies gilt auch für öffentliche Verkehrsmittel, das Einsteigen in Busse oder U-Bahnen ist auch mit Rollstuhl problemlos möglich. Das Portal **Tillgänglighetsdatabasen** informiert über die barrierefreie Zugänglichkeit öffentlicher Gebäude.

Tillgänglighetsdatabasen
W t-d.se

Sprache
Schwedisch ist die offizielle Landessprache. Die meisten Einheimischen, insbesondere jüngere Menschen, verstehen und sprechen sehr gut Englisch.

Öffnungszeiten
Montag: Manche Museen und andere Attraktionen sowie einige Restaurants haben montags geschlossen.
Sonntag: Die meisten Geschäfte haben sonntags geöffnet, einige jedoch bei verkürzten Öffnungszeiten. Banken und Postfilialen sind in der Regel geschlossen.
Feiertage: Die meisten Museen bleiben geöffnet, nicht jedoch am 24. und 25. Dezember. Banken und Postfilialen sind geschlossen.

Feiertage

1. Jan	Neujahr *(Nyårsdagen)*
6. Jan	Heilige Drei Könige *(Trettondedag jul)*
März/Apr	Karfreitag *(Långfredagen)*
März/Apr	Ostermontag *(Annandag påsk)*
1. Mai	Tag der Arbeit *(Valborg)*
Mai	Christi Himmelfahrt *(Kristi himmelfärds dag)*
6. Juni	Nationalfeiertag
Ende Juni	Mittsommertag *(Midsommerdagen)*
1. Nov	Allerheiligen *(Alla helgons dag)*
25. Dez	1. Weihnachtsfeiertag *(Juldagen)*
26. Dez	2. Weihnachtsfeiertag *(Annandag jul)*

IN STOCKHOLM UNTERWEGS

Stockholm ist sehr gut mit Flugzeug, Zug oder Bus zu erreichen. Typisch für eine Stadt am Wasser: Neben U-Bahnen, Bussen und Trams sind auch Fähren wichtige Transportmittel.

Auf einen Blick

Ticketpreise

Einzelticket
43 SEK
Metro, Bus, Tram, Fähre (75 Min. gültig)

Tagesticket
180 SEK
Metro, Bus, Tram, Fähre (24 Std. gültig)

Wochenticket
470 SEK
Metro, Bus, Tram, Fähre (7 Tage gültig)

Tempolimits

Autobahn
110 km/h

Innerstädtische Autobahn
70 km/h

Stadtgebiet
40 km/h

Verkehrsberuhigte Zone
30 km/h

Anreise mit dem Flugzeug

Schwedens Metropole ist eine beliebte Destination für Städte-Kurztrips. Von den meisten europäischen Großstädten gibt es Direktflüge zu einem der vier Stockholmer Flughäfen: Arlanda (ARN), Bromma (BMA), Skavsta (NYO) und Västerås (VST).

Der von vielen großen Airlines angesteuerte Hauptflughafen Arlanda liegt rund 45 Kilometer nördlich der Stadt. Der Airport ist mit öffentlichen Verkehrsmitteln sehr gut ans Stadtzentrum angebunden, die schnellste Verbindung bietet der Arlanda Express *(siehe S. 195)*. Weitere Optionen sind die langsameren Nahverkehrszüge sowie Taxis und die Flughafenbusse von **Flygbussarna**.

Der Flughafen Bromma liegt nordwestlich der Stadt. Hier werden vor allem Inlandsflüge und Flüge aus anderen Ländern Nordeuropas abgewickelt. Wegen seiner Nähe zum Stadtzentrum kann Bromma eine Alternative zum Flughafen Arlanda sein.

Skavsta liegt etwa 105 Kilometer südwestlich von Stockholm und wird insbesondere von Billigfluglinien angesteuert. Er ist durch Busse von Flygbussarna mit der Stadt verbunden.

Der Flughafen Västerås rund 110 Kilometer nordwestlich von Stockholm gehört verwaltungstechnisch zur Stadt Västerås, zählt aber logistisch zu den internationalen Flughäfen Stockholms. Auch hier landen Maschinen von Billigairlines, zum Zentrum von Stockholm besteht eine direkte Busverbindung.

Flygbussarna
W flygbussarna.se

Anreise mit dem Zug
Internationale Züge

Stockholm ist sehr gut an das europäische Schienennetz angebunden, mit vielen Städten bestehen ausgezeichnete Zugverbindungen. Mit dem neuen Nachtzug **SJ EuroNight** erreicht man Stockholm von Berlin über Hamburg, Kopenhagen und Malmö ohne Umstieg. Der Zug endet in der schwedischen Hauptstadt am Vormittag, so dass man nach einer Fahrt im Liege- oder Schlafwagen aus-

Von den Flughäfen in die Stadt

Flughafen	Entfernung zum Zentrum	Preis (Taxi)	Verkehrsmittel	Fahrtdauer
Arlanda (ARN)	45 km	750 SEK	Zug (Arlanda Express)	20 Min.
Bromma (BMA)	8 km	400 SEK	Bus	20 Min.
Skavsta (NYO)	105 km	2400 SEK	Bus	75 Min.
Västerås (VST)	110 km	2400 SEK	Bus	80 Min.

geruht ankommt. Auch von anderen mitteleuropäischen Städten ist Stockholm gut zu erreichen. Die schnellste Verbindung bieten die Hochgeschwindigkeitszüge Snabbtåg und X2000, für die eine Reservierung nötig ist. Plätze müssen auf der **SJ**-Website gebucht werden, die Preise dafür liegen zwischen 80 Kronen in der zweiten und 200 Kronen in der ersten Klasse. Hochgeschwindigkeitszüge kommen am Stockholmer Hauptbahnhof *(siehe unten)* an und fahren von dort ab.

Für Studierende und preisbewusste Reisende empfehlen sich die Pässe von **Interrail**. Mit ihnen kann man auch das gesamte schwedische Zugnetz nutzen.

Interrail
W interrail.com
SJ
W sj.se
SJ EuroNight
W nachtexpress.de/de/sj-euronight

Regional- und Lokalzüge

Der Hauptbahnhof, von den Einheimischen Centralen bzw. Stockholm C genannt, liegt im Herzen der Stadt. Neben internationalen Hochgeschwindigkeitszügen betreibt der Bahnhof Inlandszüge, darunter Nahverkehrszüge *(pendeltåg)*, die Stockholm mit den Vororten und benachbarten Städten wie Södertälje und Västerås verbinden. Inlandszüge können über die **SJ**-Website gebucht werden.

Eisenbahnliebhaber schätzen die **Roslagsbanan**, eine Schmalspurbahn (und Pendlerzug), die in die nördlichen Vororte fährt.

Der **Arlanda Express** bietet einen relativ teuren, aber effizienten Transport zwischen internationalem Flughafen und Stadtzentrum. Die Fahrt dauert etwa 20 Minuten.

Arlanda Express
W arlandaexpress.com
Roslagsbanan
W sl.se/reseplanering/var-trafik/roslagsbanan
SJ
W sj.se

Anreise mit dem Bus

Die vergleichsweise günstigen Fernbusse verbinden Stockholm mit vielen großen schwedischen Städten. **FlixBus** bietet u. a. von Berlin und Hamburg Verbindungen über Kopenhagen und Malmö nach Stockholm an. Die Busse haben kostenloses WLAN, sind aber wegen Geschwindigkeitsbegrenzungen und teils hohem Verkehrsaufkommen oft langsamer als Züge. Der zentrale Busbahnhof (Cityterminalen) liegt neben dem Hauptbahnhof.

FlixBus
W flixbus.de

Öffentliche Verkehrsmittel

Das ÖPNV-Netz in Stockholm wird von **SL (Storstockholms Lokaltrafik)** betrieben. Es umfasst Busse, Trams, Nahverkehrszüge und die Tunnelbana (U-Bahn) sowie einige Fähren.

SL (Storstockholms Lokaltrafik)
W sl.se

Tickets

Fahrkarten gelten für alle öffentlichen Verkehrsmittel im Großraum Stockholm. Zu den Optionen gehören u. a. Einzel-, Tages-, Dreitages- und Wochentickets. Die Bezahlung erfolgt am einfachsten mit der SL-App, die auf Englisch verfügbar ist. Sie bietet auch Informationen zu Streckennetzen und Fahrtzeiten.

Wer auf die Nutzung eines Mobiltelefons verzichten möchte, kann einzelne Fahrten auch per Kreditkarte oder mit einer an Automaten und Ticketschaltern erhältlichen SL-Travelcard (20 SEK) bezahlen.

Tunnelbana
Die Tunnelbana (auch T-Bana genannt) ist Stockholms U-Bahn-System mit Stationen in der Nähe der meisten Hauptsehenswürdigkeiten. Das Netz hat eine Gesamtlänge von rund 100 Kilometern. Die drei Hauptstrecken (blaue, rote und grüne Linie) decken weite Teile des Stadtgebiets ab und führen auch in Vororte.

Die Züge verkehren während der Hauptverkehrszeiten alle fünf bis sechs Minuten, ansonsten alle zehn bis 15 Minuten, spätabends alle 30 Minuten. Die Bahnhöfe sind gut ausgeschildert, Ansagen erfolgen sowohl auf Schwedisch als auch auf Englisch.

Abgesehen von ihrer Effizienz gibt es noch einen weiteren Grund, mit der U-Bahn zu fahren: Stockholms Tunnelbana wird oft als »längste Kunstgalerie der Welt« bezeichnet. Mehr als 90 der über 100 Stationen sind mit Wand- und Deckengemälden sowie Kunstinstallationen geschmückt.

Trams
Eine Fahrt mit der Straßenbahn *(Spårväg City)* ist eine angenehme oberirdische Alternative zur Tunnelbana, denn auf vielen Strecken genießt man während der Fahrt den Blick aufs Wasser. Eigentlich gibt es nur eine Linie, die verwirrenderweise Linie 7 heißt und Kungsträgården *(siehe S. 76)* im Zentrum mit den Museen und Parks von Djurgården *(siehe S. 108–129)* verbindet. Die kurze Fahrt führt neben anderen berühmten Sehenswürdigkeiten auch an Vasamuseet *(siehe S. 114f)*, ABBA The Museum *(siehe S. 120f)* und Skansen *(siehe S. 116f)* vorbei, bevor es zurück in die Stadt geht. Den Fahrplan finden Sie auf der **SL**-Website.

SL
W sl.se

Busse
Das Stockholmer Busnetz deckt Gebiete ab, die nicht von der Tunnelbana oder der Tram bedient werden. Drei Nachtbuslinien sind im Einsatz.

Steigen Sie an der Vordertür ein und halten Sie SL-Travelcard oder Kreditkarte an das blaue Lesegerät. Zum Aussteigen müssen Sie einen der Stopp-Knöpfe *(stannar)* drücken. Busse halten nur, wenn Fahrgäste zu- oder aussteigen wollen.

Fähren und Schiffe
Fähren von Unternehmen wie **SL** und **Waxholmsbolaget** sind ein wichtiger Bestandteil des öffentlichen Nahverkehrs in Stockholm. Sie bieten bequeme und schnelle Verbindungen zu den Hauptinseln sowie zu vorgelagerten Inseln abseits des Stadtzentrums, von denen viele nicht mit anderen Verkehrsmitteln erreicht werden können. Auf der Fahrt genießt man an vielen Stellen einen schönen Blick auf Stockholm.

Neben den Fähren bieten auch private Anbieter im Rahmen von Schiffstouren die Möglichkeit, die Wasserstraßen und den Archipel zu erkunden. Unternehmen wie **Stromma** organisieren Besichtigungskreuzfahrten und Ausflüge zu beliebten Zielen wie Vaxholm *(siehe S. 188)*, Sandhamn *(siehe S. 189)* und Grinda *(siehe S. 188)* – häufig mit Reiseleiter und Mittagessen.

SL
W sl.se
Stromma
W stromma.se
Waxholmsbolaget
W waxholmsbolaget.se

Taxis
Taxis sind ein sehr nützliches Transportmittel, im Vergleich zu öffentlichen Verkehrsmitteln aber sehr teuer. Taxistände gibt es an Bahnhöfen und anderen Verkehrsknotenpunkten sowie vor gehobenen Hotels. Taxis können auch auf der Straße angehalten sowie telefonisch oder per App bestellt werden. Zu den renommierten Unternehmen gehören **Taxi Stockholm** und **TaxiKurir**. Die Preise variieren je nach Tageszeit. Auch der Fahrdienst **Uber** ist in Stockholm aktiv.

TaxiKurir
W taxikurir.se
Taxi Stockholm
W taxistockholm.se
Uber
W uber.com

Autofahren
Im Zentrum machen die kurzen Distanzen zwischen den Sehenswürdigkeiten und die ausgezeichneten öffentlichen Verkehrsmittel Autofahrten verzichtbar. Für die Erkundung von Stockholms Umgebung ist ein Auto jedoch von Vorteil.

Anreise mit dem Auto
Von Deutschland aus erreicht man Schweden über Dänemark (E47): Via Flensburg, Kolding und die Storebælt-Brücke kommt man nach Kopenhagen, von dort fährt man über die Öresundbrücke nach Malmö. Die Benutzung beider Brücken ist mautpflichtig. Alternativ kann man von Dänemark die Autofähre von Helsingør nach Helsingborg nehmen. Die Überfahrt dauert 20 Minuten.

Die Bedingungen können allerdings recht schwierig sein, insbesondere in den Wintermonaten, wenn Sie sich auf Schnee und Eis einstellen müssen.

Autofahren in Stockholm

Stockholms Straßen sind überwiegend breit, gut ausgebaut und leicht zu befahren. Fahrer von in Schweden zugelassenen Autos müssen bei jeder Fahrt in die Stadt eine City-Maut entrichten. Die Gebühren finden Sie auf der Website von **Transportstyrelsen**.

Transportstyrelsen
W transportstyrelsen.se

Mietwagen

Autovermietungen gibt es an Flughäfen und weiteren Standorten in Stockholm, darunter auch am Hauptbahnhof. Internationale Unternehmen wie **Hertz**, **Avis** und **Europcar** haben Niederlassungen in Stockholm.

Um in Schweden ein Auto zu mieten, muss man mindestens 18 Jahre alt sein, seit zwei Jahren den Führerschein besitzen und einen nationalen Führerschein vorweisen.

Avis
W avis.com
Europcar
W europcar.com
Hertz
W hertz.com

Verkehrsregeln

Statistisch gehört Schweden zu den sichersten Ländern zum Autofahren weltweit. Es besteht Anschnallpflicht, außerdem muss das Abblendlicht immer eingeschaltet sein. Die Verkehrszeichen in Schweden entsprechen überwiegend dem europäischen Standard. In der Umgebung der Stadt gibt es einige besondere Schilder, zum Beispiel mit Symbolen für Elche, Rentiere und Hirsche, die vor Wildkollision warnen. Fahren Sie in ländlichen Gebieten wegen der freilaufenden Wildtiere daher langsam, besonders bei Dämmerung, wenn die Sicht schlecht ist.

Die Promillegrenze liegt in Schweden bei 0,2. Überschreitungen der Alkoholgrenze werden mit hohen Geldbußen und Führerscheinentzug, bei schweren Vergehen mit Haftstrafen geahndet. Bei Pannen leisten **Assistancekåren** und der **ADAC** Hilfe.

ADAC
W adac.de
Assistancekåren
W assistancekaren.se

Parken

Kostenlose Parkplätze sind sehr schwer zu finden. An vielen Stellen kann man stundenweise parken, die Bezahlung der Gebühren kann per Kreditkarte erfolgen. Am Stadtrand gibt es von **Stockholm Parkering** betriebene Park-and-Ride-Plätze.

Stockholm Parkering
W stockholmparkering.se

Elektroautos

Stockholm soll bis 2040 frei von fossilen Brennstoffen sein. Daher werden überall in der Stadt Ladestationen für Elektrofahrzeuge installiert. Unabhängig davon versucht die Stadtverwaltung, die Menschen zur Nutzung von Fahrrädern und öffentlichen Verkehrsmitteln zu ermutigen.

Beachten Sie: Seit 2025 darf ein Teil der Innenstadt nur noch mit Elektroautos oder anderen abgasfreien Fahrzeugen befahren werden.

Radfahren

Stockholm ist eine fahrradfreundliche Stadt mit einem dichten Netz an Radwegen, das kontinuierlich erweitert wird. Verleihstellen gibt es überall in der Stadt, zu den bekanntesten gehört **Cykelstallet** in Kungsholmen, wo man neben herkömmlichen Fahrrädern auch E-Bikes mieten kann. Die Gebühren beginnen bei 300 Kronen pro Tag.

Befolgen Sie immer die Verkehrsregeln und nutzen Sie nach Einbruch der Dunkelheit die Fahrradbeleuchtung. Für Kinder und Jugendliche unter 15 Jahren besteht in Schweden Helmpflicht.

Cykelstallet
W cykelstallet.se

Elektroroller

Eine Alternative für das flotte Vorwärtskommen sind Elektroroller, die aus dem Stadtbild Stockholms nicht mehr wegzudenken sind. Angeblich soll es hier über 12 000 E-Scooter geben. Die größten Verleihfirmen sind **Voi**, **Lime** und **Tier** – jede hat eine eigene App, mit der Sie den Roller entsperren und die Fahrt bezahlen können. Auch bei E-Rollern besteht für Kinder und Jugendliche unter 15 Jahren Helmpflicht.

Lime
W li.me
Tier
W tier.app
Voi
W voi.com

Zu Fuß

Stockholm eignet sich wunderbar für Spaziergänge. Die Stadt ist relativ flach und viele der bekanntesten Sehenswürdigkeiten liegen nur wenige Gehminuten voneinander entfernt. Außerdem ist man immer nahe am Wasser.

Außerhalb der Stadt ist man schnell in der Natur mit dichten Wäldern und idyllisch gelegenen Seen. Hier locken gut markierte Wege zu Wanderungen unterschiedlicher Länge. **Visit Stockholm** bietet Anregungen dafür.

Visit Stockholm
W visitstockholm.se

PRAKTISCHE HINWEISE

In Stockholm kommt man in jeder Hinsicht gut zurecht. Ein paar Verhaltenstipps und Hinweise zu den Gepflogenheiten vor Ort können jedoch nicht schaden.

Auf einen Blick

Notrufnummern

Polizei / Feuerwehr / Krankenwagen

112

Polizei (kein Notfall)

11414

Zeit

In Schweden gilt die mitteleuropäische Zeit (MEZ) mit Sommerzeit von Ende März bis Ende Oktober.

Leitungswasser

Wasser aus dem Hahn kann bedenkenlos getrunken werden. Falls nicht, weisen Kennzeichnungen darauf hin.

Trinkgeld

Bedienung	In der Rechnung enthalten
Gepäckträger im Hotel	10 SEK pro Gepäckstück
Zimmermädchen	Wird nicht erwartet
Portier	Wird nicht erwartet
Taxifahrer	10 SEK pro Gepäckstück

Information

Überaus hilfreiche Informationsquellen sind **Visit Stockholm** *(siehe Kasten S. 199)* und die Touristeninfos vor Ort.

Persönliche Sicherheit

Stockholm ist im Allgemeinen sehr sicher, es kann jedoch zu Kleinkriminalität kommen. Taschendiebe sind vor allem in Gamla Stan sowie in Bahnhöfen und öffentlichen Verkehrsmitteln unterwegs.

Wird Ihnen etwas gestohlen, melden Sie dies unverzüglich auf dem nächsten Polizeirevier. Die Polizisten sind äußerst hilfsbereit und sprechen in der Regel sehr gut Englisch. Für Ihre Versicherung brauchen Sie unbedingt ein Polizeiprotokoll.

Beim Verlust von Pass oder Personalausweis oder wenn Sie anderweitig in größere Schwierigkeiten geraten, wenden Sie sich an die Botschaft Ihres Heimatlandes.

Botschaft Deutschland
Skarpögatan 9, 115 27 Stockholm
+46 8 6701 500
stockholm.diplo.de

Botschaft Österreich
Banérgatan 10, 115 23 Stockholm
+46 8 6651 770
bmeia.gv.at/oeb-stockholm

Botschaft Schweiz
Valhallavägen 64, 114 27 Stockholm
+46 8 6767 900
eda.admin.ch

Gesundheit

Schweden hat ein erstklassiges Gesundheitssystem. Reisende aus EU-Ländern und der Schweiz erhalten mit der EHIC *(siehe S. 193)* im Notfall kostenlose medizinische Versorgung. Es kann vorkommen, dass Sie spezielle Leistungen selbst bezahlen müssen. Deshalb lohnt sich zusätzlich eine private Reisekrankenversicherung. Die Krankenhäuser sind exzellent. Kontaktieren Sie bei leichten Beschwerden zuerst den Gesundheitsinformationsdienst **1177**, der auch auf Englisch berät.

1177
1177.se

Rauchen, Alkohol und Drogen

In Schweden ist Rauchen in Bars und Restaurants auch in den Außenbereichen verboten. An öffentlichen Orten, einschließlich Bahnhöfen, gilt ebenfalls Rauchverbot. Autofahren unter Einfluss von Alkohol oder Drogen wird hart bestraft.

Das gesetzliche Mindestalter für den Alkoholkonsum in Bars und Restaurants liegt in Schweden bei 18 Jahren, für den Kauf von Alkohol in Geschäften bei 20 Jahren. Alkohol mit einem Alkoholgehalt von über 3,5 Prozent kann nur in Geschäften von *Systembolaget* gekauft werden.

Der Besitz von Drogen ist illegal, die Cannabis-Gesetze in Schweden gehören zu den strengsten in Europa. Besitz, Verkauf und Konsum – auch zu medizinischen Zwecken – sind untersagt.

Ausweispflicht

Besucher sind nicht verpflichtet, Reisepass oder Ausweis mit sich zu führen, müssen aber gegebenenfalls innerhalb von zwölf Stunden einen geeigneten Identitätsnachweis bei einer Polizeistation vorlegen können.

Etikette und umweltbewusst reisen

Schweden helfen Besuchern gern weiter. Man spricht sich mit Vornamen und einem »Hej!« an. Pünktlichkeit ist wichtig.

Schweden sind auch sehr umweltbewusst, Recycling und Mülltrennung sind Standard. Stockholm soll eine der grünsten Städte der Welt werden, Besucher können dazu ihren Beitrag leisten. Da Leitungswasser getrunken werden kann und es viele öffentliche Trinkbrunnen gibt, empfiehlt es sich, eine wiederverwendbare Flasche bei sich zu haben.

LGBTQ+

Schweden gilt bei Fragen der Homosexualität als eines der liberalsten Länder der Welt. Gesetze verbieten jegliche Diskriminierung aufgrund der sexuellen Veranlagung. Stockholm bietet im Jahresverlauf mehrere LGBTQ+ Events, das seit 1998 jährlich veranstaltete Pride Festival ist das größte in Skandinavien.

Mobiltelefone und WLAN

Alle in Europa gängigen Handys und Smartphones funktionieren in Stockholm ohne Probleme. Seit Abschaffung der Roaming-Gebühren können EU-Bürger auch in Schweden ihr Mobiltelefon ohne zusätzliche Kosten benutzen. Nahezu alle Hotels sowie viele Restaurants, Cafés und Bars bieten ihren Gästen WLAN.

Post

Kleine Poststellen gibt es in Supermärkten und an Tankstellen mit dem **PostNord**-Logo. Das Porto für eine Postkarte oder einen Brief unter 50 Gramm ins europäische Ausland kostet 44 Kronen.

PostNord
W postnord.se

Mehrwertsteuer

Die Mehrwertsteuer in Schweden beträgt 25 Prozent. Für Lebensmittel, Hotelübernachtungen, Bücher, Zeitschriften und Dienstleistungen gelten ermäßigte Sätze von zwölf bzw. sechs Prozent. Besucher aus Nicht-EU-Ländern können sich die Mehrwertsteuer bei der Ausreise rückerstatten lassen.

Besucherpässe

Der **Stockholm Pass** bietet freien Eintritt zu vielen Attraktionen sowie Ermäßigungen in ausgewählten Restaurants und Geschäften. Es gibt Varianten für ein bis fünf Tage, die Preise liegen zwischen 999 und 2089 Kronen.

Viele Museen bieten Besuchern unter 18 Jahren und Studierenden kostenlosen oder ermäßigten Eintritt.

Stockholm Pass
W gocity.com/en/stockholm

Websites und Apps

sl.se
Website und App für den öffentlichen Nahverkehr in Stockholm mit Fahrplänen und Ticketkauf.

Stockholm Live
App mit Tipps zu kulturellen Veranstaltungen in der Stadt.

visitstockholm.com
Offizielles Tourismus-Portal mit vielfältigen Informationen zu Attraktionen und spannenden Aktivitäten in Schwedens Hauptstadt.

REGISTER

Seitenzahlen in **fetter** Schrift verweisen auf Haupteinträge.

G

H

I

J

K

L

M

N

O

P

Q

R

S

T

U

V

W

Y

Z

SPRACHFÜHRER

Aussprache

Die schwedische Aussprache der meisten Buchstaben unterscheidet sich nicht allzu sehr von der deutschen. Abweichend vom Deutschen sind folgende Ausspracheregeln zu beachten:

å	ein dunkles o, lang [oː] oder kurz [ɔ]
c	vor ä, e, i, ö, y wie stimmloses s [s], sonst wie k [k]
dj, gj, hj, lj	wie dt. j [j]
f	am Silbenende wie dt. w [v]
g	vor ä, e, i, ö, y sowie nach l, r wie dt. j [j]
k	vor ä, e, i, ö, y zwischen dt. ch in »ich« und sch [ɕ]
kj, tj	zwischen deutschem ch in »ich« und sch [ɕ]
o	teils wie lang u [uː] oder kurz [ʊ]
rd, rl, rn, rs, rt	jeweils retroflexer Laut wie im Englischen (auch über Wortgrenzen hinweg) [ɖ], [ɭ], [ɳ], [ʂ], [ʈ]
sch, sj, skj, stj	ähnlich wie sch und ch in »ach« gleichzeitig [ɧ]
sk	vor ä, e, i, ö, y wie sch und ch gleichzeitig [ɧ]
st	vor ä, e, i, ö, y wie stimmloses sch [ʃ]
-sion, -tion	in der Endung wie sch und ch gleichzeitig [ɧuːn]
u	ähnlich wie o [ɵ] oder zwischen dt. u und ü [ʉ]
v	immer wie dt. w [v]
y	wie ü, lang [yː] oder kurz [ʏ]

Anrede

Wie im Deutschen gibt es im Schwedischen zwei Formen der Anrede: *Ni* ist die Höflichkeitsform und entspricht dem deutschen »Sie«, die vertraute Anrede ist *du*. In Schweden gilt es nicht als unhöflich, auch Fremde mit *du* anzusprechen.

Im Notfall

Hilfe!	**Hjälp!**	[jɛlp]
Stopp!	**Stanna!**	[ˇstana]
Rufen Sie einen Arzt!	**Ring efter en doktor!**	[riɲ ˈɛftər en ˇdɔktɔr]
Rufen Sie einen Krankenwagen!	**Ring efter en ambulans!**	[riɲ ˈɛftər en ambɵˈlans]
Rufen Sie die Polizei!	**Ring polisen!**	[riɲ puˈliːsən]
Rufen Sie die Feuerwehr!	**Ring efter brandkåren!**	[riɲ ˈɛftər brandkoːrən]
Wo ist das nächste Telefon?	**Var finns närmaste telefon?**	[vɑːr fins ˇnærmastə teleˈfoːn]
Wo ist das nächste Krankenhaus?	**Var finns närmaste sjukhus?**	[vɑːr fins ˇnærmastə ʃʉːkhʉːs]

Grundwortschatz

ja	**ja**	[jɑː]
nein	**nej**	[nɛj]
bitte (Wunsch)	**var snäll och …**	[vɑː ʂnɛl ɔk …]
bitte (beim Anbieten)	**var så god**	[vɑː ʂoː guːd]
danke	**tack**	[tak]
Entschuldigung	**ursäkta**	[ˇʉːʂɛkta]
hallo	**hej**	[hɛj]
auf Wiedersehen	**hej då/adjö**	[hɛj doː / aˈjø]
gute Nacht	**god natt**	[gɔt nat]
Morgen	**morgon**	[ˇmɔrɔn]
Nachmittag	**eftermiddag**	[ˇɛftərmidag]
Abend	**kväll**	[kvɛl]
gestern	**igår**	[iˈgoːr]
heute	**idag**	[iˈdɑːg]
morgen	**imorgon**	[iˇmɔrɔn]
hier	**här**	[hæːr]
dort	**där**	[dæːr]
was?	**vad?**	[vɑːd]
wann?	**när?**	[næːr]
warum?	**varför?**	[ˈvɑːrfœr]
wo?	**var?**	[vɑːr]

Nützliche Redewendungen

Wie geht's?	**Hur mår du?**	[hʉːr moː ɖʉː]
Sehr gut, danke.	**Mycket bra, tack.**	[ˇmykət brɑː tak]
Erfreut, Sie zu sehen.	**Trevligt att träffas.**	[ˇtreːvligt at ˇtrɛfas]
Bis bald.	**Vi ses snart.**	[viː seːs snɑːrt]
Das ist gut.	**Det går bra.**	[dɛ goːr brɑː]
Wo ist/sind …?	**Var finns …?**	[vɑːr fins]
Wie weit ist es bis …?	**Hur långt är det till …?**	[hʉː ɭɔŋt ɛ ɖɛ til]
Wie komme ich nach …?	**Hur kommer jag till …?**	[hʉːr kɔmər jɑːg til]
Sprechen Sie Deutsch?	**Talar du/ni tyska?**	[ˇtɑːlar dʉː / niː ˇtyska]
Sprechen Sie Englisch?	**Talar du/ni engelska?**	[ˇtɑːlar dʉː / niː ˈɛngəlska]
Ich verstehe nicht.	**Jag förstår inte.**	[jɑːg fœˈʂtoːr ˈintə]
Könnten Sie etwas langsamer sprechen, bitte?	**Kan du/ni tala långsammare, tack?**	[kɑːn dʉː / niː ˇtɑːla ˈlɔŋsamare, tak]
Tut mir leid.	**Förlåt.**	[fœˈɭoːt]

Nützliche Wörter

groß	**stor**	[stuːr]
klein	**liten**	[ˇliːtən]
warm	**varm**	[varm]
kalt	**kall**	[kal]
gut	**bra**	[brɑː]
schlecht	**dålig**	[ˇdoːlig]
genug	**tillräcklig**	[ˇtilrɛklig]
geöffnet	**öppen**	[ˇøpən]
geschlossen	**stängd**	[stɛŋd]
links	**vänster**	[ˈvɛnstər]
rechts	**höger**	[ˈhøːgər]
geradeaus	**rakt fram**	[rɑːkt fram]
nah	**nära**	[ˇnæːra]
weit	**långt**	[lɔŋt]
auf/über	**upp/över**	[ɵp / ˈøːvər]
unter/darunter	**ner/under**	[neːr / ˈɵndər]
früh	**tidig**	[ˈtiːdig]
spät	**sen**	[seːn]
Eingang	**ingång**	[ˇingɔŋ]
Ausgang	**utgång**	[ˈʉːtgɔŋ]
Toilette	**toalett**	[tuaˈlɛt]
mehr	**mer**	[meːr]
weniger	**mindre**	[ˈmindrə]

Shopping

Wie viel kostet das?	**Hur mycket kostar den här?**	[hʉːr ˇmykət ˇkɔstar dɛn hæːr]
Ich möchte gern …	**Jag skulle vilja …**	[jɑːg ˇskɵlə ˇvilja]
Haben Sie …?	**Har du/ni …?**	[hɑː ɖʉː / niː …]
Ich schaue mich nur um, danke.	**Jag ser mig bara omkring.**	[jɑːg sɛr mɛj ˇbɑːra ɔmˈkriŋ]
Akzeptieren Sie Kreditkarten?	**Tar du/ni kreditkort?**	[tɑː ɖʉː / niː ˈkreːditkuʈ]
Wann öffnen Sie?	**När öppnar ni?**	[næːr ˇøpnar niː]
Wann schließen Sie?	**När stänger ni?**	[næːr ˇstɛŋar niː]
dies hier	**den här**	[dɛn hæːr]
das da	**den där**	[dɛn dæːr]
teuer	**dyr**	[dyːr]
billig	**billig**	[ˇbilig]
Kleidergröße	**storlek**	[ˈstuːɭek]
weiß	**vit**	[viːt]
schwarz	**svart**	[svaʈ]
rot	**röd**	[røːd]
gelb	**gul**	[gʉːl]
grün	**grön**	[grøːn]
blau	**blå**	[bloː]

Läden

Antiquitätenladen	**antikvitetsaffär**	[antikviˈtɛtsaˇfæːr]
Apotheke	**apotek**	[apuˈteːk]
Bäckerei	**bageri**	[bɑːgəˈriː]
Bank	**bank**	[baŋk]
Buchhandlung	**bokhandel**	[ˈbuːkhandəl]
Fischgeschäft	**fiskaffär**	[ˈfiskaˇfæːr]
Friseur	**frisör**	[friˈsøːr]
Konditorei	**konditori**	[kɔnˇditɔˈriː]
Lebensmittelladen	**speceriaffär**	[spesəˈriːafæːr]
Markt	**marknad**	[ˇmarknad]
Metzgerei	**slakteri**	[slaktəˈriː]
Postamt	**postkontor**	[ˈpɔstkɔnˇtuːr]
Reisebüro	**resebyrå**	[ˈreːsəbyːˇroː]
Schuhgeschäft	**skoaffär**	[ˈskuːaˇfæːr]
Supermarkt	**snabbköp**	[ˈsnabɕøːp]
Tabakladen	**tobaksaffär**	[ˈtuːbaksɑˇfæːr]

Sightseeing

Bahnhof	**järnvägsstation**	[ˇjæ:ŋvɛ:gs-staˈɧu:n]
Bibliothek	**bibliotek**	[bibliuˈtɛk]
Busbahnhof	**busstation**	[ˇbɵsstaˈɧu:n]
Garten	**trädgård**	[ˈtrɛgo:ɖ]
Haus	**hus**	[hʉ:s]
Info-Stelle	**informationskontor**	[infɔrmaˈʃu:ns-kɔnˇtu:r]
Kirche	**kyrka**	[ˈɕyrka]
Kunstgalerie	**konstgalleri**	[ˇkɔnstgaləˈri:]
Museum	**museum**	[mɵˇse:əm]
Platz	**torg**	[tɔrj]
Rathaus	**stadshus**	[ˇstatshʉ:s]
Straße	**gata**	[ˇgɑ:ta]
Tourismusbüro	**turistbyrå**	[tʉˈristby:ˇro:]
Wegen Ferien geschlossen	**stängd för semester**	[stɛŋd fœ:r seˈmɛstər]

Im Hotel

Haben Sie ein freies Zimmer?	**Har ni några lediga rum?**	[hɑ:r ni: ˇno:gra ˇle:diga rɵm]
Doppelzimmer mit Doppelbett	**dubbelrum med dubbelsäng**	[ˈdɵbelrɵm me:d ˈdɵbelsɛŋ]
Doppelzimmer mit zwei Betten	**dubbelrum med två sängar**	[ˈdɵbelrɵm me:d tvo: ˈsɛŋar]
Einzelzimmer	**enkelrum**	[ˈɛŋkəlrɵm]
Zimmer mit Bad	**rum med bad**	[rɵm me:d bɑ:d]
Dusche	**dusch**	[dɵʃ]
Schlüssel	**nyckel**	[ˈnykəl]
Ich habe reserviert.	**Jag har beställt rum.**	[jɑ:g hɑ:r beˈstɛlt rɵm]

Im Restaurant

Haben Sie einen Tisch für …?	**Har ni ett bord för …?**	[hɑ:r ni: et bu:ɖ fœ:r ...]
Ich möchte einen Tisch reservieren.	**Jag skulle vilja boka ett bord.**	[jɑ:g ˇskɵlə ˇvilja ˇbu:ka et bu:ɖ]
Die Rechnung, bitte.	**Notan, tack.**	[ˇnu:tan, tak]
Ich bin Vegetarier/in.	**Jag är vegetarian.**	[jɑ:g ɛr vegətariˈɑn]
Kellnerin	**servitris**	[særviˈtri:s]
Kellner	**servitör**	[særviˈtœ:r]
Speisekarte	**meny/matsedel**	[meˈny:/ ˈmɑ:tsedəl]
Fixpreismenü	**meny med fast pris**	[meˈny me:d fast pri:s]
Weinkarte	**vinlista**	[ˈvi:nlista]
ein Glas Wasser	**ett glas vatten**	[et glɑ:s ˈvatən]
Flasche	**flaska**	[ˇflaska]
Messer	**kniv**	[kni:v]
Gabel	**gaffel**	[ˇgafəl]
Löffel	**sked**	[ɧe:d]
Frühstück	**frukost**	[ˈfrɵkɔst]
Mittagessen	**lunch**	[lɵnʃ]
Abendessen	**middag**	[ˈmidag]
Hauptgericht	**huvudrätt**	[ˇhʉ:vedrɛt]
Vorspeise	**förrätt**	[ˇfœ:rɛt]
Tagesgericht	**dagens rätt**	[ˇdɑ:gənsrɛt]
Kaffee	**kaffe**	[ˇkafə]
Tee	**te**	[te]
blutig	**blodig**	[ˇblu:dig]
medium	**medium**	[ˇmedium]
durchgebraten	**välstekt**	[ˇvɛ:lstekt]

Auf der Speisekarte

abborre	[ˇabɔrə]	Barsch
ägg	[ɛg]	Ei
älg	[ɛlj]	Elch
ansjovis	[anˈɧu:vis]	Anchovis
bakelse	[ˇbɑ:kəlsə]	Gebäck, Törtchen
biff	[bif]	Rindfleisch, Steak
bröd	[brø:d]	Brot
choklad	[ʃɔkˈlɑ:d]	Schokolade
citron	[siˈtru:n]	Zitrone
dessert	[deˈsæ:r]	Nachspeise
fisk	[fisk]	Fisch
fläsk	[flɛsk]	Schweinefleisch
forell	[fɔˈrɛl]	Forelle
frukt	[frɵkt]	Obst
glass	[glɑ:s]	Eiscreme
grönsaker	[ˈgrø:nsɑ:kər]	Gemüse
kallskuret	[ˈkalskøret]	kalter Aufschnitt
korv	[kɔrv]	Würstchen
kött	[ɕøt]	Fleisch
kräfta	[ˇkrɛfta]	Krebs
kyckling	[ˇɕykliŋ]	Hühnchen
lamm	[lam]	Lamm
lax	[laks]	Lachs
laxöring	[ˈlaksøriŋ]	Forelle
lök	[lø:k]	Zwiebel
med/utan kolsyra	[me:d / ˇʉ:tan ˇko:lsyra]	mit/ohne Kohlensäure
mineralvatten	[minəˈrɑ:lvatən]	Mineralwasser
mjölk	[mjølk]	Milch
nötkött	[ˇnø:tɕøt]	Rindfleisch
nötter	[ˇnø:tər]	Nüsse
öl	[ø:l]	Bier
olja	[ˇɔlja]	Öl
ost	[ust]	Käse
paj/kaka	[paj / ˇkɑ:ka]	Tarte, Kuchen
peppar	[ˇpepar]	Pfeffer
potatis	[puˈtɑ:tis]	Kartoffeln
räkor	[ˇrɛ:kɔr]	Garnelen, Krabben
ris	[ri:s]	Reis
rökt lax	[rø:kt laks]	Räucherlachs
rökt skinka	[rø:kt ˈɧiŋka]	Räucherschinken
rostat bröd	[ˇrɔstad brø:d]	Toast
rött vin	[røt vi:n]	Rotwein
saft	[saft]	Limonade
salt	[salt]	Salz
sås	[so:s]	Sauce
sill	[sil]	Hering
skaldjur	[ˇskɑ:ljʉ:r]	Meeresfrüchte
småfranska	[smo:ˈfranska]	Brötchen
smör	[smœ:r]	Butter
socker	[ˈsɔkər]	Zucker
soppa	[ˇsɔpa]	Suppe
stekt	[ste:kt]	gebraten
strömming	[ˇstrømiŋ]	Ostseehering
te	[te:]	Tee
ungsstekt	[ˇɵŋste:kt]	gebacken, gegrillt
vinäger	[vinˈɛ:gər]	Essig
vispgrädde	[vispˇgrɛdə]	Schlagsahne
vitlök	[ˇvi:tlø:k]	Knoblauch
vitt vin	[vi:t vi:n]	Weißwein

Zahlen

0	**noll**	[nɔl]
1	**ett**	[et]
2	**två**	[tvo:]
3	**tre**	[tre:]
4	**fyra**	[ˇfy:ra]
5	**fem**	[fɛm]
6	**sex**	[sɛks]
7	**sju**	[ɧʉ:]
8	**åtta**	[ˇɔta]
9	**nio**	[ˇni:u]
10	**tio**	[ˇti:u]
11	**elva**	[ˇɛlva]
12	**tolv**	[tɔlv]
13	**tretton**	[ˇtrɛtɔn]
14	**fjorton**	[ˇfju:ʈɔn]
15	**femton**	[ˇfɛmtɔn]
16	**sexton**	[ˇsɛks tɔn]
17	**sjutton**	[ˇɧɵtɔn]
18	**arton**	[ˇɑ:ʈɔn]
19	**nitton**	[ˇnitɔn]
20	**tjugo**	[ˇɕʉ:gu]
30	**trettio**	[ˇtrɛtiu]
40	**fyrtio**	[ˇfœʈiu]
50	**femtio**	[ˇfɛmtiu]
60	**sextio**	[ˇsɛkstiu]
70	**sjuttio**	[ˇɧɵtiu]
80	**åttio**	[ˈɔtiu]
90	**nittio**	[ˇnitiu]
100	**(ett) hundra**	[et ˈhɵndra]
200	**tvåhundra**	[tvo: ˈhɵndra]
1000	**(ett) tusen**	[et ˈtʉ:sən]
1 000 000	**en miljon**	[en milˈju:n]

Zeit

eine Minute	**en minut**	[en miˈnʉ:t]
eine Stunde	**en timme**	[en ˇtimə]
eine halbe Stunde	**en halvtimme**	[en ˈhalvtimə]
Montag	**måndag**	[ˈmɔndɑ:g]
Dienstag	**tisdag**	[ˈti:sdɑ:g]
Mittwoch	**onsdag**	[ˇunsdɑ:g]
Donnerstag	**torsdag**	[ˈtu:ʂdɑ:g]
Freitag	**fredag**	[ˈfre:dɑ:g]
Samstag	**lördag**	[ˇlœ:ɖɑ:g]
Sonntag	**söndag**	[ˈsøndɑ:g]

DANKSAGUNG

Dorling Kindersley dankt folgenden Personen für ihre Beiträge zur letzten Ausgabe: Kaj Sandell, Anna Mosesson, Tina Pedersen, James Proctor und Kristin Prouty. Ein weiterer Dank gilt dem Stockholm Visitors Board (SVB), vor allem Roland Berndt, Kjell Holmstrand und Charlotta Lorentz. Ein besonderer Dank geht auch an Irina Chiriboga, Dorothée Greitz und Christina Sollenberg-Britton.

BILDNACHWEIS

Dorling Kindersley dankt folgenden Personen und Institutionen für die freundliche Genehmigung zum Abdruck ihrer Fotos:

o = oben; u = unten; m = Mitte; l = links; r = rechts

123RF.com: Klug 61or, 102 –103o; Starrynites 118ul.

Alamy Stock Photo: Mauricio Abreu 78ol; AGF Srl / Algol 91ur; Album 101or; Ann Ronan Picture Library / Photo12 46ur; Arcaid Images / G. Jackson 140 –141u; Peter F. / Architecture 82u; Archive PL 115ol, 139ur; Prisma Archivo 69u, 135mru; Artefact 101mr; Associated Press / Jonas Ekströmer / TT 49mro; Associated Press / Leif R. Jansson 42ur; AY Images 42ul; Sergio Azenha 40 – 41om; BasilT 49or; Georg Berg 147o; James Berry 117mro, 153or; Michelle Bridges 47ur; Michael Brooks 88ol, 154ul; C / A Focus 12ml; Frank Chmura 20mru; Chronicle 46 – 47om, 47um; Classic Picture Library 46ul, 49ul; Richard Cummins 188o, 188mlo; Ian Dagnall 120 –121u; Ian G. Dagnall 61mro; Damkier Media Group 11o, 12o, 148u; Danita Delimont 37ul, 167ur; Digital-Fotofusion Gallery 71ur, 125ur; Stephen Dorey 22o; Chad Ehlers 13ur, 22mr, 31ml, 170u; Janzig / Europe 185mlu; Folio Images / Jonas Tulldahl 106ul; PE Forsberg 123om; Peter Forsberg 124 –125o; Lotta Francis 4, 34ol; Rebeca Sendroiu Gilcescu 25or; Glasshouse Images / JT Vintage 171ur; Grace Lou Images 115ur; GRANGER - Historical Picture Archive 44ul; Berndt-Joel Gunnarsson 35ur; Jeppe Gustafsson 31ur, 40ul, 88 – 89om; Alex Hammond 38 – 39um; Sue Harper 159or; Sean Harrison 28 – 29um; HelloWorld Images 84mlu, 139ol, 143ul, 150 –151o, 160ol, 160 – 161u, 173ur; Gardel Bertrand / Hemis 168ol; Hemis / Bibikow Walter 59or, 84o; Hemis / Gardel Bertrand 115m, 119o, 181mro, 182 – 183u; Hemis / Maisant Ludovic 36ul, 77or, 83ol; Heritage Image Partnership Ltd 44um, 101um; Heritage Image Partnership Ltd / Historisk Bildbyrå / Mustang media 48ul; Stefan Holm 173ol; Andrei Hrabun 152 –153u; IanDagnall Computing 82ol; Image Professionals GmbH / Martin Skultety 35o; imageBROKER.com GmbH & Co. KG / Angela to Roxel 186u; imageBROKER.com GmbH & Co. KG / Marco Brivio 100 –101u; Imago / Andreas von Gegerfelt / Stockholm Fashion Week via www.imago-image 42or; Interfoto / Personalities 45um; Johner Images 20mr, 43mr; Askar Karimullin 49um; Douglas Lander 93or, 133mo; Maskot 32ul; Mauritius Images 104 –105u; Mauritius Images GmbH / Rene Meyer 12 –13um; Mauritius Images GmbH / Thilda Lindholm 175; MB_Photo 62 – 63o, 65u; Mikko Mattila – History, Finland 45mlo; Hercules Milas 57or, 58ul, 112um; Mint Photography 140o; Jim Monk © DACS 2024 30 – 31o; Nathaniel Noir 187or; Eva Olsson 161ur; Gunnar Österlund 185mru; Painting 101mlo; Panoramic Images 156 –157o; Penta Springs Limited / Artokoloro 46ol; Pictures Now 44o; Mihai Popa – Travel 115or; Pytyczech 27ur; Raw Archives. Sthlm 32 – 33o; Realy Easy Star / Tullio Valente 104ol; Xinhua / Rob Schoenbaum 36 – 37o; Robertharding / Frank Fell 76u; Robertharding / Yadid Levy 86 – 87u; Schoening 143or; Michal Sikorski 29mru; David South 66ur; Maria Swärd 33um; The Picture Art Collection 45ur, 47mro, 163mro; Tibbut Archive 45or; Roger Tillberg 159ol; Travelpix 129or; TT News Agency / Anders Wiklund 38 – 39om; TT News Agency / Christine Olsson 138u; TT News Agency / Fredrik Sandberg 184 –185o; TT News Agency / Jonas Ekstromer 136or; United Archives GmbH / Roba Archiv 49ol; Kavalenkava Volha 57ol; Wirestock, Inc. 33m; WS Collection 45ol; Xinhua / Fu Yiming 43ol; Anna Yu © DACS 2024 103ur, 159mro; Zoonar / Volker Rauch 126ul; ZUMA Press / Rob Schoenbaum / POLARIS © Rob Schoenbaum 41ur; ZUMA Press, Inc. / Narciso Contreras 8ml.

AWL Images: Walter Bibikow 16, 18mu, 52 – 53, 130; Karol Kozlowski 8 – 9u, 17ul, 94 – 95; Christian Mueringer 189u.

Bridgeman Images: Look and Learn 47or.

Depositphotos Inc: Dudlajzov 60 – 61u; Estea-Estea 67o; Alex Stemmer 24 – 25om; Tonygers 64ol.

Dreamstime.com: Adisa 70ul; Andrius Aleksandravicius 30u; Andrey Andronov 150ur; Per Bjorkdahl 165om; Kevin Cho 170 –171o; Svetlana Day 168 –169u; Dimbar76 122 –123u; Dudlajzov 19, 20ul, 26u, 27mlo, 176–177; Evgeniy Fesenko 127ol; Trygve Finkelsen 78 – 79u; Oliver French 148 –149o; Gbruev 144 –145u; Igor Groshev 18ol, 85ur, 108 –109; Jenifoto406 22mru; Kerstin700 166ul; Kennerth Kullman 42mr; Laurentiuz 48mr; Bogdan Lazar © DACS 2024 80 – 81o; Christoph Lischetzki 10 –11um, 132o; Lorenzobovi 26 – 27o; Roland Magnusson 48um; Mariagroth 89ur; Antony Mcaulay 20o; Minnystock 90ul, 100mro; Mistervlad 2 – 3; Pytyczech 10mlu, 65mr, 68o; Radiokafka 164 –165u; Rolf52 154o; André Sandberg 155ur; Scanrail 43ur; Conny Sjostrom 43ml; Ron Sumners 37mr; Edijs Volcjoks 13o; Zeytun Images 42ml, 114 –115u.

Getty Images: AFP / Jonathan Nackstrand 137mlu, 137u; AFP / Sven Nackstrand 11ur; Johner Images 6 – 7, 13mr; LightRocket / Leisa Tyler 34ur; Moment / Mikroman6 48o; Michel Setboun / Logo - © Robert Rauschenberg 99or.

Getty Images / iStock: Anouchka 29mlo; Bluejayphoto 50–51; Anna Bryukhanova 24ol; Dreamer Company 8mlu; E+ / fotoVoyager 190–191; E+ / Knape 8mlo; Alexander Farnsworth 185ul; fotoVoyager 28–29om; Georgeclerk © DACS 2024 17o, © DACS 2024 72–73; Leventina 181o; Whitemay 114mro.

Gröna Lund: 41ml, 43or.

Historiska Museet: Erik Lernestål 134–135o; Jens Mohr 135ul.

Moderna Museet: Albin Dahlström 99mro; Åsa Lundén 98–99u, 99ol.

N3RDS Video Game Bar: 39mlo.

Nordiska Museet: Karolina Kristensson 112–113; Hendrik Zeitler 112mr.

Shutterstock.com: Aevdox 24–25mo; Alexanderstock23 42ol; Alljoh 153ol; Tatyana Bakul 120o; Cdrin 61ol; Dreamer Company 63ur; Kirk Fisher 117o; Folio Images on Offset 142–143o; Michael Gordon 11mr; Andrii__Ivaniuk 87or, 92ul; Kerstin700 24mlo; Magdanatka 10mo; Mnmshakir 166–167o; Jantira Namwong 183or; Nancy Pauwels 162–163o; Viktorishy 35ml.

Stockholmsmässan: Gustav Kaiser 43ul.

TAK: 22ul, 39u.

Umschlag

Vorderseite und Buchrücken: **Getty Images / iStock:** nantonov.
Rückseite: **Alamy Stock Photo:** BasilT m; Pytyczech ml; **Dreamstime.com:** Scanrail or.

Alle anderen Bilder © Dorling Kindersley

MIX
Paper | Supporting responsible forestry
FSC™ C018179
FSC www.fsc.org

Dieser Reiseführer wird regelmäßig aktualisiert. Angaben wie Telefonnummern, Öffnungszeiten, Adressen, Preise und Fahrpläne können sich jedoch ändern. Der Verlag kann für fehlerhafte oder veraltete Angaben nicht haftbar gemacht werden.
Für Hinweise, Verbesserungsvorschläge und Korrekturen ist der Verlag dankbar.
Bitte richten Sie Ihr Schreiben an:
reise@dk.com

DK Penguin Random House

DK London (aktualisierte Neuauflage)

Mitwirkender Paula Hotti, Malcolm Jack, Steve Vickers

Lektorat Georgina Dee, Beverly Smart, Hollie Teague, Keith Drew, Sarah Allen, Anuroop Sanwalia, Kathleen Sauret, Tavleen Kaur, Simona Velikova

Gestaltung und Bildredaktion Maxine Pedliham, Priyanka Thakur, Gemma Doyle, Stuti Tiwari Bhatia, Laura O'Brien, Nishwaan Rasool, Taiyaba Khatoom, Rituraj, Samrajkumar S, Tanveer Zaidi

Herstellung Samantha Cross

Kartografie Suresh Kumar, James Macdonald, Ashif

Illustrationen Urban Frank, Jan Rojmar, Jane Bark

Für die deutsche Ausgabe

Projektbetreuung Theresa Fleichaus
Herstellungskoordination Antonia Wiesmeier

Titel der englischen Originalausgabe:
DK Stockholm

16. aktualisierte Neuauflage 2025 / 2026

Übersetzung Susanne Traub-Schweiger, Garmisch-Partenkirchen; Gerhard Bruschke, München
Redaktion Gerhard Bruschke, München
Schlussredaktion Birgit Patsch, Unterschleißheim
Umschlaggestaltung Ute Berretz, München

ISBN 978-3-7342-0875-1
5902-345069-24186-01

Druck und Bindung Leo Paper Products, China

www.dk-verlag.de

Die Informationen in diesem Buch sind von den Autoren und Autorinnen sowie vom Verlag sorgfältig erwogen und geprüft, dennoch kann eine Garantie nicht übernommen werden. Eine Haftung der Autoren und Autorinnen bzw. des Verlags und seiner Beauftragten für Personen-, Sach- und Vermögensschäden ist ausgeschlossen.

Der DK Verlag erkennt alle geschlechtlichen Identitäten an. Aus Platzgründen oder Gründen der besseren Lesbarkeit wird jedoch großteils das generische Maskulinum verwendet.

Öffentlicher Nahverkehr